Risikofrüherkennungssystem als Bestandteil des Risikomanagements und Gegenstand der gesetzlichen Jahresabschlussprüfung

Europäische Hochschulschriften
Publications Universitaires Européennes
European University Studies

Reihe V
Volks- und Betriebswirtschaft

Série V Series V
Sciences économiques, gestion d'entreprise
Economics and Management

Bd./Vol. 3215

PETER LANG
Frankfurt am Main · Berlin · Bern · Bruxelles · New York · Oxford · Wien

Marc Toebe

Risikofrüherkennungssystem als Bestandteil des Risikomanagements und Gegenstand der gesetzlichen Jahresabschlussprüfung

PETER LANG
Europäischer Verlag der Wissenschaften

Bibliografische Information Der Deutschen Bibliothek
Die Deutsche Bibliothek verzeichnet diese Publikation in der Deutschen Nationalbibliografie; detaillierte bibliografische Daten sind im Internet über <http://dnb.ddb.de> abrufbar.

Zugl.: Rostock, Univ., Diss., 2006

28
ISSN 0531-7339
ISBN 3-631-55616-0

www.peterlang.de

Geleitwort

Kritik an den Abschlussprüfern wurde in den neunziger Jahren insbesondere dann geübt, wenn Unternehmen in eine Krise geraten sind, wie z. B. die Metallgesellschaft, und/oder strafbare Handlungen des Managements aufgedeckt wurden, wie z. B. bei der Balsam AG, und der letzte Jahresabschluss uneingeschränkt testiert worden ist. Unter „Erwartungslücke“ wird dabei die zwischen der öffentlichen Meinung und der tatsächlich möglichen und gesetzlich gewollten Bedeutung des Bestätigungsvermerkes bestehende Diskrepanz bezeichnet. Als Reaktion auf die angeführten Unternehmenskrisen hat der Gesetzgeber insbesondere das Gesetz zur Kontrolle und Transparenz im Unternehmensbereich (KonTraG), das am 1.5.1998 in Kraft trat, verabschiedet. Dieses enthielt auch Regelungen zur Verringerung der Erwartungslücke, indem zum einen im Aktiengesetz eine Regelung eingeführt wurde, die den Vorstand einer AG verpflichtet, „insbesondere ein Überwachungssystem einzurichten, damit den Fortbestand der Gesellschaft gefährdende Entwicklungen früh bekannt werden“ (§ 91 Abs. 2 AktG). Zum anderen wurde für börsennotierte Aktiengesellschaften dieses sogenannte „Risikofrüherkennungssystem“ zum Pflichtbestandteil der Jahresabschlussprüfung (§ 317 Abs. 4 HGB).

Bei Betrachtung des zu diesem Problemkomplex erschienenen betriebswirtschaftlichen und rechtswissenschaftlichen Schrifttums ist bis heute offen geblieben, welche Mindestanforderungen aus der Reglung des § 91 Abs. 2 AktG resultieren und welche Ermessensspielräume dem Vorstand einer Aktiengesellschaft bei der Einrichtung dieses Risikofrüherkennungssystems bleiben. Dieses Problem ist für den Abschlussprüfer börsennotierter Aktiengesellschaften zentral, da er Aussagen darüber treffen muss, ob dieses Risikofrüherkennungssystem in geeigneter Form eingerichtet ist und ob es seine Aufgabe erfüllen kann (§ 317 Abs. 4 HGB).

Die vorliegende Arbeit widmet sich diesem Problemkreis und leistet einen sehr innovativen Beitrag zur Theorie der Wirtschaftsprüfung für die Prüfung des Risikofrüherkennungssystems im Rahmen der Abschlussprüfung. Ausgehend von einer tiefgehenden wissenschaftstheoretischen Analyse der Grenzen des Risikomanagements in Unternehmungen wird zunächst das Sollobjekt für ein Risikofrüherkennungssystem logisch konsistent abgeleitet. Der im folgenden entwickelte Prüfungsansatz führt sowohl Ansätze aus der Systemprüfung als auch Ansätze der Geschäftsführungsprüfung zusammen. Als besonders zielführend erweisen sich dabei die aus dem Bereich der EDV-Systemprüfung für die Prüfung des Risikofrüherkennungssystems adaptierten White-Box-Tests. Die im Anschluss abgeleiteten drei Prüfungsblöcke sowie die für jeden Prüfungsblock entwickelten Prüfungspfade (Fragenkataloge) liefern ein praxistaugliches Gerüst für die Planung der Jahresabschlussprüfung im Bereich des Risikofrüherkennungssystems. Ein ebenfalls sehr neuartiger und, wie sich im Ergebnis zeigt, erfolgreicher Weg wird für die Beantwortung der Frage beschritten, wie der Abschlussprüfer aus den im Rahmen der Prüfung gewonnenen Erkenntnissen sein Prüfungsurteil über das Risikofrüherkennungssystem ableiten kann. Hierfür werden Erkenntnisse der Beweismaßdiskussion aus dem Bereich der Rechtswissenschaften und Ergebnisse der Dempster-Shafer-Theorie zur objektivierten Bestimmung unscharfer Urteilskategorien verbunden. Es ist zu wünschen, dass die vorliegende Schrift in Theorie und Praxis eine weite Verbreitung findet.

Rostock, Mai 2006

Stefan Göbel

Vorwort

Mit der Einführung von § 91 II AktG durch das KonTraG begann eine anhaltende Diskussion im Schrifttum über die Pflichten des Vorstands einer Aktiengesellschaft zur Ergreifung von Maßnahmen, die geeignet sind, fortbestandsgefährdende Entwicklungen der Gesellschaft frühzeitig zu erkennen.
Die Regelung § 91 II AktG wird regelmäßig in Verbindung gebracht mit „Risikomanagement", was dazu führt, dass nicht nur Juristen, sondern auch die Vertreter der fachnahen Betriebswirtschaftslehre um eine Klärung des Inhalts der Norm bemüht sind. Die Vielzahl der Beiträge im Schrifttum ist kaum überschaubar.

Die Arbeit verfolgt das Ziel, wesentliche Ansichten herauszustellen und kritisch zu prüfen, ob die Vorstellungen im Schrifttum zu einem „Risikomanagement" tatsächlich Pflichtmaßnahmen betreffen könnten, die durch § 91 II AktG angesprochen werden. Insbesondere der Abschlussprüfer börsennotierter Aktiengesellschaften steht vor dem Problem, eine Vorstellung darüber entwickeln zu müssen, welche Maßnahmen verpflichtend für den Vorstand der Aktiengesellschaft sind und ob diese wirksam implementiert wurden.

Die Entstehung einer solchen Arbeit erfordert viel Freiraum. Meinem Doktorvater Prof. Dr. Stefan Göbel gilt mein besonderer Dank, hat er doch nie einen Zweifel daran gelassen, mir die erforderlichen Freiheiten einzuräumen und mich stets mit seinem fundierten Wissen zu unterstützen. Ebenso war er stets offen für jegliche Probleme und immer diskussionsbereit, sodass die ganzen Jahre über an seinem Lehrstuhl eine überaus angenehme und freundschaftliche Atmosphäre herrschte.

Es ist nicht selbstverständlich, wenn für eine Übergangszeit ein unkomplizierter Wechsel eines Lehrstuhlmitarbeiters zu einem anderen Lehrstuhl ermöglicht wird. Mein Dank gilt daher insbesondere Prof. Dr. Guido Eilenberger, der ebenfalls sofort bereit war, das Zweitgutachten zu übernehmen.

Die Entstehung einer Arbeit erfordert immer wieder Motivation und Ratschlag. Unabdingbar ist daher die Diskussion mit den Kollegen, aber auch die regelmäßige Ablenkung von den Fachproblemen. Dafür bin ich Dr. Frank Scherer, Florian Möller, Silvana Promehl und Jörg Zimmermann sehr dankbar. Sehr wertvoll und hilfsreich waren zudem ihre kritischen Anmerkungen bei der Korrektur des Manuskriptes.

Ohne den notwendigen privaten Rückhalt ist das Verfassen einer solchen Arbeit sehr schwer. Meiner Freundin Christina gebührt der größte Dank, sowohl für das von ihr aufgebrachte Verständnis als auch für die Korrektur des Manuskriptes.

Rostock, im Mai 2006

Marc Toebe

Inhaltsverzeichnis

Abkürzungsverzeichnis

a. A.	andere Auffassung
Abs.	Absatz
ADS	Adler/Düring/Schmaltz
AG	Die Aktiengesellschaft
AICPA	American Institute of Certified Public Accountants
AktG	Aktiengesetz
AP	analytische Prüfung
Art.	Artikel
BB	Betriebs-Berater
Beck Bil-Komm.	Beck´scher Bilanz-Kommentar, Handels- und Steuerrecht
BetrVG	Betriebsverfassungsgesetz
BFH	Bundesfinanzhof
BFuP	Betriebswirtschaftliche Forschung und Praxis
BGB	Bürgerliches Gesetzbuch
BGH	Bundesgerichtshof
BGHZ	Entscheidungen des Bundesgerichtshofes in Zivilsachen
BGHSt	Entscheidungen des Bundesgerichtshofes in Strafsachen
BR-Drucksache	Bundesrat-Drucksache
BStBl	Bundessteuerblatt
BT-Drucksache	Bundestag-Drucksache
BuW	Betrieb und Wirtschaft
BVerfG	Bundesverfassungsgericht
BVerfGE	Entscheidungen des Bundesverfassungsgerichts
COSO	The Committee of Sponsoring Organizations of the Treadway Commission
DB	Der Betrieb
DBW	Die Betriebswirtschaft
De	(Decision) (Teil)Urteil über ein Prüfungsfeld
dies.	derselbe, dieselben
DStR	Deutsches Steuerrecht

EP	Einzelfallprüfung
et al.	et alii, und andere
FS	Festschrift
GG	Grundgesetz
GoA	Grundsätze ordnungsmäßiger Abschlussprüfung
GoB	Grundsätze ordnungsmäßiger Buchführung
h. M.	herrschende Meinung
HGB	Handelsgesetzbuch
Hrsg.	Herausgeber
i. e. S.	im engen Sinne
i. w. S.	im weiten Sinne
IDW	Institut der Wirtschaftsprüfer in Deutschland e.V.
inf	infimum
i. V. m.	in Verbindung mit
Jg.	Jahrgang
JZ	Juristenzeitung
KG	Kammergericht
Komm.	Kommentar
KonTraG	Gesetz zur Kontrolle und Transparenz im Unternehmensbereich
KWG	Kreditwesengesetz
LG	Landgericht
MaH	Mindestanforderungen an das Betreiben von Handelsgeschäften der Kreditinstitute
MitBestG	Mitbestimmungsgesetz
Mitt.	Mitteilung
M. M.	Mindermeinung
MünchKommHGB	Münchner Kommentar zum Handelsgesetzbuch
NEP	Nicht-Einzelfallprüfung
No	Nummer
NJW	Neue Juristische Wochenschrift
NZG	Neue Zeitschrift für Gesellschaftsrecht

OLG	Oberlandesgericht
PS	Prüfungsstandard
Rn.	Randnummer
SAS	Statement on Auditing Standards
SP	Systemprüfung
Sp.	Spalte
StB	Der Steuerberater
Stbg	Die Steuerberatung
StuB	Steuern und Bilanzen
Urt.	Urteil
sup	supremum
vgl.	vergleiche
Vol.	Volume
WiSt	Wirtschaftswissenschaftliches Studium
WM	Wertpapier-Mitteilungen - Zeitschrift für Wirtschafts- und Bankrecht
WPg	Die Wirtschaftsprüfung (Zeitschrift)
WPK	Wirtschaftsprüferkammer
WPO	Wirtschaftsprüferordnung
WuW/E	Wirtschaft und Wettbewerb - Zeitschrift für deutsches und europäisches Wettbewerbsrecht (Entscheidungssammlung)
z. B.	zum Beispiel
ZfB	Zeitschrift für Betriebswirtschaft
zfbf/ZfbF	Schmalenbachs Zeitschrift für betriebswirtschaftliche Forschung
ZGR	Zeitschrift für Unternehmens- und Gesellschaftsrecht
ZHR	Zeitschrift für das gesamte Handelsrecht und Wirtschaftsrecht
ZIP	Zeitschrift für Wirtschaftsrecht
ZP	Zeitschrift für Planung
ZPO	Zivilprozeßordnung

Symbolverzeichnis

$\mathcal{A}$	Mengenkörper bestimmter Art
A, B, C, D	beliebige Ereignisse
a_Y	durch Abbildungsgrundsätze definierte Ansatzfunktion
$B(.)$	Glaubensfunktion einer Person (epistemische Komponente)
$\hat{B}(.)$	Funktion zur Abbildung eines Glaubwürdigkeitsgrades
B_t	kontextabhängig - Borel-Menge
Bel	degree of belief
b_Y	durch Abbildungsgrundsätze definierte Bewertungsfunktion
C	kontextabhängig - (einschlägige) singuläre Sätze
E	Überraschungsereignis
e	Elementarereignis
F	Verteilungsfunktion
$\mathcal{F}$	Teilmengen eines Raumes $\mathcal{S}$
$\mathfrak{f}$	Fehleranteil
$\mathfrak{f}_{a_Y}(x)$	Ansatzfehlerfunktion
$\mathfrak{f}_{b_Y}(x)$	Bewertungsfehlerfunktion
G	(Mindest)-Arbitragegewinn
I	Menge abgeschlossener Intervalle in $[0;1]$
I_{U}	Unsicherheitsintervall
K	Wissenssituation einer Person
k	Normierungsgröße nach Dempster
L	untere (Wahrscheinlichkeits-)Grenze
M	Menge metaphysischer Welten
$m(.)$	basic probability assignment
$\mathbb{N}$	Menge der natürlichen Zahlen
$\{o\}$ $(\{O\})$	Zustand mit der Eigenschaft „ordnungsmäßig“
$\{\overline{o}\}$ $(\{\overline{O}\})$	Zustand mit der Eigenschaft „nicht ordnungsmäßig“
$P(.)$	Mengenfunktion, klassische (Punkt-)Wahrscheinlichkeit
p	Wahrscheinlichkeitsmassefunktion von e
$\mathcal{P}$	Potenzmenge

$\mathfrak{P}$	Menge der $P(.)$, die der *Kolmogoroff*-Axiomatik genügen
Pl	plausibility
$R_{\bar{I}}$	Informationsrisiken
$\mathbb{R}$	Menge der reellen Zahlen
$\mathcal{S}, S$	spezielle Räume für mengenwertige Zufallsvariablen
T	Indexmenge der Zeit
	kontextabhängig - bestimmte relevante statistische Gesetze
	kontextabhängig - Teilmenge eines bestimmten Raumes
t	beliebiger Zeitpunkt
U	obere (Wahrscheinlichkeits-)Grenze
	kontextabhängig - (Universal-)Menge
$U_{\Delta t_d}$	rechnungslegungspflichtige Grundgesamtheit zu einem Zeitpunkt
$\mathcal{U}$	nichtleere Menge an Handlungsalternativen
u	Handlungsalternative ($\in \mathcal{U}$)
W	Menge der durch Auswertung jeglicher verfügbarer Informationen ohne Restriktionen hinsichtlich Kosten und Zeit in t denkbaren Zukunftslagen (Z) der Welt
$\{w\}$	Zustand mit der Eigenschaft „wirksam“
$\{\overline{w}\}$	Zustand mit der Eigenschaft „nicht wirksam“
X	Zufallsvariable
$x_{\Delta t_d}$	rechnungslegungspflichtige Realisation zu einem Zeitpunkt
$Y_{\Delta t_d}$	Prüfungsgesamtheit zu einem Zeitpunkt
Z	Zukunftslagen
z	künftige Zustände der Welt
$\mathcal{Z}$	Menge an Z ($\mathcal{Z} \subseteq M$)
$\mathcal{Z}_{\psi}(t'_D)$	Klasse der Z, die Grundlage vernünftiger Erwartungsbildung sind
$\overline{\mathcal{Z}}_{\psi}(t'_D)$	Klasse der Z, die nicht aus z gebildet werden können
$\mathcal{Z}_{\overline{\psi}}(t'_D)$	Klasse der Z, die aufgrund Nichtbeachtung ψ der Klasse $\overline{\mathcal{Z}}$ angehören (Gefahr *unechter* Überraschungsereignisse)
$\overline{\mathcal{Z}}_M(t'_D)$	Klasse der Z, die für eine bestimmte Zeitspanne aufgrund des Fehlens metaphysischen Wissens nicht für möglich gehalten werden können

Γ	mengenwertige Zufallsvariable
δ	Grenzfehler
ε	Klasse der Teilmengen T eines Raumes S
η	Abbildungsfunktion
Θ	frame of discernment
ι	festzulegende Prüfungssicherheit hinsichtlich $\mathrm{Pl}(\{\bar{o}\})$
κ	Auswahlfunktion
$\mu_{\tilde{Z}_{\Psi}}$	Zugehörigkeitsfunktion
ν	festzulegende Evidenzmasse für $\{o\}$
Ξ	nichtleere Menge möglicher Pfade (Zustandsbäume, Strategien)
ξ	bestimmter Pfad ($\in \Xi$)
ϖ	Auswahlfunktion
ρ	festzulegende Evidenzmasse für $\{\bar{o}\}$
υ	angestrebter Marktzweck
Φ	Menge aller Funktionen X
ψ	Maßgaben bezüglich Informationsbeschaffung und Informationsverwertung
Ω	beliebige nichtleere Menge von Elementarereignissen (e)
ω	n-Tupel, Trajektorie
$\Im$	disjunkte Zylindermenge

1 Problemstellung

1.1 Notwendigkeit der Differenzierung zwischen Risikomanagement und Risikofrüherkennung nach § 91 II AktG

Das Gesetz zur Kontrolle und Transparenz im Unternehmensbereich (KonTraG), das am 30.04.1998 verkündet wurde (BStBl I 1998, 786) und am 01.05.1998 in Kraft trat, führte insbesondere zur Änderung des Aktiengesetzes vom 06.09. 1965 und des Handelsgesetzbuches vom 10.05.1897. Relevante Änderungen betreffen § 91 AktG sowie § 317[1] HGB.

Die Änderung § 91 AktG betrifft eine Organisationspflicht des Vorstands einer Aktiengesellschaft, die im Schrifttum hinsichtlich der Frage diskutiert wird, inwieweit eine Veranlassung besteht, die organisatorische Gestaltung der Gesellschaft so zu modifizieren, dass der Ergänzung des Absatzes 2 entsprochen werden kann, die wie folgt lautet:

> „Der Vorstand hat geeignete Maßnahmen zu treffen, insbesondere ein Überwachungssystem einzurichten, damit den Fortbestand der Gesellschaft gefährdende Entwicklungen früh erkannt werden."

Aufgrund fehlender Konkretisierung der Norm erstreckt sich die Diskussion im Schrifttum insbesondere auf die Problematik, welche Verpflichtungen für den Vorstand aus der gesetzlichen Regelung herzuleiten sind und wie sich diese konkretisieren lassen. Während vor allem im betriebswirtschaftlichen Schrifttum für die Verpflichtung des Vorstands zur Einrichtung eines umfassenden Risikomanagements plädiert wird, lässt sich im juristischen Schrifttum überwiegend eine engere Auffassung erkennen, die eine Verpflichtung zur Einrichtung eines umfassenden Risikomanagements nicht sieht. Gleichwohl ist ungeklärt, welche vom Vorstand zu ergreifenden Maßnahmen ausreichen, um der gesetzlichen Verpflichtung nachzukommen.

---

[1] Ausgangspunkt für diese Änderungen war die sogenannte Erwartungslücke, vgl. Seibert, Die Entstehung des § 91 Abs. 2 AktG im KonTraG - „Risikomanagement" oder „Frühwarnsystem"?, FS Bezzenberger, 2000, S. 428, als Ausfluss dessen, was die Öffentlichkeit aufgrund des gesetzlichen Prüfungsauftrags vom Abschlussprüfer erwartet und dessen, was dem tatsächlichen Ergebnis aufgrund der Tätigkeit des Abschlussprüfers entspricht, vgl. Biener, Erwartungslücke - eine endlose Geschichte, FS Havermann, 1995, S. 39.

Der Versuch einer Bestimmung des Inhalts der Norm ist auch aus einem weiteren Grund geboten. Absatz 4 zu § 317 HGB führt zu einer Ergänzung bei der gesetzlichen Jahresabschlussprüfung für börsennotierte Aktiengesellschaften, die sich wie folgt darstellt:

> „Bei einer börsennotierten Aktiengesellschaft ist außerdem im Rahmen der Prüfung zu beurteilen, ob der Vorstand die ihm nach § 91 Abs. 2 des Aktiengesetzes obliegenden Maßnahmen in einer geeigneten Form getroffen hat und ob das danach einzurichtende Überwachungssystem seine Aufgaben erfüllen kann."

Eine Beurteilung des Vollzugs der Leitungspflicht nach § 91 II AktG gemäß § 317 IV HGB erfordert vom Abschlussprüfer zunächst die Ableitung des Entwurfs einer der Norm entsprechenden Ordnung, die als nötige Referenzordnung fungieren muss, um zu einem Urteil darüber gelangen zu können, ob die tatsächlich veranlassten Maßnahmen des Vorstands in Entsprechung zur Referenzordnung getroffen wurden.

Es zeigt sich das Problem einer Abgrenzung hinsichtlich des Ermessens des Vorstands bei der Gestaltung und Einrichtung eines *Risikomanagements*, eines Systems zur Risikoerkennung und Risikohandhabung bei Aktiengesellschaften, im Gegensatz zur Pflicht als Ermessensreduktion zur Ergreifung von Maßnahmen zur *Risikofrüherkennung* als Teil eines Risikomanagements, wobei eine Ermessensgrenze nur bezüglich des ob, nicht jedoch des wie eindeutig vorgenommen werden kann.

1.2 Aufbau der Arbeit

Ausgangspunkt der Arbeit (Teil 2, S. 27 - S. 32) ist zunächst die Frage, wie ein Risikomanagement wirtschaftsheoretisch begründet und in die Theorie der Unternehmung eingeordnet werden kann. Dazu soll geklärt werden, welche Funktion einem Risikomanagement beim Streben nach Verringerung von Einkommensunsicherheit originär zuzuweisen ist.

Im Anschluss daran beschäftigt sich Teil 3 der Arbeit (S. 33 - S. 171) mit dem

Versuch einer Konkretisierung von Maßnahmen, die der Vorstand einer Aktiengesellschaft nach § 91 II AktG zu ergreifen hat.

Zu Beginn von Teil 3 erfolgt die Besprechung des rechtlichen Verpflichtungsrahmens für Vorstände von Aktiengesellschaften, um festzustellen, ob und welche Verpflichtungen die h. M. im Schrifttum dem Leitungsorgan aufgrund § 91 II AktG auferlegen will. Weil eine Konkretisierung der Norm insbesondere für die Tätigkeit des Abschlussprüfers unerlässlich ist, muss danach untersucht werden (S. 35 - S. 62), inwieweit vor allem das betriebswirtschaftliche Schrifttum, angelehnt an das jeweilige Risikoverständnis, ein Risikomanagement konkretisiert, wobei § 91 II AktG überwiegend mit „Risikomanagement" in Verbindung gebracht wird. Ziel ist es dabei, neben den Organisationsgrundsätzen die Elemente des für notwendig erachteten Systems zu bestimmen.

Obwohl rechtlich nicht verpflichtend, stellt sich jedoch die Frage, inwieweit betriebswirtschaftliche Erkenntnisse oder Auffassungen Eingang in die Rechtsfindung bei der Feststellung etwaiger Pflichtverletzungen von Leitungsorganen finden können, so dass den Auffassungen des Schrifttums ein gewisser Verbindlichkeitscharakter zukommen könnte.

Nach daran anschließender Auswertung juristischer Literatur wird versucht, „Risikomanagement" zu charakterisieren und als Leitungspflicht aufgrund §§ 76 I, 93 I, II AktG zu begründen, welches an den grundlegenden Managementfunktionen Planen, Organisieren und Steuern anzulehnen ist. Ausgangspunkt dabei ist die Überlegung, dass Maßnahmen, soweit sie zu einer Ermessensreduktion für den Vorstand führen sollen, zunächst begründet werden müssen, denn eine Rechtfertigung etwaiger Anforderungen an den Vorstand setzt zunächst voraus, dass geforderte Handlungen auch tatsächlich dazu befähigen, entsprechende Ergebnisse liefern zu können.

Aufgrund dieser Problematik ist zu untersuchen und zu klären, welche Restriktionen eigentlich bestehen, Risiken erkennen und handhaben zu können und was ein Risikomanagement aus theoretischer Sicht leisten kann. Ausgehend von einem neu eingeführten Risikoverständnis (S. 97 f.) geht es daher zunächst um

Möglichkeiten und Grenzen der Bestimmung und Bewertung von Handlungsalternativen (S. 100 - S. 155).

Soweit sicheres Wissen über möglicherweise zukünftig eintretende Zustände fehlt, können lediglich Wahrscheinlichkeitsaussagen getroffen werden. Der Begriff der Wahrscheinlichkeit ist zu klären, da dieser, wie sich zeigt, unterschiedlich gedeutet werden kann (S. 106 - S. 112). Dabei ist insbesondere auf die Relationen der mathematischen Interpretation der Wahrscheinlichkeit einzugehen (S. 113 f.), deren Ziel die Definition bestimmter Eigenschaften ist, an denen sich die Formulierung der personalen Wahrscheinlichkeit an nachfolgender Stelle orientiert, so dass die Strenge einzuhaltender anerkannter Bedingungen deutlich wird.

Um Anhaltspunkte darüber zu erlangen, welche Möglichkeiten ein Unternehmer tatsächlich besitzt, für Planungen Zusammenhänge von Ereignissen im Zeitablauf richtig einschätzen zu können, stellt sich das Problem eines wissenschaftlichen Explikationsrahmens zur Beantwortung von Kausalfragen. Zu untersuchen ist, unter welchen Bedingungen Ursachen und Wirkungen tatsächlich adäquat in Verbindung gebracht werden dürfen (S. 117 - S. 120). Dabei sind die Schwierigkeiten zu zeigen, die durch die Aneinanderreihung der Ereignisse im Zeitablauf bei der Klärung tatsächlicher Kausalbeziehungen entstehen können. Einzugehen ist auf das Problem lediglich bedingter Verursachung (stochastische Prozesse mit bedingten Wahrscheinlichkeiten) und die Gefahr des Vorliegens von Scheinursachen, indirekter oder versteckter Ursachen (probabilistisches Kausalprinzip; S. 121 - S. 125). Um einen ständigen Regress bei der Kausalanalyse zu vermeiden, wird ein wissenschaftstheoretisch anerkanntes Modell gezeigt, dass die Definition von Weltlinien bzw. Trajektorien erforderlich macht, die in einem weit gefassten Produktraum selbst Ereignisse bilden (S. 125 f.).

Anschließend (S. 127 - S. 129) soll untersucht werden, ob es gelingt, wenigstens akzeptable Gründe für das Eintreten von Ereignissen liefern zu können. Die Kausal- ist von der Erklärungsproblematik zu trennen. Es geht um die Frage, ob

Erklärungen und Begründungen mittels Wissensverschärfung gelingen können. Unter Rückgriff auf die Ergebnisse der vorherigen Diskussion sind Grenzen und Probleme bei der Sicherung des Erwerbsprozesses zusammenzufassen sowie die Möglichkeiten zu klären, inwieweit theoretische Überlegungen tatsächlich mit einer praktischen Handhabung verbunden werden können. Ziel ist es festzustellen, welchen Restriktionen Manager beim Planen tatsächlich unterliegen. Bestehende Restriktionen sind anschließend ebenso für das Organisieren, hier insbesondere hinsichtlich der Koordination, und für das Steuern zu diskutieren. Am Ende von Teil 3 soll unter Nutzung der vorherigen Diskussion der Versuch unternommen werden, zunächst ein Risikomanagement als Pflichteinrichtung nach §§ 76 I, 93 I, II AktG zu begründen, um dann davon ein Risikofrüherkennungssystem nach § 91 II AktG abzugrenzen.

Die Beurteilung des Risikofrüherkennungssystems nach § 317 IV HGB ist Gegenstand des 4. Teils der Arbeit (S. 173 - S. 251). Hierbei ergeben sich Schwierigkeiten vor allem aufgrund der fehlenden Konkretisierung der Norm § 91 II AktG und der Feststellung der Wirksamkeit des Risikofrüherkennungssystems. Während im Rahmen der Bestimmung des Entwurfs einer der Norm entsprechenden Ordnung grundsätzlich auf die Ergebnisse des 3. Teils zurückgegriffen werden soll, muss für die Wirksamkeitsbeurteilung zunächst geklärt werden, welcher Prüfungsansatz zugrunde zu legen ist.
Bei der Urteilsfindung des Abschlussprüfers im Anschluss an den Beurteilungsprozess ergibt sich die Besonderheit, dass das abzugebende Urteil über die Wirksamkeit des Risikofrüherkennungssystems während des gesamten Betrachtungszeitraums lediglich unscharf sein kann, gleichzeitig jedoch eine fehlerhafte Beurteilung zu einer Mangel auslösenden Pflichtverletzung führt (S. 200 - S. 204). Es wird daher die Möglichkeit einer objektivierten Bestimmung unscharfer Urteilskategorien diskutiert.
Für die Urteilsfindung über die Wirksamkeit des Risikofrüherkennungssystems wird vorgeschlagen, eine Einteilung des Prüfungsgegenstandes in bestimmte Prüfungsblöcke vorzunehmen. Die Vorgehensweise wird ergänzt um einen spe-

ziellen Fragenkatalog, der für jeden Prüfungsblock für die Beurteilung von ausgewählten Elementen der Prüfungsgesamtheit zu konstruieren ist. Da nur eine begrenzte Anzahl von Stichproben erhoben werden kann, muss der Abschlussprüfer sein Urteil letztlich auf nur wenige Evidenzen stützen.
Aufgrund von Ähnlichkeiten bei der Urteilsfindung durch Richter und Abschlussprüfer wird dann untersucht, welche Anforderungen das juristische Schrifttum an Beweise bzw. Beweismaße als Grundlage der Überzeugungsbildung für den Urteilenden stellt (S. 204 - S. 213). Die Ergebnisse sollen einfließen in die anschließende Untersuchung, ob und wie es gelingen kann, eine für die Urteilsfindung ausreichende unscharfe, linguistische Urteilskategorie objektiviert zuzuweisen.
Im Vordergrund des abschließenden Teils der Arbeit steht die Zusammenfassung der wichtigsten Ergebnisse.

Im Folgenden sind, soweit nicht weiter konkretisiert wird, Unternehmen zu verstehen als Institutionen in der Rechtsform der Aktiengesellschaft. Im Rahmen der Prüfungspflicht nach § 317 IV HGB ist das Verständnis jedoch auch auszudehnen auf Konzernunternehmen anderer Rechtsformen.

2 Einkommensunsicherheit als Begründung eines Regulativs zur Erwerbsprozesssicherung

Dem Gebot des Einkommenserwerbs unterworfen ist jedes Individuum originär ein Unternehmer. Die Resultate der arbeitsteiligen Wirtschaftswelt, an der Individuen in unterschiedlichem Maße direkt beteiligt sind, haben Rückwirkungen auf den Umfang des jeweiligen Konsums. Evolutionsanalog dem Prinzip des Zwangs zur Anpassung an veränderte Weltbedingungen folgend, könnte jeder Mensch als Spieler betrachtet werden, wobei die Unsicherheit des Spielausgangs ein Risiko darstellt[2].
Der Weltzustand ist charakterisiert durch das Fehlen sicheren Wissens um aktuelle Gegebenheiten und künftige Ereignisse. Zustandsabhängig werden Begriffe, wenn auch kontextgleich, nicht einheitlich verwendet. Eine Bedeutungstrennung ist erforderlich, um die Art einer Entscheidungssituation jeweils genau beschreiben zu können. Im Folgenden ist auf die Begriffe Ungewissheit, Unsicherheit, Unwissenheit und Risiko einzugehen, deren Gemeinsamkeit darin besteht, das Fehlen von (subjektiver) Gewissheit auszudrücken.

Ungewissheit bezeichne hier Situationen, in denen der Entscheidungsträger bei gegebenem Wissen in der Lage ist, mögliche Weltzustände vollständig aufzulisten, jedoch keinerlei Wissen darüber besitzt, welcher der aufgelisteten Weltzustände der wahre Zustand sein wird[3]. Ungewissheit könnte auch als objektive Eigenschaft des realen Seins bezeichnet werden. Im Gegensatz dazu ist Unwissenheit zwangsläufig subjektiv, gleichwohl jedoch nicht einfach nichts an Stelle von Wissen, vielmehr das fehlende Bewusstsein von etwas, die fehlende Klarheit des Bewusstseins von etwas, der Mangel eines geistigen Besitzes und daher das noch unerfüllte Streben nach Einsicht bei einem Individuum.[4] Daher würde in Entscheidungssituationen Gewissheit bestehen, wenn der Entscheidungsträ-

[2] Vgl. Bieta/Kirchhoff/Milde/Siebe, Risikomanagement und Spieltheorie, 2002, S. 103.
[3] Vgl. Schneider, Betriebswirtschaftslehre: Band III, Theorie der Unternehmung, 1997, S. 39.
[4] Vgl. Menges, Überwindung der Ungewißheit, 1967, S. 361.

ger alle für die Planung erforderlichen Daten kennt oder diese auf eine einzige Größe schätzen könnte[5].

Kann der Entscheidungsträger mögliche Weltzustände nur unvollständig auflisten, so besteht die Gefahr, dass abweichend von den bei der Entscheidungsfindung für möglich gehaltenen Zuständen auch unberücksichtigte Weltzustände eintreten können. Diese Entscheidungssituation sei hier durch den Begriff Unsicherheit beschrieben.[6] Unsicherheit könnte daher auch bezeichnet werden als „die dem handelnden Individuum entgegenstehende, auf ihn bezogene und von ihm erlebte Ungewissheit"[7].

Risiko wird entscheidungstheoretisch (formal) überwiegend für die Beschreibung von Situationen benutzt, in denen der Entscheidungsträger möglichen Umweltzuständen Wahrscheinlichkeiten zuordnen kann[8]. Risiko wird Synonym für ein Maß des Entscheidungsträgers, das die Möglichkeit der Abweichung denkbarer Ausprägungen von angestrebten Zielgrößen widerspiegelt. Oftmals wird Risiko als Streuung um den Erwartungswert einer Rendite verstanden[9]. Gebräuchliches Streuungsmaß ist die Varianz; regelmäßig genutzt das Prinzip der Brownschen Bewegung unter Normalverteilungshypothese. Das Hilfsinstrument der mathematischen Abbildung erfordert jedoch strikte Reduktion der Komplexität und die Unterstellung von Verteilungen. Die Standardrisikomodelle müssen zwangsläufig auf Realitätsnähe sowie auf die Rolle des Individuums als aktiven Risikofaktor verzichten.[10] Soweit in Entscheidungssituationen aber die Wahrscheinlichkeitsrechnung anwendbar ist bzw. für anwendbar gehalten wird, wird im Schrifttum überwiegend die Bezeichnung „Entscheidung unter Risiko" verwendet [11].

[5] Vgl. Busse von Colbe/Lassmann, Betriebswirtschaftstheorie 1, 1991, S. 35.
[6] Vgl. Schneider, Betriebswirtschaftslehre: Band III, Theorie der Unternehmung, 1997, S. 43.
[7] Menges, Überwindung der Ungewißheit, 1967, S. 370.
[8] Geprägt von Knight, vgl. Knight, Risk, Uncertainty, and Profit, 1971, S. 20-21; auch z. B. Laux, Entscheidungstheorie, 1995, S. 25.
[9] Vgl. Schneider, Informations- und Entscheidungstheorie, 1995, S. 27.
[10] Vgl. Bieta/Kirchhoff/Milde/Siebe, Risikomanagement und Spieltheorie, 2002, S. 137.
[11] Vgl. z. B. Franke/Hax, Finanzwirtschaft des Unternehmens und Kapitalmarkt, 1994, S. 292.

In realen Entscheidungssituationen ist die Abgrenzung für möglich gehaltener Zustände durch Individuen unscharf, da die Welt als eine Überlagerung der zu beschreibenden Zustände erlebt wird. Der Weltzustand ist durch Unsicherheit geprägt. Der erfahrbare Nutzen aus Handlungen von Individuen, die zum ökonomischen Prozess verschmelzen und auf Einkommenserwerb gerichtet sind, ist unsicher. Fehlende Kenntnisse über aktuelle Bedingungen und mögliche künftige Resultate erzeugen Sicherheitsstreben, was präferenzabhängig in eine unmittelbare Transformation der Einkommensunsicherheit in Einkommenssicherheit mittels direkter Anspruchspositionen durch dauerhafte Dienstverpflichtung oder in Bestrebungen mündet, eigene Unkenntnisse bestmöglich zu beseitigen. Diese Bestrebungen bedingen die Schaffung von Institutionen. Es entsteht die Möglichkeit einer Verringerung von Unsicherheit durch Bündelung von Wissen sowie durch Regelungen, die tatsächliche Abläufe reglementieren und künftige Handlungsabläufe koordinieren. Möglicherweise vorliegende Zustände und ihre Folgen werden entscheidungslogisch handhabbarer. Zu diesen Institutionen zum Zwecke der Verringerung von Unsicherheiten beim Einkommenserwerb zählen Unternehmungen.[12] Die Verknüpfung der Arbeitsteilung mit der Theorie der Hierarchie und der Unternehmung führt zum grundlegenden Sachverhalt der Verringerung von Einkommensunsicherheit durch Unterordnung unter die Anordnung eines Vorgesetzten[13]. Der Weg zum Einkommenserwerb, der eine berufsmäßige Betätigung erfordert, zielt zwar nach wie vor in die Befriedigungsgründe der eigenen Bedürfnisse, aber er führt nicht mehr unmittelbar hinein. Unternehmer wie Mitarbeiter werden vielmehr in die Lage versetzt, für erlangte Tauschmittel das einzutauschen, was der Bedürfnisbefriedigung dient.[14] Die Unternehmung aus betriebswirtschaftlicher Sicht bezeichnet eine Teilmenge von Führungsaufgaben innerhalb einer Organisation, die auf Beschaffungs- und Absatzmärkten auftritt und ihre Leistungen gegen Entgelt abgibt. Wirt-

[12] Vgl. Schneider, Allgemeine Betriebswirtschaftslehre, 1987, S. 5-6.

[13] Vgl. Schneider, Betriebswirtschaftslehre: Band IV, Geschichte und Methoden der Wirtschaftswissenschaften, 2001, S. 537.

[14] Vgl. Nicklisch, Der Weg aufwärts!: Organisation, 1922, S. 63.

schaftstheoretisch werden der Unternehmung drei Funktionen zugeordnet:[15]

1. Funktion der zeitlich begrenzten Übernahme der Einkommensunsicherheit anderer Menschen (Begründung der Unternehmung),
2. Erzielung von Spekulations-/Arbitragegewinnen (Erhaltung der Unternehmung nach außen),
3. Koordination zur Durchsetzung von Änderungen gegenüber Mitarbeitern und Anteilseignern sowie die Durchsetzung wirtschaftlicher Führerschaft (Erhaltung der Unternehmung nach innen).

Institutionell ist eine Unternehmung eine Organisation, instrumentell ist sie Inbegriff einer Vielzahl von Regelungen zur Aufgabenverteilung und Koordination[16]. Zweck ist die Verringerung von Einkommensunsicherheit. Mittel zur Erfüllung des Zwecks ist die Ausnutzung von Preisdifferenzen[17].

Mit dem Gründungsakt besteht die Unternehmung zwar rechtlich, nicht aber tatsächlich im wirtschaftlichen Sinne. Sie ist insbesondere zunächst noch außerstande, ihrem Streben nach Ausnutzung von Preisdifferenzen bzw. Spekulationsgewinnen Ausdruck zu verleihen. Dazu bedarf es eines Körpers, des Betriebs, der sich in der Gesamtheit seiner technischen Einrichtungen und Veranstaltungen, welche die Unternehmung betreffen, manifestiert, um eine Erwerbsidee zu verwirklichen. Diesen Betrieb zu finanzieren und zu organisieren, ist originäre Aufgabe eines Unternehmers.[18] Mit Begründung einer Organisation kommt es zur Schaffung von Stellen mit Entscheidungs- und Anordnungsbefugnissen, den Instanzen. Die Mitglieder von Instanzen sind entweder nur Auftraggeber oder Beauftragte und Auftraggeber.[19] Diese Instanzen üben die an sie delegierte Unternehmerfunktion als Manager mit dem Ziel aus, die Unternehmung nach innen und außen zu erhalten.

[15] Vgl. Schneider, Betriebswirtschaftslehre: Band IV, Geschichte und Methoden der Wirtschaftswissenschaften, 2001, S. 510-511.
[16] Vgl. Picot, Organisation, 1993, S. 104.
[17] Vgl. Gutenberg, Die Unternehmung als Gegenstand betriebswirtschaftlicher Theorie, 1998, S. 11-12.
[18] Vgl. Rieger, Einführung in die Privatwirtschaftslehre, 1928, S. 155.
[19] Vgl. Schneider, Betriebswirtschaftlehre: Band II, Rechnungswesen, 1997, S. 453.

Sei in t ($t \in T$) Ξ eine nichtleere Menge möglicher Pfade (Zustandsbäume) und κ eine Auswahlfunktion. κ wähle durch Vorgabe eines angestrebten Marktzwecks (υ) und eines (Mindest)-Arbitragegewinns (G) ein bestimmtes $\xi \in \Xi$:

$$\forall \xi \in \Xi : \kappa(\upsilon, G) \in \Xi.$$

Sei $\mathcal{U}$ eine nichtleere Menge an Handlungsalternativen (darstellbar z. B. durch einen Entscheidungsbaum). Im jeweilig betrachteten Weltausschnitt soll ϖ unter Vorgabe von ξ aus $\mathcal{U}$ jeweils genau ein Element u auswählen:

$$\forall u \in \mathcal{U} : \varpi(\xi) \in \mathcal{U}.$$

Manager üben nunmehr κ und ϖ unter Berücksichtigung des durch die Eigentümer vorgegebenen υ, G aus. Damit verbleibt den Eigentümern einzig die Schaffung eines Organs zur Überwachung der Einhaltung

i) der Vorgabe von υ und G,
ii) des Diktats ordentlicher und gewissenhafter Funktionsausübung zur Aufrechterhaltung der Organisation nach innen und außen,

denen die Manager unterworfen werden und deren Verstoß empfindlich sanktioniert wird. Die mit der Delegation der Unternehmerfunktion verbundenen Restriktionen i), ii) erzwingen ein Regelsystem als integralen Bestandteil der Funktionsausübungen durch Manager

1. als Mittel eigener Einkommenssicherung und Machterhalts durch Erhaltung der Unternehmung nach innen und außen,
2. zur möglicherweise nötigen Exkulpation.

Das Regelsystem ist ein *Manager*-Regelsystem.

Manager-Regelsysteme erhalten dann Sinngehalt, soweit sie geeignete und angemessene Mindest-Maßnahmen vereinen, die auf

a) Minderung von Unsicherheit über Umweltzustände (betreffen Planungen für Handlungszeiträume und damit Erhaltung der Unternehmung nach außen),
b) Koordination von Wissen und Verhalten zur Durchsetzung wirtschaftlicher Führerschaft in der Unternehmung (betreffen die Unternehmungsorganisation und damit Erhaltung der Unternehmung nach innen)

ausgerichtet sind.

Die Maßnahmen zu a) und b) sind auf Senkung des Überraschungswertes von Ereignissen, die Maßnahmen zu b) sind gleichzeitig auf Stabilität und Flexibilität der Institution auszurichten. Erforderlich ist die Erlangung und Auswertung von Informationen für Prognosen, die Schaffung der Grundlagen für die Ausführungen von Handlungsanweisungen sowie die Willensdurchsetzung.

Ein Manager-Regelsystem muss an den grundlegenden Managementfunktionen angelehnt sein. Die grundlegenden Managementfunktionen betreffen:[20]

(a) Planen - zukunftsbezogenes Denkhandeln, die Vorbereitung von Entscheidungen,

(b) Organisieren - Gestalten und Strukturieren von Güter- und Wirkungssystemen zur Erreichung der grundlegenden Systemzwecke,

(c) Steuern - Willensdurchsetzung, Konstatieren von Abweichungen und korrigierendes Eingreifen.

Die Zielsetzung der Erhaltung der Unternehmung nach außen und innen durch Verringerung des Eintretens unvorhergesehener Gefahren mit Hilfe von Regelsystemen wird in Praxis und Schrifttum überwiegend unter dem Begriff *Risikomanagement* diskutiert.

---

[20] Vgl. Steinle, Führung, 1978, S. 107.

3 Risikomanagement als notwendiges Informationssystem des Leitungsorgans

Zahlreiche Vorschläge zur Ausgestaltung eines Risikomanagements in Unternehmen werden vom betriebswirtschaftlichen Schrifttum seit längerem, insbesondere bereits vor Änderung des Aktiengesetzes durch das KonTraG, diskutiert. Ab 1998 kam es zu einer erneuten Belebung der Diskussionen aufgrund der aktienrechtlichen Änderung bezüglich § 91 II AktG und deren Ausstrahlungswirkung auf die Pflichten des Vorstandes einer Aktiengesellschaft.
Soweit es nun aber um bestimmte Maßnahmen geht, die eine Ermessensreduktion für den Vorstand darstellen könnten, besteht das Problem einer entsprechenden Rechtfertigung, denn das Leitungsorgan einer Aktiengesellschaft muss seiner Leitungspflicht grundsätzlich nach eigenem Ermessen unter Beachtung der Sorgfalt eines ordentlichen und gewissenhaften Geschäftsleiters nachkommen (§§ 76 I, 93 I S. 1 AktG). Im Kern geht es um die Frage, was ein auf Risiken ausgerichtetes System wirklich leisten kann und welche Verpflichtung zur Einrichtung eines Regelsystems im Sinne von § 91 II AktG daher tatsächlich besteht.

3.1 Rechtlicher Verpflichtungsrahmen

Im Rahmen der Änderungen des Aktiengesetzes vom 06.09.1965 wurde § 91 AktG durch Art. 1 Nr. 9c) KonTraG[21], das am 01.05.1998 in Kraft trat, nicht nur in der Betitelung durch Hinzufügung von „Organisation“ vor den Begriff „Buchführung“ geändert, sondern um einen neuen Absatz 2 ergänzt. Danach wird klargestellt, der Vorstand habe geeignete Maßnahmen zu treffen, insbesondere ein Überwachungssystem einzurichten, damit den Fortbestand der Gesellschaft gefährdende Entwicklungen früh erkannt werden.
Obwohl das Aktiengesetz eine Pflicht zur Einrichtung eines Risikomanagements nicht erwähnt, wird es überwiegend für erforderlich erachtet, den Vorstand für die Einrichtung eines angemessen Risikomanagements und Risiko-

[21] BStBl I 1998, 786.

controlling verantwortlich zu machen[22]. Welche konkreten Maßnahmen jedoch § 91 II AktG erfordert, ist strittig. Einerseits wird Risikomanagement lediglich als ein „Controlling" verstanden, ohne dieses zu präzisieren[23], so dass ungeklärt ist, was hierunter im Einzelnen zu verstehen ist und welche der bisherigen Vorkehrungen bereits genügen[24]. Andererseits wird die Auffassung vertreten, der Vorstand habe für eine Unternehmensinfrastruktur zu sorgen, die durch Etablierung anpassbarer sowie zweckmäßiger Rechts- und Organisationsstrukturen gekennzeichnet ist, was die Einrichtung und Weiterentwicklung eines zweckmäßigen Planungs- und Kontrollsystems sowie eines Risikomanagements einschließt[25]. Angesichts fehlender Konkretisierung der Regelung § 91 II AktG wird ebenfalls Bezug genommen auf § 25a I KWG, so dass die Maßnahmen durch ein Risiko-Controlling, eine ordnungsgemäße Geschäftsorganisation, angemessene interne Kontrollverfahren sowie angemessene Sicherheitsvorkehrungen im Bereich der EDV konkretisierbar werden. Gleichzeitig wird einschränkend argumentiert, dass die weitergehenden Verpflichtungen für das Kreditwesen über die Anforderungen § 91 II AktG hinausreichen, da nicht nur bestandsgefährdende, sondern alle relevanten Risiken laufend erfasst und kontrolliert werden müssen.[26]

Obwohl die konkrete Ausgestaltung von Maßnahmen gemäß § 91 II AktG ungeklärt ist, bringt eine h. M. im Schrifttum Einigkeit darüber zum Ausdruck, dass dem Leitungsorgan aufgrund der durch das KonTraG eingeführten positivrechtlichen Verpflichtung zur Ergreifung geeigneter Maßnahmen zur Früherkennung bestandsgefährdender Entwicklungen und der Einrichtung eines Über-

[22] Vgl. z. B. Deutschen Corporate Governance Kodex Pkt. 4.1.4, § 161 AktG.
[23] Vgl. Homelhoff, Risikomanagement im GmbH-Recht: FS Sandrock, 2000, S. 374.
[24] Vgl. Deilmann, Die Stellung des Aufsichtsrates der Aktiengesellschaft nach Inkrafttreten des KonTraG: FS Sandrock, 2000, S. 169.
[25] Vgl. Berliner Initiativkreis German Code of Corporate Governance, German Code of Corporate Governance, 2000, S. 1576.
[26] Vgl. Endres, Organisation der Unternehmensleitung aus Sicht der Praxis, 1999, S. 542.

wachungssystems keine neuen Verpflichtungen auferlegt wurden[27], denn die Leitung eines Unternehmens ist als Risikomanagement zu begreifen[28], so dass auch ohne eine gesetzliche Kodifizierung ein angemessenes Risikomanagement zu den Sorgfaltspflichten des Vorstands nach § 93 I AktG gehört[29]. Schwierigkeiten ergeben sich aber deswegen, weil der Abschlussprüfer im Rahmen des gesetzlichen Auftrags gemäß § 317 IV HGB zur Beurteilung der Vorstandsmaßnahmen verpflichtet ist.

Die Vorschläge zur Ausgestaltung eines Risikomanagements in Unternehmen, die insbesondere durch das betriebswirtschaftliche Schrifttum dominiert werden, sind zunächst zu untersuchen. Elementar ist dabei das den Überlegungen zugrunde liegende Risikoverständnis.

3.2 Konzeptionelle Vorschläge zur Ausgestaltung eines Risikomanagements

3.2.1 Risikoverständnis

Ein einheitliches Risikoverständnis existiert im betriebswirtschaftlichen Schrifttum nicht. Auch stellt die betriebswirtschaftliche Risikotheorie bisher kein einheitliches Aussagensystem, sondern vielmehr eine Zusammenfassung verschiedener Ansätze dar, deren Unterschiede auf divergierenden Vorstellungen darüber basieren, inwieweit der Tatbestand der Unsicherheit, ausgelöst durch den Zustand unvollkommener Informationen, mit einer Theorie der Unternehmungspolitik zu verbinden ist. Jedoch lassen sich zwei grundsätzliche Ansätze un-

---

[27] Vgl. Wall, Kompatibilität des betriebswirtschaftlichen Risikomanagement mit den gesetzlichen Anforderungen?, 2003, S. 460; vgl. Theisen, Risikomanagement als Herausforderung für die Corporate Governance, 2003, S. 1427; vgl. Kuhl/Nickel, Risikomanagement im Unternehmen - Stellt das KonTraG neue Anforderungen an die Unternehmen?, 1999, S. 133; vgl. Hüffer, Komm. Aktiengesetz, 2002, § 91 Rn. 8; vgl. Fleischer, Vorstandsverantwortlichkeit und Fehlverhalten von Unternehmensangehörigen - Von der Einzelüberwachung zur Errichtung einer Compliance-Organisation, 2003, S. 298; vgl. Altmeppen, Die Auswirkungen des KonTraG auf die GmbH, 1999, S. 300.

[28] Vgl. Wirth, Neuere Entwicklungen bei der Organhaftung - Sorgfaltspflichten und Haftung der Organmitglieder bei der AG, 2001, S. 101.

[29] Vgl. Horn, Die Haftung des Vorstands der AG nach § 93 AktG und die Pflichten des Aufsichtsrates, 1997, S. 1130.

terscheiden. Während die traditionelle betriebswirtschaftliche Risikolehre Ungewissheit und Risiko als eigenständiges betriebswirtschaftliches Problem anerkennt, die abgeleitete Risikotheorie spezielle Maßnahmen zur Überwindung unvollkommener Informationen und Risiken entwickeln will, die in ihrer Gesamtheit die Risikopolitik der Unternehmung widerspiegeln, hebt die zweite Konzeption die generelle Risikobezogenheit von Entscheidungen hervor. Die Unsicherheits- und Risikoproblematik wird hier in zu konstruierende Aussagesysteme integriert, so dass eine eigenständige Risikotheorie entfällt. Die Analyse der Unternehmenspolitik im Rahmen betriebswirtschaftlicher Teiltheorien oder durch Totalbetrachtungen sollte daher in eine umfassende Theorie der Unternehmung münden[30], die, wie auch die Diskussion an späterer Stelle verdeutlicht, noch nicht existiert.

Die Diskussionen zu einem Risikomanagement zeigen ein divergierendes Verständnis über den zugrunde liegenden Risikobegriff. Einerseits wird dieser in Verbindung gebracht mit Gefahren des Misserfolges von Leistungen, Gefahren von Fehlentscheidungen oder unsicheren Informationsstrukturen. Andererseits werden lediglich bestimmte allgemeine Merkmale genannt:[31]

- Risiken gehen ein in Entscheidungen,
- ursachen- und wirkungsbezogen stellen Risiken Gefahren i. w. S. dar,
- Fehlentscheidungen seien auf ein Referenzmaß zu beziehen,
- Risiken entstehen aus der Unsicherheit bezüglich zugrunde liegender Entscheidungsprämissen.

Die folgende Einteilung orientiert sich am überwiegenden Verständis:

- o Die formale Interpretation des Risikos betrifft die Beschreibung des Informationszustandes eines Individuums zum Zeitpunkt einer Entscheidung. Grundlage ist hier die Wahrscheinlichkeitsrechnung oder die Verwendung von Ver-

[30] Vgl. Kupsch, Risiken als Gegenstand der Unternehmungspolitik, 1975, S. 153.

[31] Vgl. Wolf/Runzheimer, Risikomanagement nach KonTraG, 2003, S. 30; mit einem Überblick vertretener Risikoauffassungen, S. 29.

teilungsfunktionen[32]. Risiko wird daher als mögliche Abweichung, als Streuungsmaß um den Erwartungswert einer angestrebten Zielgröße, verstanden.[33] Risiko kann in diesem Sinne auch unter den Oberbegriff der Chance subsumiert werden, wobei positive und negative Chancen unterschieden werden.

- Misserfolgsbezogen wird Risiko verstanden als eine Beschreibung nur negativer Abweichungen vom Erwartungswert einer angestrebten Zielgröße bzw. als bestehende Möglichkeit ungünstiger Entwicklungen oder der Gefahr des Misslingens einer Leistung im Zeitpunkt einer Entscheidung. Risiko bezieht sich nur auf die Gefahr von Fehlentscheidungen als Ursache unerwünschter Zielabweichungen.[34] Insoweit betrifft das Risiko die Gefahr der Verhinderung erfolgreicher Strategieumsetzung[35].
- Materiell interpretiert bezieht sich Risiko auf die Möglichkeit des Wirksamwerdens eines Schadens. Da das Schicksalhafte, das dem Schadensfall anhaftet, auch als Verlust angesehen wird[36], besteht dieses Risiko in einer Verlustgefahr im Sinne eines finanziellen Schadens. Das Risiko beinhaltet eine Quantitäts- und Intensitätsdimension. Zielbezogen beinhaltet diese Risikodefinition oftmals die Art des drohenden Verlustes. Hinsichtlich eines im Unternehmen einzurichtenden Projektcontrolling wird dazu die Meinung vertreten, alle Risiken mittels eines Worst Case zu analysieren, um den finanziellen Verlust zu ermitteln, der noch als akzeptabel eingestuft werden kann, ohne dass im Schadensfall die Existenz des Unternehmens gefährdend wird[37].

---

[32] Da gerade auch im Finanzmarktbereich Verteilungen unbekannt sind, sich unterstellte Verteilungen, i. d. R. Normalverteilungen, als empirisch unhaltbar erwiesen haben (vgl. Granger, Some comments on risk, 2002, S. 454), dürfte diese Grundlage regelmäßig entfallen.

[33] Siehe auch S. 28.

[34] Vgl. Mikus, Risiko und Risikomanagement, 2001, S. 7; vgl. Bihr/Dyhle, Risiko-Früherkennungs-System, 2000, S. 262.

[35] Vgl. KPMG, Integriertes Risikomanagement, 1998, S. 5.

[36] Vgl. Bussmann, Das betriebswirtschaftliche Risiko, 1955, S. 12; hier auch eine ausführliche Darstellung früherer Auffassungen zu Wagnis und Risiko, S. 11-15.

[37] Vgl. Guserl, Controllingsystem und Risiko-Management bei projektorientierten Unternehmen, 1999, S. 429-430.

Materielle Risiken bestehen auch dann, wenn formale Risiken nicht bestimmbar sind[38]. Es wird jedoch auch bestritten, dass es Ungewissheitssituationen geben soll, in denen nur formale oder materielle Risiken eintreten können, denn formale und materielle Risiken treten stets gleichzeitig auf, so dass bei der Wahl einer Handlungsalternative immer beide Risiken zu messen seien[39].

Hinsichtlich eines Risikomanagements, dass durch das KonTraG verpflichtend kodifiziert sein soll, wird Risiko im Sinne einer Überschneidung von misserfolgsbezogenem und materiellem Verständnis aufgefasst. Es wird jedoch überwiegend auf alle möglichen Verluste abgestellt, die aus der unternehmerischen Tätigkeit erwachsen und zu einer Bestandsgefährdung des Unternehmens führen könnten, so dass sämtliche Einzelrisiken, die das Unternehmen betreffen, aufgrund ihrer denkbaren kumulativen Wirkung systematisch zu erfassen sind[40]. Damit wird Risiko letztlich ausgedehnt auf die allgemeine Möglichkeit ungünstiger künftiger Entwicklungen[41]. Kritisiert wird aber auch eine explizite Vernachlässigung von Chancen bei der Diskussion des Pflichtumfangs eines Risikomanagements[42].

Zur Unterscheidung möglicher Risiken wird im Schrifttum vorgeschlagen, Risikoarten zu bestimmen, so dass anhand von Unterscheidungsmerkmalen eine Systematisierung möglich wird:[43]

---

[38] Die Bestimmung formaler Risiken verlangt geschlossene Entscheidungsprobleme. In der Regel fehlt eine vollständige Zielformulierung, die vollständige Aufdeckung möglicher Handlungsalternativen, die vollständige Aufführung möglicher Handlungskonsequenzen, vgl. Kupsch, Unternehmungsziele, 1979, S. 17-18; vgl. Kupsch, Risiken als Gegenstand der Unternehmungspolitik, 1975, S. 153-154.

[39] Vgl. Döhring, Gesamtrisiko-Management von Banken, 1996, S. 32, wobei dort im Folgenden nur auf die formale Risikomessung eingegangen wird.

[40] Vgl. Eggemann/Konradt, Risikomanagement nach KonTraG aus dem Blickwinkel des Wirtschaftsprüfers, 2000, S. 503; vgl. Kromschröder/Lück, Grundsätze risikoorientierter Unternehmensüberwachung, 1998, S. 1573; vgl. Wolz, Zum Stand der Umsetzung von Risikomanagementsystemen, 2001, S. 791, vgl. Neumann, Aufbau eines Risikomanagement - insbesondere eines Frühwarnsystems, 1998, S. 722.

[41] Vgl. z. B. IDW PS 340, Rn. 3, in: WPg, 52. Jg., 1999, Heft 16, S. 658-662.

[42] Vgl. z. B. Weber/Weißenberger/Liekweg, Ausgestaltung eines unternehmerischen Chancen- und Risikomanagementsystems nach dem KonTraG, 1999, S. 1711.

[43] Vgl. z. B. Kupsch, Risikomanagement, 1995, S. 532.

Unterscheidungsmerkmal	Risikoart
- Problemtyp	- Strategisches Risiko
	- Operatives Risiko
- Art des Verlustes	- Finanzielles Risiko
	- Güterwirtschaftliches Risiko
	- Informationsrisiko
- Betriebsfunktion	- Beschaffungsrisiko
	- Produktionsrisiko
	- Absatzrisiko
	- Finanzierungsrisiko
- Handlungsphase	- Planungsrisiko
	- Realisationsrisiko
	- Kontrollrisiko
- Handlungsrang	- Leistungsrisiko
	- Ausführungsrisiko
- Unternehmensbezug	- Betriebliches Risiko
	- Umweltrisiko
- Versicherbarkeit	- Versicherbares Risiko
	- Nichtversicherbares Risiko

Zur Konkretisierung der Risiken, die im Unternehmen auftreten können und die es daher zu handhaben gilt, wird weiter vorgeschlagen, in Anlehnung an die im Kreditwesen üblichen Einteilungen anzuknüpfen, wobei jedoch eine wünschenswerte Erfassung aller möglicherweise bestehenden Gefahren, wie z. B. aus Naturereignissen, in einer derartigen Einteilung nicht abschließend erfolgen kann:[44]

1) Kreditrisiko (Bonitätsrisiko)

   Hierunter ist das Risiko zu verstehen, dass ein Geschäftspartner seinen Verpflichtungen nicht nachkommt.

[44] Vgl. Lück, Betriebswirtschaftliche Aspekte der Einrichtung eines Überwachungssystems und eines Risikomanagementsystems, 1999, S. 145-146.

2) Marktrisiko

Das Marktrisiko soll die möglichen Gewinne oder Verluste bezeichnen, die aus der Wettbewerbsstellung des Unternehmens erwachsen. Es umfasst Änderungen von Marktpreisen und Kursen sowie möglicherweise eintretende Zustände aufgrund von Konjunkturschwankungen.

3) Liquiditätsrisiko

Hier soll die Gefahr erfasst werden, die droht, wenn das Unternehmen aufgrund fehlender finanzieller Mittel seinen Verpflichtungen nicht mehr nachkommen kann und möglicherweise Insolvenz anmelden muss.

4) Betriebsrisiko

Dieses Risiko erfasst die Gefahren, die aus der Unternehmung selbst erwachsen (organisatorische Mängel, technische Gefahren, menschliches Versagen, Schwachstellen im Informationssystem und den internen Kontrollen).

5) Rechtsrisiko

Es soll die Gefahr bezeichnet werden, dass Geschäfte rechtlich nicht durchsetzbar sind oder sich gesetzliche Vorschriften bzw. behördliche Auflagen ändern könnten.

Hinsichtlich der Bewertung von Risiken wird überwiegend die Meinung vertreten, dass Risiken als Voraussetzung einer anzustrebenden Steuerung mit Hilfe multiplikativer Verknüpfung von Schadenshöhe und Eintrittswahrscheinlichkeit zu bewerten sind. Soweit hierbei Schwierigkeiten auftreten, Schadenserwartungswerte nicht angegeben werden können, müsse trotzdem eine betragsmäßige Schätzung erfolgen. Als unabdingbar wird angesehen, stets eine Differenzierung der Risiken vorzunehmen, da existenzbedrohende Risiken mit kleinen Eintrittswahrscheinlichkeiten prinzipiell anders zu behandeln sind als geringe Risiken mit hohen Eintrittswahrscheinlichkeiten.[45]

[45] Vgl. Lück, Managementrisiken im Risikomanagementsystem, 2000, S. 1476.

3.2.2 Risikomanagementfunktion

Die Funktion des Risikomanagements wird im betriebwirtschaftlichen Schrifttum überwiegend in der Handhabung eines misserfolgsbezogen[46]-materiellen[47] Risikos gesehen. Auch in der Realität zeigt sich, dass Krisensituationen oft dadurch gekennzeichnet sind, dass mehrere nachteilige Ereignisse auf das Unternehmen einwirken, die für sich betrachtet i. d. R. zwar zu Schwierigkeiten führen, aber bewältigt werden können. Zusammen wirken diese jedoch schnell bestandsgefährdend, wovon aber, wie bereits *Marshall* und *Schumacher* bemerkten, vor allem mittelgroße Unternehmen betroffen sind. Dabei können vor allem vier Faktoren benannt werden, deren Zusammentreffen eine Unternehmensgefährdung zur Folge hat:[48]

- zu schnelles Wachstum,
- Organisationsfehler, vor allem in der Führungsspitze,
- mangelhafte Kontroll- und Berichtssysteme,
- Finanzierungsfehler.

Insbesondere aus Sicht der Praxis könnte daher gefordert werden, der Betriebswirtschaftlehre müsse hinsichtlich eines Risikomanagements die Aufgabe zukommen, diejenigen Risikosphären zu ermitteln, deren schnell ändernde Einflussgrößen besondere Auswirkungen auf Weltwirtschaft, nationale Volkswirtschaften und bestimmte Unternehmenszweige verursachen und die von existentieller Bedeutung für ein Unternehmen sind. Dabei ist zu sehen, dass sich Realität und Entscheidungsprobleme nicht als ein Konglomerat von Wahlalternativen darstellen, denen genau zurechenbare Konsequenzen gegenübergestellt sind und lediglich die Alternativen erster Rangordnung zu wählen wären. Vielmehr liegen zunächst unstrukturierte Global-Problematiken vor, die in lösbare Einzelprobleme zu transformieren sind. Dieser Prozess wird entscheidend geprägt durch Intuition, Einfallsreichtum, Erfahrung und Risikoeinstellung des

[46] Siehe S. 37.
[47] Siehe S. 37.
[48] Vgl. Albach, Kampf ums Überleben: Der Ernstfall als Normalfall für Unternehmen in einer freiheitlichen Wirtschaftsordnung, 1979, S. 17.

Entscheidungsträgers sowie durch Risikobewertung und Gruppenverhalten bei Kollektiventscheidungen. Hier aber könnte die Betriebswirtschaftslehre ansetzen und versuchen, subjektive Bestimmungsgrößen der Entscheidungen zu analysieren und in die klassische Risikolehre zu integrieren. Sie sollte risikopolitische Instrumentarien aufzeigen und der Unternehmenspraxis ebenso empirische Untersuchungen über Effizienz und Kosten von Risikominimierungsmaßnahmen zur Verfügung stellen. Jedoch bedingt gerade die Risikoquellenforschung eine koordinierende Einbeziehung anderer Erfahrungswissenschaften.[49]
Das Risikomanagement entwickelte sich aus der Wirtschaft heraus, jedoch nicht, wie naheliegend, im Bankenbereich. In der Versicherungsbranche der USA löste die Bezeichnung Risk Manager die Betitelung Insurance Manager ab, die zuvor den Insurance Buyer ersetzte. Dies war Folge einer Erweiterung des Funktionsbereichs der Versicherung hin zur systematischen Risikoanalyse verbunden mit dem Einsatz alternativer Maßnahmen.[50] Risk Management wurde von *Mehr/Hedges* 1963 ausschließlich unter dem Aspekt der versicherungsmathematischen Abdeckung der Unternehmensrisiken entwickelt. Risikomanagement wurde daran anschließend jedoch umfassender begriffen, im Sinne eines systematischen Praktizierens von Entscheidungs- und Anwendungstechniken, als Versuch, das Unternehmen aus der Unsicherheit, aus rein subjektiven und unreflektierten Verhältnissen herauszuführen, um so zu größerer Objektivierbarkeit bis hin zu rational begründbaren und prognostizierbaren Risikoeinschätzungen mittels Eliminierung unsicherer und Maximierung sicherer Erwartungskomponenten zu gelangen[51]. Es ergibt sich eine zweistufige Vorgehensweise:[52]

I. Ursachenbezogene Risikoplanung mit der Zielsetzung einer Verringerung der Schadeneintrittswahrscheinlichkeit durch

   1. Risikoanalyse,

---

[49] Vgl. Wartensleben, Risikomanagement, 1978, S. 326.
[50] Vgl. Karten, Risk Management, 1993, Sp. 3825.
[51] So wurden für den Bankenbereich erstmalig durch das Bundesaufsichtsamt für das Kreditwesen verbindliche Standards bezüglich Funktionstrennungen, Risikocontrolling, Risikomanagement, Organisation des Handels, internes Kontrollsystem vorgegeben (MaH, 10/1995); später § 25a I KWG (6. KWG-Novelle, 10/1997).
[52] Vgl. Wartensleben, Risikomanagement, 1978, S. 323-325.

2. Schadenverhütungsmanagement.

II. Ableitung wirkungsbezogener Risikomaßnahmen mit der Zielsetzung einer Minderung des Schadenumfangs, der trotz der ursachenbezogenen Risikoplanung eintreten kann, mittels

1. Verlustabdeckung durch Bildung von Finanzmittelreserven,
2. Verlustausgleich durch Ver- und Absicherung,
3. Schadenersatzminderung durch wirtschaftlich optimale Regressbearbeitung.

Ziele eines Risikomanagements werden generell in der Existenzsicherung des Unternehmens, der Sicherung des künftigen Erfolgs und einer Risikokostenminimierung gesehen. Angestrebte Ziele und deren tolerierbare Risikobereiche müssen dabei aus Gründen nötiger Kontrollmaßnahmen den operativen Ebenen vorgegeben werden. Es entsteht ein Zyklus aus Risikoidentifikation, Bewertung, Handhabung und Controlling. Daran anknüpfend wird geschlussfolgert, dass ein Risikomanagement positive Auswirkungen auf den Shareholder Value entfaltet, da Risikomanagementrichtlinien die Risikopräferenzen zwischen Prinzipal und Agent angleichen, Insolvenzkosten vorbeugen und langfristige Wettbewerbsvorteile ermöglichen, weil sich Gefahren aufgrund unrentabler Investitionen reduzieren.[53] Übersehen wird dabei, dass es sich bei einem Risikomanagement um ein Regelsystem handelt, das originär nur im Interesse des Agent eingerichtet wird. Positive Auswirkungen auf den Shareholder Value könnten z. B. aber dann entstehen, wenn durch ein Risikomanagement die Kontrollkosten sinken.

Im Zuge des KonTraG wird vornehmlich die Auffassung zu einem generellen Risikomanagement vertreten, weil eine systematische Risikoanalyse sämtliche

[53] Vgl. Wolf/Runzheimer, Risikomanagement nach KonTraG, 2003, S. 30, hier auch mit einem Überblick vertretener Risikoauffassungen, S. 32-33.

Bereiche eines Unternehmens erfassen soll[54]. Das alleinige Versichern von Risiken wird ergänzt um darüber hinausgehende Maßnahmen zu einer umfassenden Schadensverhütung. Das Risikomanagement ist damit nicht mehr auf bestimmte Risiken eingegrenzt. Es sollen möglichst sämtliche relevante Risikoursachen und deren eventuelle Auswirkungen auf die Zielerreichung berücksichtigt werden.[55] Risikomanagement wird damit erweitert um eine Diagnose und Steuerung aller reinen wie spekulativen Risiken (gemeint i. S. des formalen Risikos[56]) sowie um eine risikobezogene Unternehmenspolitik, die sich auf alle das Unternehmen bedrohenden Verlustgefahren und damit auf alle Komponenten des Gesamtunternehmensrisikos bezieht.[57]

Ein generelles Risikomanagement ist zwar mit der gleichen Problemstellung wie die Unternehmensführung unter bewusster Betonung des Risikoaspekts befasst, kann aber nicht losgelöst von der Unternehmensführung gesehen werden, denn ebenso eingeschlossen ist das spezielle Risikomanagement von Einzelrisiken. Eine zusätzliche Funktion wird aber vor allem darin gesehen, dass durch ein generelles Risikomanagement das Risikobewusstsein der Mitarbeiter gestärkt wird und relevante Störpotentiale und Risiken bei allen Führungsaktivitäten vorausschauend identifiziert und beurteilt werden. Das generelle Risi-

[54] Vgl. Pollanz, Konzeptionelle Überlegungen zur Einrichtung und Prüfung eines Risikomanagementsystems - Droht eine Mega-Erwartungslücke?, 1999, S. 394; vgl. Weber/Weißenberger/Liekweg, Ausgestaltung eines unternehmerischen Chancen- und Risikomanagementsystems nach dem KonTraG, 1999, S. 1713; vgl. Lachnit/Müller, Risikomanagement nach KonTraG und Prüfung des Systems durch den Wirtschaftsprüfer, 2001, S. 369-370; vgl. Gleißner, Risikopolitik und Strategische Unternehmensführung, 2000, S. 1625; vgl. Löhr, Implementation eines prüfungsfähigen Risikomanagementsystems - Anforderungen nach KonTraG, 2000, S. 313; vgl. Arbeitskreis „Externe und Interne Überwachung", Auswirkungen des KonTraG auf die Unternehmensüberwachung, 2000, S. 8, Rn. 134; vgl. Lück/Hunecke, Die Bedeutung des Risikomanagementsystems und des Überwachungssystems zur Sicherung der Überlebensfähigkeit von Unternehmen, 1998, S. 515; vgl. Baetge/Jerschensky, Frühwarnsysteme als Instrumente eines effizienten Risikomanagement und -Controlling, 1999, S. 171; vgl. Wiechers, Die Prüfung des Internen Überwachungssystems im Sinne des § 91 Abs. 2 AktG, 1999, S. 350; vgl. Drygala/Drygala, Wer braucht ein Frühwarnsystem - Zur Ausstrahlungswirkung des § 91 II AktG, 2000, S. 299.

[55] Vgl. Mikus, Risiko und Risikomanagement, 2001, S. 10-11.

[56] Siehe S. 36.

[57] Vgl. Kromschröder/Lück, Grundsätze risikoorientierter Unternehmensüberwachung, 1998, S. 239.

komanagement soll Systeme ausbilden, die eine Informationsbereitstellung und Informationsauswertung zur Vorbereitung und Findung von Einzelfallentscheidungen sowie deren Abstimmung ermöglichen. Ebenfalls einschließen soll dies auch die Bereitstellung von Instrumenten und Verfahren zur Berücksichtigung von Unsicherheit.[58]

Aufgrund seiner der Sicherung, Erhaltung und Weiterentwicklung des Unternehmens dienenden Funktion soll ein generelles Risikomanagement auf allen Stufen im Entscheidungsprozess angesiedelt sein und die mit dem Führungs- und Durchführungsprozess verbundenen Risiken und Chancen berücksichtigen[59]. Ein Risikomanagement erfordert daher die gezielte Gestaltung und Implementierung eines systematischen Risikomanagementprozesses. Dieser ist einzubetten in ein System aufbauorganisatorischer Regelungen, demnach in die Risikomanagementorganisation, die Ausgangspunkt des Risikomanagements sein soll.[60] Bereits früh wurde die Ansicht vertreten, Risikomanagement als interdisziplinäre Theorie zu verstehen, denn streng genommen ist das Zusammenwirken von Wissenschaftlern verschiedener Gebiete, wie Ingenieuren, Juristen, Versicherungsmathematikern und Betriebswirten erforderlich[61].

Risikomanagement wird im betriebswirtschaftlichen Schrifttum sehr umfassend definiert, als Instrument zur frühzeitigen Erkennung, Bewertung und Aggregation bestehender Risiken aufgrund systematischer und kontinuierlicher Vorgehensweisen. Dazu sollen sogenannte Risikoinformationen systematisch geordnet und zeitnah an verantwortliche Aufgabenträger kommuniziert sowie getroffene Maßnahmen zur Bewältigung der Risiken koordiniert werden. Risikomanagement soll aber ebenso die Sicherstellung der Dokumentation von Risiken und die Überwachung der Einhaltung getroffener Maßnahmen umfassen.[62]

---

[58] Vgl. Mikus, Risiko und Risikomanagement, 2001, S. 11-12, mit weiteren Nachweisen; vgl. auch bereits Kupsch, Risikomanagement, 1995, S. 533, vgl. auch Mensch, Risiko und Unternehmensführung: Eine systemorientierte Konzeption zum Risikomanagement, 1991, S. 60-62.

[59] Vgl. Hopfenbeck, Managementlehre, 1989, S. 533.

[60] Vgl. Wittmann, Organisatorische Einbindung des Risikomanagements, 2000, S. 130.

[61] Vgl. Wartensleben, Risikomanagement, 1978, S. 325.

[62] Vgl. Seidel, Risikomanagement, Erkenne, Bewerten und Steuern von Risiken, 2002, S. 55-56.

Auch wird überwiegend gefordert, Risikomanagement solle in zentraler Verantwortlichkeit in oberen Hierarchieebenen angesiedelt sein, obgleich es sich um eine wenig dankbare Aufgabe handelt, weil niemand gern die Rolle eines advocatus diabolus übernehmen will, denn in diesem Zusammenhang wird auf den Umstand verwiesen, dass auf unteren hierarchischen Ebenen zwar Risiken oftmals erkannt werden, diese Informationen aber nicht auf obere Hierarchieeben gelangen und damit nicht Bestandteil einer Gesamtschau sind. Insoweit sei gerade die Einstimmung auf diese Risikoproblematik wichtig, um einen notwendigen Grad an Sensibilisierung zu erreichen.[63]

3.2.3 Arten von Risikomanagementkonzeptionen

Im Schrifttum können aufgrund des unterschiedlichen Verständnisses von Risiko und der Aufgabe eines Risikomanagement zwei Arten von Risikomanagementkonzeptionen unterschieden werden:[64]

a) Risikomanagement im engen Sinne

   Hierunter werden die Ansätze subsumiert, welche nur mögliche Verlustgefahren betrachten. Es wird ausschließlich auf negative künftige Entwicklungen abgestellt, die auf ein Unternehmen einwirken können, so dass in diesem Zusammenhang im Schrifttum der Begriff „reines Risiko" verwendet wird, welches im Sinne. des materiellen Risikos[65] zu verstehen ist. Diese Risikomanagementform findet ihre Wurzel in der Versicherungswirtschaft und hat die Aufgabe, die geplante Erreichung der Unternehmensziele, den zukünftigen Erfolg und damit den Bestand des Unternehmens durch geeignete Maßnahmen unter Beachtung der damit verbundenen Kosten abzusichern.

   Charakteristisch ist die Betrachtung lediglich bestimmter Arten von Handlungen, solche, die als allgemeine Absicherungsmaßnahmen bezeichnet werden könnten (z. B. Abschluss von Versicherungen), aber ebenso solche mit

---

[63] Vgl. bereits Blankenburg, Risikomanagement als betriebswirtschaftliche Aufgabe, 1978, S. 331-332.

[64] Vgl. zur Unterscheidung insbesondere Mensch, Risiko und Unternehmensführung: Eine systemorientierte Konzeption zum Risikomanagement, 1991, S. 10, 18-21.

[65] Siehe S. 37.

Bezug zu speziellen Risiken, verbunden mit konkreten Instrumenten zu deren Erkennung und Bewertung. Kennzeichnende Elemente eines Risikomanagements im engen Sinne sind Verfahren zur Erkennung und systematischen Erfassung von Risiken im Betrieb, Verfahren zur Ermittlung resultierender Risikowirkungen und das Ergreifen von Sicherheitsmaßnahmen.
Als Prozessphasen werden vorgeschlagen:

1. Risikoanalyse
   - Risikoerkennung,
   - Risikobewertung.
2. Disposition der risikopolitischen Maßnahmen
   - Suchen nach risikopolitischen Maßnahmen,
   - Bestimmung der optimalen Kombination risikopolitischer Maßnahmen,
   - Bereitstellung und Einsatzsteuerung der risikopolitischen Maßnahmen.[66]

b) Risikomanagement im weiten Sinne
Hierunter fallen alle Ansätze zu einem generellen Risikomanagement. Das zugrunde liegende Risikoverständnis ist jedoch nicht einheitlich. Zum einen wird Risiko verstanden als „spekulatives Risiko" (im Sinne des formalen Risikos[67]), das sowohl die positive als auch die negative Seite der Unsicherheit umfasst. Zum anderen wird auf ein misserfolgsbezogenes Risiko[68] rekurriert. Relevanz entfalten die Risiken aber insbesondere dann, wenn daraus ein materielles Risiko[69] droht. Bei einem Risikomanagement im weiten Sinne steht das Bestreben im Vordergrund, Mittel und Wege bereitzustellen, um Unsicherheit, soweit sie relevant sein sollte, in allen unternehmerischen Entscheidungen zu berücksichtigen. Insoweit wird nicht nur auf bestimmte Risikoarten und Handlungsmöglichkeiten abgestellt, sondern allgemein auf die Unternehmensführung unter Berücksichtigung des Risikos. Der dieser Sichtweise zugrunde liegende Gedanke zielt darauf ab, bereits in der Phase der

---

[66] Vgl. Mensch, Risiko und Unternehmensführung: Eine systemorientierte Konzeption zum Risikomanagement, 1991, S. 9, 11-12, 14.
[67] Siehe S. 36.
[68] Siehe S. 37.
[69] Siehe S. 37.

Planung eine Bestimmung der den unternehmerischen Aktivitäten zuzuordnenden Risiken vorzunehmen und ebenso die zur Bewältigung der Risiken nötigen Maßnahmen festzulegen. Der Risikoaspekt durchzieht den gesamten Entscheidungsprozess im Unternehmen, sei es die Planung, Kontrolle, die Improvisation oder eine sonstige Form des Entscheidungsprozesses. Als logischer Risikomanagement-Prozess wird vorgeschlagen, sechs Phasen zu durchschreiten: Risikoidentifikation, Risikoanalyse, Alternativensammlung, Ergebnisbewertung, Entscheidung und Umsetzung.

Die Vorschläge im Schrifttum zur Einrichtung eines Risikomanagements bezüglich des KonTraG basieren überwiegend auf dem Grundgedanken eines Risikomanagements im weiten Sinne, so dass sich auch die jeweilige Beschreibung des Risikomanagement-Prozesses daran orientiert. Die Beschreibungen sind im Schrifttum jedoch nicht einheitlich. Als Stufung all derjenigen Aktivitäten, die zu einem systematischen Umgang mit Risiken nach dem KonTraG im Unternehmen führen sollen, wird überwiegend Folgendes vorgeschlagen:[70]

(1) Risikoidentifikation,

(2) Risikoanalyse,

(3) Risikosteuerung,

(4) Risikoüberwachung,

(5) Überwachung des Erfolgs der Steuerungsmaßnahmen, der Effektivität und Angemessenheit der Maßnahmen.

Die Aktivitäten (1) - (3) stellen den Risikomanagement-Prozess dar, die Risikoüberwachung (4) hingegen soll durch Rückkoppelung zu den Prozessschritten die Stabilität und Weiterentwicklung des Prozesses sicherstellen. Gleichzeitig wird vorgeschlagen, Aktivität (5), soweit sie den operativen Bereich betrifft, der Unternehmensleitung, soweit sie aber den strategischen Bereich betrifft, den Aufsichtsgremien zuzuordnen.

---

[70] Vgl. KPMG, Integriertes Risikomanagement, 1998, S. 16; vgl. Füser/Gleißner/Meier, Risikomanagement (KonTraG) - Erfahrungen aus der Praxis, 1999, S. 753; vgl. Lück, Managementrisiken im Risikomanagementsystem, 2000, S. 1475-1477.

Die Aktivitäten lassen sich zu Modulen verdichten[71] und enthalten folgende Kernaussagen:[72]

(1) Risikoidentifikation

Diese Maßnahmen sind auf eine strukturierte Erfassung der wesentlichen Risiken und Risikobereiche des Unternehmens auszurichten. Voraussetzung für eine systematische Identifikation muss daher sein, dass Klarheit über die Unternehmensziele besteht. Da Risikoidentifikation die Gesamtunternehmenssicht widerspiegeln soll, wird im ersten Schritt ein „Top-down"-Ansatz notwendig. Die Identifikation von Risiken soll dabei durch Workshops erleichtert werden, die von Experten geführt werden können. Hilfreich, um die Maßnahmen unter (2) zu erleichtern, ist die Erstellung eines Risikokatalogs.

Zwischen der Risikoerfassung und Risikobewertung steht die Risikosystematisierung, um die erfassten Einzelrisiken zu gruppieren und zu konsolidieren. Hierbei ist zu beachten, dass bestimmte Risiken durchaus Ursachen anderer Risiken sein können.[73] Als Voraussetzung einer möglichst vollständigen Risikoerfassung[74] wird aber ebenso zunächst die Kenntnisgewinnung über mögliche Risikoarten, das Risikobewusstsein und die Gewissenhaftigkeit der Aufgabenträger des Unternehmens angesehen[75], denn bezüglich der Unternehmungsorganisation und des Entscheidungsprozesses besteht ein gegenseitiges Abhängigkeitsverhältnis, das einer besonderen organisatorischen Regelung bedarf, weil organisatorische Lösungen ständig von der Instabilität des Systems betrieblicher Präferenzen und von Mängeln im Kommunikationssystem bedroht sind[76]. Den Mitarbeitern des Unternehmens kommt hinsichtlich einer vollständigen Risikoerfassung wesentlicher Unternehmensrisiken eine große Bedeutung zu, da

[71] Vgl. Lachnit/Müller, Risikomanagement nach KonTraG und Prüfung des Systems durch den Wirtschaftsprüfer, 2001, S. 378-379.

[72] Vgl. KPMG, Integriertes Risikomanagement, 1998, S. 21-26.

[73] Vgl. Bitz, Risikomanagement nach KonTraG, 2000, S. 26-27.

[74] Gefordert wird aber auch die Erfassung aller möglichen Risiken, vgl. Henselmann, Das KonTraG und seine Anforderungen an das Risikomanagement, 2001, S. 36.

[75] Vgl. bereits Bussmann, Das betriebswirtschaftliche Risiko, 1955, S. 34; hier wird statt von Risiko Wagnis benutzt, dies jedoch inhaltsgleich, S. 15.

[76] Vgl. Gutenberg, Grundlagen der Betriebswirtschaftslehre: Band I, Die Produktion, 1983, S. 257-258.

nur sie Kenntnisse über mögliche Risiken besitzen[77]. Für Zwecke der Risikohandhabung und Risikoberichterstattung ist die Risikoidentifikation daher systematisch und kontinuierlich nach einheitlichen Richtlinien und Maßstäben vorzunehmen. Voraussetzung für eine systematische Nutzung von Mitarbeiterwissen hinsichtlich der Risikoidentifikation ist, strukturierte Typen von Einflussfaktoren auf die Unternehmensaktivität vorzugeben, wie z. B. generelle externe, marktverändernde, leistungswirtschaftliche, organisatorische, finanzwirtschaftliche und rechtliche Faktoren. Insoweit wäre zunächst eine geschäftsbereichsspezifische Risikoinventur vorzunehmen, die beispielsweise mit Hilfe standardisierter Risiko-Erfassungsbögen („Risk-Map" - Erfassung von Risikoarten, Schadenshöhe, Eintrittswahrscheinlichkeiten) erfolgen könnte.[78] Als Element von Risikoerkennungsmaßnahmen können aber auch spezielle Checklisten gelten, da sie eine systematische Erfassung von möglichen Einzelrisiken und deren möglichen Ursachen erlauben. Gleichwohl sind Methoden und Möglichkeiten einer Risikoidentifikation vielfältig und abhängig von einzelnen Planungsbereichen des Unternehmens. Wesentliche Unterstützung bei einer systematischen Risikoerfassung sollen jedoch Flussdiagramme sowie Input-Output-Analysen von Liefer- und Leistungsbeziehungen bieten, da richtig angewandt Schwachstellen, Engpässe sowie sonstige mögliche Risikoursachen in güterwirtschaftlicher, finanzieller und informationeller Hinsicht zwischen Unternehmen und Umwelt aufgedeckt werden können.[79]

(2) Risikoanalyse

Hier gilt es, die Informationsbasis für weitere Prozessschritte, insbesondere die Risikosteuerung, bereitzustellen. Abgezielt wird auf eine Risikoeinzelbewertung, die bereichs-, stellen-, produkt-, segment- und prozessorientiert erfolgen soll, um eine Überführung der Einzelrisiken unter Beachtung vorhandener Interdependenzen in Kalküle zu ermöglichen, die in Erfolgs- und Liquiditätsbe-

---

77 Die Sicherung und Offenlegung des Wissens mittels der „Learning Organization" ist aber kritisch zu sehen, vgl. Elkjaer, The Learning Organization: An Undelivered Promise, 2004, S. 85.

78 Vgl. Bitz, Risikomanagement nach KonTraG, 2000, S. 26.

79 Vgl. Kupsch, Risikomanagement, 1995, S. 536.

trachtung einfließen können. Die Risikoanalyse soll auch Szenario- und Sensitivitätstechniken einschließen. Letztlich soll ein Risikoportfolio erstellt werden, dessen permanente Aktualisierung und Kommunikation die Basis für die Risikosteuerung bildet.

(3) Risikosteuerung

Diese Aktivität soll eine adäquate Beeinflussung der im Rahmen der Risikoanalyse ermittelten Einzelrisiken und damit der gesamten Risikoposition des Unternehmens zum Inhalt haben. Durch Risikosteuerung soll es gelingen, die Eintrittswahrscheinlichkeiten von Risiken zu verringern und deren Schadensausmaße zu begrenzen. Risikosteuerung beinhaltet folgende Strategien: Akzeptieren, Vermindern, Übertragen und Vermeiden.[80] Risikoaktivitäten haben sich in dem Rahmen zu bewegen, der durch das Management mittels Schaffung eines Systems von Limits vorzugeben ist. Damit dies gelingen kann, muss eine zeitnahe und sachgerechte Informationsversorgung der Entscheidungsträger durch ein entsprechendes Berichtswesen erfolgen.

Ein einzurichtendes risikoorientiertes Berichtswesen muss strikt empfängerorientiert sein, um dem jeweiligen Informationsbedarf zu entsprechen. Der zuständige Sachbearbeiter benötigt beispielsweise einen entsprechend hohen Detaillierungsgrad an Informationen. Bei höheren Führungsinstanzen hingegen muss der Grad der Detaillierung abnehmen, zumal hier jeweils Informationen unterer Hierarchien zusammenlaufen.[81] Insoweit wird gefordert, den Output des Risikomanagementprozesses der Unternehmensführung in komprimierter Form zuzuleiten. Als zu erstellendes sogenanntes Risikoprofil wird auch hier das Instrument einer „Risk-Map“ vorgeschlagen, in der relevante Risiken vollständig und richtig sowie unter Einhaltung von Terminvorgaben darzulegen sind.[82]

Das Ergebnis einer empirischen Erhebung zeigt, dass in der Unternehmenspraxis am häufigsten das Risikoinventar, das Risikohandbuch und die „Risk-Map“

---

[80] Vgl. Weber/Weißenberger/Liekweg, Ausgestaltung eines unternehmerischen Chancen- und Risikomanagementsystems nach dem KonTraG, 1999, S. 1715.

[81] Vgl. Wolf/Runzheimer, Risikomanagement nach KonTraG, 2003, S. 150.

[82] Vgl. Vogler/Gundert, Einführung von Risikomanagementsystemen - Hinweise zur praktischen Ausgestaltung, 1998, S. 2382.

als Instrumente zur internen Dokumentation und Berichterstattung von Risiken verwendet werden. Als unbedeutendender hingegen stellten sich die Instrumente Risikoprofil, Balanced Scorecard und Risiko-Atlas heraus.[83]

(4) Risikoüberwachung

Risikoüberwachung soll gewährleisten, dass die Risikoposition des Unternehmens der tatsächlich angestrebten Risikosituation entspricht. Unterstützt werden soll diese Aufgabe durch Abweichungsanalysen der Zustände Soll und Ist. Eine Risikoüberwachung wird im Schrifttum als wichtiger Bestandteil des Risikomanagement-Prozesses angesehen. Die Forderung nach Risikoüberwachung ist jedoch nicht unproblematisch, da oft unklar ist, unter welchen Annahmen sich die Risikoanalyse vollzieht. Werden die für möglich gehaltenen Resultate mit Eintrittswahrscheinlichkeiten gewichtet, so können sich die ursprünglichen Einschätzungen sowohl hinsichtlich der für möglich gehaltenen Ausprägungen als auch hinsichtlich der Eintrittswahrscheinlichkeiten im Zeitablauf ändern. Da es sich i. d. R. jeweils um subjektive Einschätzungen handelt, müsste sowohl die Analyse als auch die Überwachung der Risiken von derselben Person vorgenommen werden. Im strategischen Bereich wäre dies daher das Leitungsorgan einer Gesellschaft. Fraglich ist auch, wie die Realisation aus einer für möglich gehaltenen Verteilung von betrachteten Risikoausprägungen bei einer Soll/Ist-Analyse interpretiert werden sollte, da hier der zu betrachtende Soll-Zustand unklar ist.

(5) Überwachung des Risikomanagementsystems

Durch die Überwachungsaktivität sollen die Schwachstellen im Risikomanagementsystem aufgedeckt werden. Dieser Aktivität wird auch die Aufgabe zugesprochen, als Risikoradar zu fungieren, da es die Risikosituation des Unternehmens prospektiv verfolgen soll. Entscheidende Voraussetzung ist ein Rückkoppelungsprozess mit den Elementen des Risikomanagementsystems. Grundlage dafür sind entsprechende organisatorische Maßnahmen, wie z. B. die Ausgestaltung von Anweisungen mittels eines Risikomanagement-Handbuchs, das in der Regel eine Beschreibung des zugrunde liegenden methodisch-prozessualen

[83] Vgl. Bungartz, Risk Reporting, 2003, S. 105.

Rahmens liefert. Das Risikomanagement-Handbuch wird damit zu einem systembildenden Instrument, das sowohl eine informelle als auch eine Durchsetzungsfunktion zu erfüllen hat.[84]

Unabhängig von den Modulen eines einzurichtenden integrierten Risikomanagements wird, um der durch das KonTraG auferlegten Sorgfaltspflicht nachkommen zu können, die ausreichende Dokumentation des gesamten Risikomanagements als unabdingbar angesehen. Diese ist notwendige Grundlage interner und externer Revisionen. Fehlerhafte und unvollständige Dokumentationen könnten als Indizien dafür angesehen werden, dass ein dauerhaftes und funktionsfähiges Risikomanagement nicht besteht[85] bzw. dass dessen dauerhafte Funktionsfähigkeit gefährdet ist[86]. Zudem werden der Dokumentation insbesondere folgende Aufgaben zugewiesen:[87]

1) Die Unternehmensleitung kann, soweit nötig, ihr pflichtgemäßes Verhalten nachweisen (Rechenschaftsfunktion).
2) Diese ist Grundlage der Sicherstellung der Einhaltung der Maßnahmen des Risikomanagements im Zeitablauf (Sicherungsfunktion).
3) Die Dokumentation ist Grundlage und Voraussetzung für die Prüfung des Überwachungssystems/Risikomanagementsystems durch den Aufsichtsrat, die Interne Revision und den Abschlussprüfer (Prüfbarkeitsfunktion).

Der Begriff „Risikomanagement" ist abzugrenzen vom Begriff „Risikomanagementsystem". Risikomanagement ist als Bezeichnung derjenigen Aktivitäten zu verwenden, die zu einem angemessenen Umgang mit Risiken führen. Ein Risikomanagementsystem hingegen besteht dann, wenn das Risikomanagement aufbau- und ablauforganisatorisch in das Unternehmen integriert ist, so dass

[84] Vgl. Pollanz, Konzeptionelle Überlegungen zur Einrichtung und Prüfung eines Risikomanagementsystems - Droht eine Mega-Erwartungslücke?, 1999, S. 397, hier auch mit zu erfüllenden Anforderungen.
[85] Vgl. Wolf/Runzheimer, Risikomanagement nach KonTraG, 2003, S. 154.
[86] Vgl. IDW PS 340, Rn. 18, in: WPg, 52. Jg., 1999, Heft 16, S. 658-662.
[87] Vgl. Kromschröder/Lück, Grundsätze risikoorientierter Unternehmensüberwachung, 1998, S. 247-248.

die Risikomanagementaktivitäten mit den Subsystemen und Prozessen in Beziehung treten können.[88]

3.2.4 Risikomanagementorganisation

3.2.4.1 Organisationsgrundsätze

Es wird überwiegend die Ansicht vertreten, eine Risikomanagementorganisation ist unter Berücksichtigung bestimmter als notwendig erachteter Elemente zu entwickeln. Jedes Organisationselement soll durch eine vorzugebende Risiko- und Kontrollkultur durchdrungen sein. Zu berücksichtigende Elemente sind:[89]

(1) Risikopolitische Grundsätze

Als Voraussetzung für ein Risikomanagement wird die Existenz einer Unternehmensstrategie gesehen, aus welcher Unternehmens- wie auch Risikomanagementziele abgeleitet werden sollen. Damit bedingt ein Risikomanagement eine lückenlose Kommunikation der Strategie. Hier soll das Instrument der Balanced Scorecard zum Einsatz kommen.[90] Die abgeleiteten risikopolitischen Grundsätze müssen dann mit den normativen Elementen der Unternehmensführung in Einklang stehen. Dabei handelt es sich um dokumentierte Verhaltensregeln, die alle Mitarbeiter im Unternehmen zu einem vernünftigen Umgang mit Risiken anleiten sollen. Ziel ist die Etablierung eines nachhaltigen Prozesses zur Förderung von Risikobewusstsein und zur Entwicklung einer Risiko- und Kontrollstruktur. Die Definition der Grundsätze und deren Umsetzung ist Aufgabe der Unternehmensleitung. Eine Einbeziehung bei der Gestaltung von Arbeitsverträgen wird angeregt.

Der Risikopolitik kommt im Rahmen der Risikofrüherkennung eine besondere Bedeutung zu. Ihr wird die Aufgabe zugewiesen, Grundsätze festzulegen, die eine angemessene Risikohandhabung erlauben, wie z. B.:[91]

---

[88] Vgl. Neubeck, Prüfung von Risikomanagementsystemen, 2003, S. 2. Ohne eine derartige Differenzierung z. B. vgl. Reichmann/Richter, Integriertes Chancen- und Risikomanagement, 2001, S. 180.

[89] Vgl. KPMG, Integriertes Risikomanagement, 1998, S. 10, 12-16.

[90] Vgl. Wolf/Runzheimer, Risikomanagement nach KonTraG, 2003, S. 35.

[91] Vgl. Gleißner, Risikopolitik und Strategische Unternehmensführung, 2000, S. 1685.

- Entscheidungskriterien, die ein Abwägen von Rendite und Risiko erlauben,
- Festlegung von Obergrenzen für den Gesamtumfang der Risiken und erforderliche Eigenkapitalausstattung,
- Aufteilung der Risiken in Kern- und Randrisiken,
- Limits für einzelne Risiken.

(2) Risikomanagement-Funktion als institutionalisierter Bereich

Der institutionalisierte Bereich des Risikomanagements ist das Rückgrat der Risikomanagementorganisation und hat vor allem eine unterstützende Funktion. Ihr wird die Verantwortung zugewiesen, das Risikomanagementsystem konzeptionell weiterzuentwickeln, unternehmenseinheitliche Standards als Grundlage dezentraler Risikomanagementaktivitäten sowie effizienter Berichterstattung festzulegen und die erforderlichen Maßnahmen zur Implementierung und Pflege des Risikomanagements bereitzustellen. Diese hat den Risikoverantwortlichen Hilfestellung bei der Umsetzung des Risikomanagements in den Unternehmensbereichen zu leisten und muss die gesamte Dokumentation der Maßnahmen und zugewiesenen Verantwortlichkeiten sicherstellen.

(3) Risikomanagement in den Unternehmensbereichen und -prozessen

Die Verantwortung für Risikomanagementaktivitäten, das Identifizieren und Kommunizieren von Risikosachverhalten in den Unternehmensbereichen und -prozessen, ist den Bereichsleitern und Prozessverantwortlichen zuzuweisen. Die Zuweisung der Verantwortung muss in Führungsvereinbarungen und Vergütungssystemen berücksichtigt werden[92].

(4) Prozessunabhängige Überwachung

Eine prozessunabhängige Überwachungsinstanz agiert nach dem Funktionstrennungsprinzip. Ihr kommt die Aufgabe der Überwachung der Angemessenheit sowie Wirksamkeit der Maßnahmen des Risikomanagements zu. Ihrer Stellung im Unternehmen entsprechend bewegt sie sich zwischen Risikomanagement, Aufsichtsrat und Abschlussprüfer. Diese Aufgabe wird überwiegend der Internen Revision zugeordnet. Dazu wird auch die Auffassung vertreten, dass

[92] Vgl. Wall, Kompatibilität des betriebswirtschaftlichen Risikomanagement mit den gesetzlichen Anforderungen?, 2003, S. 469.

diese nicht intern angesiedelt sein muss, sondern auch von unternehmensexternen Dritten wahrgenommen werden kann.[93]

3.2.4.2 Organisatorische Elemente

Die organisatorische Basis eines integrierten Risikomanagementsystems bildet die Unternehmensorganisation selbst. Notwendige Kernelemente sind aber vor dem Hintergrund der Zielsetzung eines Risikomanagements, der Risikofrühwarnung, Risikosteuerung und Risikoüberwachung zu sehen. Vorgeschlagen wird, Risikoerkennungsmaßnahmen anhand von drei betriebswirtschaftlich auszurichtenden Instrumenten zu konkretisieren:[94]

(1) Internes Überwachungssystem

Gemäß COSO-Report ist Internal Control als ein Prozess zu verstehen, der vom Management initiiert wird und darauf abzielen soll, die Wirksamkeit und Effizienz der betrieblichen Abläufe zu gewährleisten[95]. Eingeschlossen ist dabei die Sicherstellung der Verlässlichkeit der finanziellen Berichterstattung sowie die Einhaltung aller der für das Unternehmen einschlägigen Gesetze und Vorschriften[96]. Diesem werden zugeordnet:

- Organisatorische Sicherungsmaßnahmen

  Als Sicherungsmaßnahme im Rahmen der Ausgestaltung der Aufbauorganisation wird der Beachtung des Grundsatzes der Funktionstrennung ausschlaggebende Bedeutung beigemessen. Unvereinbare Tätigkeiten sollen nicht einer disziplinarischen Verantwortung übergegeben werden. Betroffen sind vor allem die Bereiche der aktiven Risikosteuerung, Abwicklung und Kontrolle, Rechnungswesen, Risikocontrolling und die Revision.[97] Sicherungsmaßnahmen in der EDV betreffen Zugriffsbeschränkungen auf Daten und System-

---

[93] Vgl. Weber/Weißenberger/Liekweg, Ausgestaltung eines unternehmerischen Chancen- und Risikomanagementsystems nach dem KonTraG, 1999, S. 1716.

[94] Vgl. Lück, Elemente eines Risiko-Managementsystems, 1998, S. 9-12.

[95] Vgl. COSO, Internal Control - Integrated Framework, 1994, S. 13.

[96] Vgl. Lück/Makowski, Internal Control - COSO-Report, Guidance on Criteria of Control, Internal Financial Control, 1996, S. 157-158.

[97] Vgl. Empfehlung des Arbeitskreises „Finanzierungsrechnung“ der Schmalenbach-Gesellschaft, Sonderheft 46, 2001, S. 169.

programmierungen, den Schutz von Datenfeldern sowie die Einführung elektronischer Unterschriften. Organisatorische Sicherungsmaßnahmen beziehen sich aber ebenso auf Arbeitsanweisungen, Organisationspläne, Zahlungs- und Investitionsrichtlinien und das interne Belegwesen (Gestaltung der Belege, des Belegflusses, Sicherung der Belegablage).

- Kontrollen

  Diese sind als prozessabhängige Überwachungsmaßnahmen zu verstehen, soweit der Überwachungsträger in den Arbeitsablauf integriert ist und sowohl für das Ergebnis des überwachten Prozesses als auch für die Überwachung verantwortlich ist. Diese können dem zu kontrollierenden Arbeitsgang vor-, nach- oder gleichgeschaltet sein. Zu den Kontrollen gehören manuelle Soll/ Ist-Vergleiche, jedoch insbesondere elektronische Kontrollen und Plausibilitätsprüfungen.

- Interne Revision

  Diese ist wichtigster Bestandteil der prozessunabhängigen Überwachung. Die Interne Revision ist als prozessunabhängige Einrichtung zu verstehen, die im Auftrag der Unternehmensleitung alle Tätigkeiten innerhalb des Unternehmens überwachen soll. Auch in der Praxis wird die Interne Revision als wichtiger Bestandteil des Risikomanagementsystems angesehen[98].

(2) Controlling

Aus betriebswirtschaftlicher Sicht wird die Auffassung vertreten, die sich durch das KonTraG ergebenden Anforderungen an ein Überwachungssystem bedingen die Einrichtung eines umfassendes Controlling und Reporting im Unternehmen[99]. Notwendig ist ein Controlling als Bestandteil eines Risikomanagements aber vor allem deshalb, weil Planungs-, Kontroll- und Informationsversorgungssysteme koordiniert werden müssen[100]. Gleichzeitig ermöglicht ein Controlling Synergien nicht nur bei der Informationserfassung, sondern auch bei der

---

[98] Vgl. Vogler/Engelhard/Gundert, Risikomanagementsysteme - Stand der Umsetzung - Ergebnisse einer empirischen Untersuchung, 2000, S. 1430.

[99] Vgl. Empfehlung des Arbeitskreises „Finanzierungsrechnung" der Schmalenbach-Gesellschaft, Sonderheft 46, 2001, S. 5.

[100] Vgl. Mensch, Risiko und Unternehmensführung: Eine systemorientierte Konzeption zum Risikomanagement, 1991, S. 204.

Kommunikation, da der Controller i. d. R. direkten Kontakt zum Führungsstab hält[101]. Dieses Instrument wird ebenfalls in der Praxis als ein Kernbestandteil des Systems angesehen[102].

Controlling soll koordinieren:

- Planung,
- Informationsversorgung,
- Kontrolle (verfahrensorientiert und ergebnisorientiert),
- Steuerung.

Ein Risiko-Controlling soll Grundlage der Implementierung, Anwendung und Sicherstellung eines Management-Informationssystems sein[103]. Um ein Risiko-Controlling als wichtigen Bestandteil eines Risikomanagements im Unternehmen zu verankern, können zwei Möglichkeiten in Betracht gezogen werden, die Ausfluss der jeweiligen Risikomanagementpolitik sind:[104]

(α) Integrationskonzept

Es wird unterstellt, dass die beste Kenntnis relevanter Risiken auf Ebene der operativen Einheiten vorliegt, so dass diejenigen Instanzen, die Sachentscheidungen treffen, auch für die damit verbundene Risikopolitik verantwortlich sind. Risikomanagement ist integraler Bestandteil der Unternehmensführung und unmittelbar in die allgemeinen Geschäftsprozesse einzubinden.

(β) Separationskonzept

Hier soll es zu einer Trennung zwischen sachlicher und risikopolitischer Entscheidung kommen. Die Risikolage des Unternehmens soll nur durch

---

[101] Vgl. Bea/Kötzle, Ursachen von Unternehmenskrisen und Maßnahmen zur Krisenvermeidung, 1983, S. 570; statt von Risikomanagement wird hier von Krisenmanagement gesprochen, insoweit scheinen sich im Zeitablauf nur die Begrifflichkeit geändert zu haben.

[102] Vgl. Vogler/Engelhard/Gundert, Risikomanagement - Stand der Umsetzung - Ergebnisse einer empirischen Untersuchung, 2000, S. 1429.

[103] Vgl. Lück/Hunecke, Die Bedeutung des Risikomanagementsystems und des Überwachungssystems zur Sicherung der Überlebensfähigkeit von Unternehmen, 1998, S. 518-519; hinsichtlich des Risiko-Controlling ebenfalls Reichmann/Richter, Integriertes Chancen- und Risikomanagement, 2001, S. 184.

[104] Vgl. Löhr, Implementation eines prüfungsfähigen Risikomanagementsystems - Anforderungen nach KonTraG, 2000, S. 314.

ein zentrales Risikomanagement beurteilt und gesteuert werden können. Das Risikomanagementsystem ist als eigenständiges und daher zusätzliches System neben den allgemeinen Steuerungs- und Geschäftsprozess zu stellen und der Natur nach funktions- und instanzübergreifend anzusehen. Aufgrund von Informationsdefiziten des zentralen Verantwortungsträgers ergeben sich hierbei jedoch Zweifel im Hinblick auf eine unternehmensweite Installation eines derartigen zentralen Systems. Dennoch sind in der Praxis Mischsysteme angesiedelt, weil bestimmte Risikofelder (z. B. Qualität, Umwelt, Sicherheit, Gesundheit) nach dem Separationsprinzip gehandhabt werden. Einem Risk Committee als zentrale Koordinationsstelle käme in diesem Zusammenhang die Aufgabe zu, Risikoinformationen von den Beteiligten durch ein informatives und zeitnahes Risikoberichtswesen an die zuständigen Stellen weiterzuleiten[105].

Vorgeschlagen wird ebenfalls, das Risiko-Controlling unter Bezugnahme auf das Instrumentarium der Balanced Scorecard um eine Balanced Chance and Risk-Card zu erweitern, basierend auf mehrdimensionalen Informations- und Controlling-Konzeptionen[106].

(3) Frühwarnsystem

Frühwarnsysteme sind Instrumente, die es einem Unternehmen ermöglichen sollen, Risiken frühzeitig zu erkennen im Sinne des Verbleibens einer Option zur rechtzeitigen und angemessenen Reaktion der Unternehmensleitung zur Abwehr erkannter Gefahren. Daher wird dem Wortlaut § 91 II AktG entsprechend gefordert, von einem Risikomanagement im weiten Sinne ein Früherkennungssystem abzugrenzen[107]. Eine Risikofrüherkennung muss aber auf solchen Instrumenten beruhen, die eine tatsächliche Früherkennung ermöglichen. Genannt werden beispielsweise Finanzpläne, Hochrechnungen, Kennzahlenanaly-

---

105 Vgl. Bungartz, Risk Reporting, 2003, S. 134.

106 Vgl. Reichmann/Richter, Integriertes Chancen- und Risikomanagement, 2001, S. 186-192.

107 Vgl. IDW PS 340, Rn. 4, in: WPg, 52. Jg., 1999, Heft 16, S. 658-662; vgl. Emmerich, Risikomanagement in Industrieunternehmen - gesetzliche Anforderungen und Umsetzung nach dem KonTraG, 1999, S. 1079.

sen und Beobachtungen verschiedenster Indikatoren.[108]

So unterschiedlich die in Theorie und Praxis herausgebildeten Frühwarnsysteme auch sein mögen, gleichwohl werden diese als wichtiges Instrument eines Risikomanagements angesehen. Weil Frühwarnsystemen aber die bedeutende und schwierige Aufgabe zugewiesen wird, den für einen angestrebten Handlungsspielraum erforderlichen zeitlichen Vorlauf zu schaffen, indem mögliche relevante Ereignisse und interessierende Ausprägungen frühzeitig signalisiert werden, erlangen sie vor allem besondere Bedeutung für die Unternehmensplanung[109]. Nach den historischen Entwicklungsstufen lassen sich drei Formen unterscheiden:

(i) Hochrechnungen vergangener Realisationen zur Bestimmung eventueller Wird-Werte (forecast) zur frühzeitigen Erkennung möglicher zukünftiger Abweichungen von Plandaten,

(ii) Bestimmung und Beobachtung von Frühwarnindikatoren, um daraus Rückschlüsse auf kurz- und langfristig zu erwartende interessierende Ereignisse zu ziehen,

(iii) Schaffung eines „Strategischen Radars" zum Empfangen schwacher Signale, um dadurch langfristige Entwicklungen antizipieren zu können.

Während zu (i) vor allem die operativ ausgerichteten erfolgs- und liquiditätsorientierten Planungsrechnungen zählen sollen, betrifft (ii) Beobachtungsfelder bzw. zu definierende, bewertungsfähige unternehmensinterne und -externe Größen, die eine gewisse Korrelation zu den Unternehmenserfolgsgrößen aufweisen, z. B. Kundenanfragen. Schwache Signale, (iii) zuzuordnen, entziehen sich hingegen i. d. R. vollkommen einer Quantifizierung, können und sollten aber bereits als mögliche in Betracht kommende zukünftige Zustände im Rahmen von Entscheidungsprozessen Berücksichtigung finden. Genannt werden z. B. öffentliche Diskussionen über gesetzliche Regelungen.[110]

---

108 Vgl. Emmerich, Risikomanagement in Industrieunternehmen - gesetzliche Anforderungen und Umsetzung nach dem KonTraG, 1999, S. 1085.

109 Vgl. bereits Hahn, Frühwarnsysteme, Krisenmanagement und Unternehmensplanung, 1979, S. 40-42.

110 Vgl. Mensch, Risiko und Unternehmensführung: Eine systemorientierte Konzeption zum Risikomanagement, 1991, S. 194-198.

Frühaufklärungsmodelle sind, soweit sie versuchen, langfristige Prognosen abzugeben, in der Regel nicht in der Lage, den Zukunftstrend unternehmensrelevanter Umweltfaktoren mittels Extrapolationen statistisch erfasster Daten für Zwecke der Unternehmenssteuerung abzubilden. Dies dürfte auch bereits daran scheitern, dass im Prognosezeitpunkt gar nicht bekannt sein kann, welche bisher nicht relevanten Umweltzustände möglicherweise erhebliche Rückwirkungen auf das Unternehmen haben werden. Es könnte lediglich auf Einschätzungen Befragter zurückgegriffen oder versucht werden, Antizipationsvariablen zu entwickeln, die als Vorlaufindikatoren fungieren könnten.[111]

Der Aufbau eines allgemeinen Frühwarnsystems wird wie folgt vorgeschlagen:[112]

a) Festlegung des Beobachtungsbereiches

Dieser betrifft das Unternehmen selbst (Leistungsprogramm, kritische Funktionsbereiche wie Beschaffung, Produktion, Absatz, Logistik, Materialwirtschaft u.a.) sowie das ökonomisch-gesamtwirtschaftliche Umfeld.

b) Bestimmung der Frühwarnindikatoren

Die genaue Definition von geeigneten Indikatoren bereitet große Schwierigkeiten, müssen sie doch eine Gefährdung/Krise frühzeitig signalisieren. Die Festlegung der als funktionsfähig erachteten Indikatoren sollte daher beobachtungsbereichsbezogene erfolgen (so etwa gesamtwirtschaftlich - z. B. Zinsen, Wechselkurse; politisch - z. B. Gesetzesvorhaben, Stabilität der Lage; unternehmensintern - Absatz, hier z. B. Auftragseingänge, Reklamationsraten).

c) Festlegung von Sollwerten/Toleranzgrenzen je Indikator

d) Festlegung der Informationsverarbeitung

Hier geht es um Fragen der aufbauorganisatorischen (Festlegung der Informationsverarbeitungsstellen, Strukturierung der Informationskanäle) und ablauforganisatorischen (Aufnahme, Verarbeitung, Weiterleitung der Informationen) Gestaltung der Informationsverarbeitung.

---

[111] Vgl. Müller, Strategische Frühaufklärung, 1981, S. 138.

[112] Vgl. Lück, Elemente eines Risiko-Managementsystems, 1998, S. 11-12.

Die konzeptionellen Vorschläge zur Ausgestaltung eines Risikomanagements zielen auf die Einrichtung eines Manager-Regelsystems ab, das angelehnt ist an die Ausübung der grundlegenden Managementfunktionen Planung, Organisation und Steuerung zur Handhabung misserfolgsbezogener[113]-materieller[114] Risiken. Der Risikomanagement-Prozess[115], die Stufen (1) - (3) all derjenigen Aktivitäten, die zu einem systematischen Umgang mit Risiken nach dem KonTraG im Unternehmen führen sollen, betreffen hinsichtlich der Risikoidentifikation (1) und der Risikoanalyse (2) den Funktionsbereich der Planung, denn hier sollen Risiken erkannt werden, die bei der Festlegung von Zielen, verfügbaren Mitteln und Handlungsalternativen berücksichtigt werden müssen. Die Risikosteuerung (3) betrifft sowohl den Funktionsbereich der Planung (Festlegung von Entscheidungsregeln), als auch den Funktionsbereich der Steuerung, da Vorgaben und Festlegungen oberer Hierarchieebenen situationsadäquat um- und durchgesetzt werden müssen. Hier hat die Steuerung wiederum Rückwirkung auf den Bereich der Planung, denn neue Informationen müssen, soweit Limits überschritten werden, eventuell zu Plananpassungen führen. Die Überwachungsmaßnahmen der Stufen (4) und (5) betreffen den Funktionsbereich der Steuerung.
Da der gesamte Risikomanagement-Prozess grundlegend für das Risikomanagementsystem ist, muss dieser in die Aufbau- und Ablauforganisation eingegliedert werden[116]. Aufgrund nötiger Koordination ist die Schaffung des Fundaments für ein Risikomanagementsystem vollständig dem Funktionsbereich der Organisation zuzuordnen.

Die Vorschläge zum Risikomanagement sind im betriebswirtschaftlichen Schrifttum sehr umfassend. Auch wenn eine h. M. im Schrifttum Einigkeit darüber zum Ausdruck bringt, dass dem Leitungsorgan aufgrund des KonTraG keine

---

[113] Siehe S. 37.
[114] Siehe S. 37.
[115] Siehe S. 48.
[116] Siehe S. 53.

neuen Verpflichtungen auferlegt wurden[117], besteht das Problem, inwieweit diese Vorschläge, auch wenn sie überwiegend nicht explizit unter der Bezeichnung Risikofrüherkennungssystem diskutiert werden, eine Leitungspflicht für Vorstände bei der Einrichtung eines Risikofrüherkennungssystems darstellen könnten. Dazu ist zu untersuchen, ob wissenschaftliche Erkenntnisse im Rahmen der Rechtsfindung bezüglich einer möglicherweise bestehenden Pflichtverletzung durch Leitungsorgane Beachtung finden könnten, denn oft wird gefordert, dass Leitungsorgane typologisch bestimmte originäre unternehmerische Aufgaben unter Heranziehung der Erkenntnisse der Betriebswirtschaftslehre wahrnehmen sollen. Genannt werden neben der Unternehmensplanung und -kontrolle auch die Überwachung von Geschäfts- und Ergebnisentwicklungen sowie von Geschäften mit außergewöhnlich großer Bedeutung und Risiko für das Unternehmen.[118] Soweit demnach Rechtswissenschaft oder Betriebswirtschaftlehre ein bestimmtes, nicht durch Gesetz ausdrücklich definiertes unternehmerisches Verhalten als allgemein notwendig erachten, um Vorteile des Unternehmens zu wahren und Schaden abzuwenden, soll deren Nichtbeachtung durch die Unternehmensleitung als Verletzung der Sorgfaltspflicht nach § 93 I AktG gelten[119].

Untersucht werden muss ebenfalls, ob und inwieweit das juristische Schrifttum Grundsätze und Maßnahmen, die im Rahmen der Thematik eines Risikomanagements diskutiert werden, bereits für die Erfüllung von Leitungspflichten gemäß §§ 76 I, 93 I, II AktG als notwendig erachtet, um ausgehend von diesem Pflichtenrahmen diejenigen Maßnahmen zutreffend abgrenzen zu können, die von § 91 II AktG angesprochen werden.

---

[117] Siehe S. 34.

[118] Vgl. Henze, Entscheidungen und Kompetenzen der Organe der AG: Vorgaben höchstrichterlicher Rechtsprechung, 2001, S. 57.

[119] Vgl. Semler, Die Unternehmensplanung in der Aktiengesellschaft - Eine Betrachtung unter rechtlichen Aspekten, 1983, S. 13.

3.3 Theoretischer Anspruch und Leitungspflicht

3.3.1 Betriebswirtschaftliche Erkenntnisse und Rechtsanwendungsvorgang

Ein Rechtssystem kann nicht alle Sachverhalte präzise regeln. Insoweit wäre tatsächlich auf bestimmte betriebswirtschaftliche Regeln und Grundsätze zurückzugreifen, die auch dann für Kaufleute maßgeblich sind, wenn diese keine gesetzliche Regelung erfahren haben. Gesetzgeber oder Judikatur könnten eine Übereinstimmung der dem Leitungsorgan einer Unternehmung auferlegten kaufmännischen Pflicht mit einem auf wissenschaftlichen Erkenntnissen basierenden, gesetzlich nicht kodifizierten und über gesetzliche Einzelregelungen hinausgehenden Ordnungssystem vorschreiben. Ein solches Ordnungssystem könnte vermitteln, was Einzelne als Verhalten anderer erwarten dürfen. Beispielhaft hierfür wären anerkannte Begriffe wie „Treu und Glauben", „billiges Ermessen", „Sorgfalt eines ordentlichen Kaufmanns".[120]
Ein gesetzlich verankerter Verweis auf ein Ordnungssystem, basierend auf betriebswirtschaftlichen Regeln oder Grundsätzen, existiert indes nicht. Auch kann § 161 AktG nicht dazu gezählt werden.

Die Gewinnung möglicher außerrechtlicher Sollsätze kann grundsätzlich zwei Wege einschlagen. Bei der induktiven Methode wird aus einzelnen Beobachtungen, beispielweise irgendeiner Art kaufmännischer Übung, auf allgemeine Sätze geschlossen. Insbesondere mit dem Verweis auf die Wissenschaftstheorie und auf das Problem der Induktion[121] wird diese Vorgehensweise abgelehnt[122], denn zur Lösung des Induktionsproblems, der Frage, ob und wann induktive Schlüsse gerechtfertigt sind, bedarf es eines Induktionsprinzips. Dieses kann jedoch kein analytischer Satz und daher keine logische Tautologie sein, vielmehr muss ein synthetischer Satz vorliegen. Die Schwierigkeit beruht aber vor allem darauf, dass zu dessen empirischer Rechtfertigung selbst wieder ein In-

---

[120] Vgl. Leffson, Grundsätze ordnungsmäßiger Buchführung, 1987, S. 22-23.
[121] Siehe S. 132-133.
[122] Bei der Begründung von GoB, vgl. Leffson, Grundsätze ordnungsmäßiger Buchführung, 1987, S. 29.

duktionsprinzip höherer Ordnung benötigt wird und sich damit ein unendlicher Regress offenbart.[123]

Bei der Deduktion von Sollsätzen werden aus vorläufig unbegründeter Antizipation, dem Einfall oder einem theoretischen System, dessen jeweiliges zustande kommen nicht interessiert und dessen Vorliegen vorausgesetzt wird, logisch-deduktiv Folgerungen abgeleitet. Es geht um Geltungsfragen und daher darum, ob und wie ein Satz begründet werden kann, ob er nachprüfbar ist, ob er von anderen Sätzen logisch abhängt oder mit diesen im Widerspruch steht. Insbesondere die Prüfung durch empirische Anwendung, z. B. durch ein technisch-praktisches Experiment, soll feststellen, ob sich das Deduzierte bewährt.[124]

Rekurriert auf die rechtliche Bedeutung einer Organstellung und unter Zugrundelegung grundsätzlicher Vorstellungen über eine zweckmäßige Unternehmensleitung müssten so für konkrete Einzelprobleme entsprechende Grundsätze deduziert werden. Dabei stößt jedoch sowohl die Zugrundelegung eines theoretischen Systems als auch die empirische Überprüfung der Grundsätze auf Schwierigkeiten. Es zeigt sich beispielsweise, dass soweit rechtstatsächliches Erfahrungsmaterial von der Rechtswissenschaft oder der Betriebswirtschaft herangezogen wird, dies nicht zum Zwecke der Belegung einer für richtig gehaltenen tatsächlichen Übung geschieht, sondern dieses mit dem Ziel einer Anprangerung eingerissener Missstände vorgebracht wird, um die Formulierung neuer gesetzlicher Anforderungen an z. B. die Unternehmensleitung einer Gesellschaft zu rechtfertigen. Insoweit wäre der Schlussfolgerung zu folgen, dass Handelsbräuche aus sich heraus kein neues Recht schaffen können und daher nicht unbesehen in den Rechtsanwendungsvorgang übernommen werden dürfen.[125]

Im deutschen Rechtsraum fehlt es allzu oft an einer gründlichen Rechtstatsachenforschung und ökonomischen Analyse. Soll es Aufgabe des Rechts sein,

[123] Vgl. Popper, Logik der Forschung, 1994, S. 4-5.
[124] Vgl. Popper, Logik der Forschung, 1994, S. 6-7.
[125] Vgl. Hommelhoff/Schwab, Zum Stellenwert betriebswirtschaftlicher Grundsätze ordnungsmäßiger Unternehmensleitung und -überwachung im Vorgang der Rechtserkenntnis, 1996, S. 155.

einen den Bedürfnissen der Praxis gerecht werdenden Ordnungsrahmen für gesellschaftliche und wirtschaftliche Betätigungsfelder zu schaffen, ist beides jedoch unentbehrlich und damit oberstes Ziel der Normbildung. Dieses Ziel wird für eine Auslegung und Fortbildung der durch den Gesetzgeber geschaffenen Regelungen als verpflichtend betrachtet, insoweit die höchstrichterliche Rechtsprechung betraut ist.[126] Doch insbesondere für das Aktienrecht ist festzustellen, dass es eine in der Rechtsprechung anerkannte, nicht unbeträchtliche Zone eines Einschätzungs- und Entscheidungsprärogatives für Leitungsorgane gibt, welches sich voller richterlicher Überprüfung entzieht[127]. Soweit aber der Richter ein Urteil fällen muss, hat er den Beweiswert von Sachverhalten aufgrund des Erfahrungswissens zu beurteilen, welches er sich selbst aneignet oder aufgrund von Erfahrungen anderer vermittelbar ist[128], wobei zu letzterem vor allem Gutachten zählen, die immer wieder als notwendig erachtet werden[129]. Bei der Rechtsfindung und Rechtsfortbildung ist jedoch, wie immer hier auch wissenschaftliche Erkenntnisse hilfreich sein könnten, zu sehen, dass die letzte Verantwortung allein bei der höchstrichterlichen Rechtsprechung verbleibt. Dabei ist Gesetzesanwendung nicht einfache Subsumtion, sondern vielmehr schöpferische Rechtsfindung für den Einzelfall. Insoweit beruht eine richterliche Entscheidung auf Bewusstmachung, Verdeutlichung, nähere Bestimmung, eben bereits Gestaltung und ständige Fortbildung des einer als einschlägig erkannten Rechtsnorm immanenten Sinngehalts anhand eines konkret zu entscheidenden Sachverhalts. Aufgrund der nahezu unerschöpflichen Vielgestaltigkeit der richterlichen Entscheidungen unterbreiteten Sachverhalte erfolgt eine ständig anhaltende Ausdeutung und Ausgestaltung der Norm, wobei entweder weitere Sinngehalte herausgearbeitet oder umgekehrt reduzierend ihre Grenzen deutlich gemacht werden. Gesetzesauslegung und richterliche Rechts-

[126] Vgl. Röhricht, Von Rechtswissenschaft und Rechtsprechung, 1999, S. 468-469.
[127] Vgl. Dreher, Das Ermessen des Aufsichtsrates, 1994, S. 629.
[128] Vgl. Huber, Das Beweismaß im Zivilprozeß, 1983, S. 109.
[129] Z. B. für Zwecke der Unternehmensbewertung vgl. BGH, Urt. vom 20.03.1995, II ZR 205/94, AG 40. Jg. 1995, Heft 8, 368-379, 376; vgl. OLG Stuttgart, Urt. vom 04.02.2000, 4 W 15/98, AG 45. Jg. 2000, Heft 9, 428-432, 430-431.

fortbildung sind daher nicht qualitativ, sondern allenfalls graduell verschieden. Hinzu tritt die Tatsache, dass ein Sinnverständnis geschichtlichem Wandel unterworfen ist. Jede Generation ist von neuem dazu berufen, vor dem Hintergrund gewandelter Wertvorstellungen, eines geänderten Rechtgefühls, veränderter gesellschaftlicher und wirtschaftlicher Verhältnisse aufgeschlossen einer Neuerschließung gegenüber zu stehen. Insbesondere betrifft dies die vom Gesetzgeber verwendeten ausfüllungsbedürftigen unbestimmten Rechtsbegriffe, die an Hand allgemeiner, sich nicht selten im Laufe der Zeit wandelnder Wertmaßstäbe konkretisiert werden sollen und müssen.[130] Vor allem hier könnten Grundsätze und Regeln anderer Fachdisziplinen Einfluss auf die Rechtsfindung ausüben.

Bezogen auf eine Rezeption betriebswirtschaftlichen Sachverstands bei der richterlichen Entscheidungsfindung hieße dies zunächst in Konsequenz, der Richter dürfte Pflichtverstöße von beklagten Führungsorganen nicht in eigener Kompetenz feststellen, vielmehr müsste er auf Antrag einer Partei einen Sachverständigenbeweis (§§ 404, 404a ZPO) bezüglich der Frage erheben, inwieweit im konkreten Fall aus betriebswirtschaftlicher Sicht die Pflicht des Beklagten bestand, bestimmte Grundsätze und Regeln zu befolgen. Zwar hätte der Richter das Sachverständigengutachten selbst auf seine Überzeugungskraft hin zu überprüfen, um sich jedoch darüber hinwegsetzen zu können, wären weitere Sachverständige hinzuzuziehen, soweit er nicht eigenen Sachverstand in Anspruch nehmen könnte. Denkbar wäre aber auch das antizipative Sachverständigengutachten von institutionalisierten Sachverständigengremien (z. B. DIN), dessen Regelwerk als Aussage von Sachverständigen fungiert, die aber nicht erst aufgrund formeller Bestellung durch das Prozessgericht, sondern vielmehr bereits im voraus tätig sind, wobei das Regelwerk gleichwohl als Urkundenbeweis in den Prozess eingeführt und gewürdigt werden würde.[131] Diese Vorgehensweise könnte zudem durchaus eine Basis in Art. 5 II, III S. 1 GG finden.

---

[130] Vgl. Röhricht, Von Rechtswissenschaft und Rechtsprechung, 1999, S. 454.

[131] Vgl. Hommelhoff/Schwab, Zum Stellenwert betriebswirtschaftlicher Grundsätze ordnungsmäßiger Unternehmensleitung und -überwachung im Vorgang der Rechtserkenntnis, 1996, S. 166-167.

Urteilsfindung gestützt auf wissenschaftliche Erkenntnis ist vor allem im technischen und medizinischen Bereich unerlässlich. Verbunden ist dies immer mit der Frage, inwieweit die Grundlagen der Erkenntnisse tatsächlich empirisch gefestigt sind. Insbesondere im Forschungsgebiet der Ökonomie basieren viele Einsichten auf kognitiven Prozessen, wobei eine empirische Überprüfung höchst selten aufgrund fehlender Ätialität[132] gelingt. Zugrunde gelegtes Modelldenken, soweit davon gesprochen werden darf, basiert regelmäßig auf strengen und restriktiv formulierten Theoriegrundlagen, die sich experimentellen Tests entziehen oder bereits falsifiziert wurden. Hinzu tritt die Meinungsvielfalt von Fachvertretern, so dass sich in betreffenden Fachgebieten hinsichtlich bestimmter Fragen oft keine gefestigte Meinung bilden konnte. Daher müsste der Tatrichter den vorgetragenen betriebswirtschaftlichen Sachverstand auf seine Überzeugungskraft und hinsichtlich des teleologischen Regelungsinhalts der einschlägigen Norm überprüfen und wäre damit Teilnehmer im Wissenschaftsprozess.

Dem Tatrichter soll angesichts der Ideen- und Theoriefluten der Wissenschaft originär eine Filterfunktion zukommen, denn hinsichtlich rechtswissenschaftlicher wie betriebswirtschaftlicher Diskussionen gilt, dass eine wissenschaftliche Theorie, soweit davon gesprochen werden darf, zunächst nicht mehr ist als ein Beitrag zur wissenschaftlichen Diskussion und eine begrenzte oder fragliche Ausstrahlung auf die Praxis entfaltet. Diese kann nun stets korrigiert, verschärft oder ebenfalls der Belanglosigkeit oder Vergessenheit überlassen werden. Das ändert sich jedoch dann, soweit diese der Beurteilung von Rechtsfragen zugrunde gelegt und zu einer für die Praxis maßgeblichen richterlichen Rechtsregel erstarkt. Als solche kann diese, auch wenn sie ihren Gegenstand verfehlt, nicht mehr folgenlos beiseite gelegt werden. Die Praxis wird sich auf die höchstrichterliche Rechtsprechung einstellen und ihr künftiges Verhalten daran ausrichten, denn Richterrecht erlangt, soweit es keinem nachhaltigen Widerspruch begegnet, faktisch die Geltung wie das Gesetz selbst.[133]

[132] Siehe S. 117.

[133] Vgl. Röhricht, Von Rechtswissenschaft und Rechtsprechung, 1999, S. 456, 463.

Der Richter darf die von Betriebswirten aufgestellten Sollsätze als solche nicht übernehmen, wohl aber die in ihnen zum Ausdruck kommenden betriebswirtschaftlichen Erkenntnisgrundlagen. Insoweit helfen betriebswirtschaftliche Sollsätze dem Juristen nur dann weiter, wenn diese mit einer auf Plausibilität überprüf- und nachvollziehbaren Begründung mittels spezifisch betriebswirtschaftlicher Argumentation versehen sind.[134] Nur so können Sollsätze in die Rechtssprechung Eingang finden, denn dem Richter allein obliegt, soweit es an eindeutiger Vorgabe des Gesetzgebers fehlt, die letzte Verantwortung für eine den gesellschaftlichen Bedürfnissen entsprechende Auslegung und Fortentwicklung der einschlägigen Norm. Diese Verantwortung kann der höchstrichterlichen Rechtsprechung niemand, auch nicht die Wissenschaft, abnehmen.[135] Vielmehr muss sich der Richter detailliert mit den Argumenten der Sachverständigen auseinandersetzen können[136], wobei der BGH betont, dass zwar zu schwierigen Fragen der Rechtsfindung die Einholung von Sachverständigengutachten für Fachgebiete notwendig ist, es aber Sache des Tatrichters sei, zu entscheiden, welche Methoden zugrunde zu legen sind[137]. Auch wurden vom BGH zwar die unangefochtenen logischen und mathematischen Regeln der Wahrscheinlichkeitsrechnung im Rahmen der Würdigung von Indizien mittels Bayes'schen Theorems anerkannt, gleichwohl aber Stellung zum als notwendig erachteten Vorliegen gesicherter empirisch-statistischer Daten bezogen und klargestellt, dass Anfangswahrscheinlichkeiten dann nicht zugrunde gelegt werden könnten, wenn diese nicht empirisch belegbar sind, ansonsten die Gefahr von Manipulation und Scheingewissheit besteht[138]. Der schwierige Stand einer Fachwissenschaft bei der Rechtsfindung lässt sich auch beim BVerfG erkennen, das sich über handels-, insbesondere betriebswirtschaftliche Überlegungen

[134] Vgl. Hommelhoff/Schwab, Zum Stellenwert betriebswirtschaftlicher Grundsätze ordnungsmäßiger Unternehmensleitung und -überwachung im Vorgang der Rechtserkenntnis, 1996, S. 171.

[135] Vgl. Röhricht, Von Rechtswissenschaft und Rechtsprechung, 1999, S. 464.

[136] Vgl. z. B. OLG Stuttgart, Urt. vom 04.02.2000, 4 W 15/98, AG 45. Jg. 2000, Heft 9, 428-432, 430-432 für die Bewertung eines Ausgleichs- und Abfindungsanspruchs von Aktionären.

[137] Vgl. BGH, Urt. vom 20.03.1995, II ZR 205/94, AG 40. Jg. 1995, Heft 8, 368-379, 376. Hier Berechnungs- und Bewertungsmethoden betreffs der Unternehmensbewertung.

[138] Vgl. BGH, Urt. 28.03.1989, II ZR 232/88, NJW 42. Jg. 1989, Heft 49, 3161-3162, 3162.

einer Zuweisung von Aufwendungen zu Betriebsausgaben (betreffs Aufsichtsratsvergütungen) hinweggesetzt, diese als nicht maßgebend ansieht[139].

Es zeigt sich, dass die konzeptionellen Ansätze zur Ausgestaltung eines Risikomanagements im Schrifttum keine direkte Ausstrahlungswirkung auf die Leitungspflicht eines Vorstands einer Aktiengesellschaft entfalten können.
Zu klären bleibt, inwieweit Organpflichten durch Judikatur und Schrifttum bereits konkretisiert sind, so dass sich daraus Anknüpfungspunkte für den Pflichtumfang von Maßnahmen ergeben, die allgemein unter ein Risikomanagement subsumiert werden.

3.3.2 Leitungsermessen und Ermessensgrenzen

3.3.2.1 Sorgfaltspflicht und Handlungsmaßstab

Nach h. M. ist das Unternehmensinteresse Handlungsmaßstab für Vorstand und Aufsichtsrat einer Aktiengesellschaft. Sowohl aus Judikatur als auch aus juristischem Schrifttum lassen sich jedoch nur beschränkt Anhaltspunkte finden, wie sich der Handlungsmaßstab konkretisiert. Unfruchtbar war bisher ebenfalls, nach einem objektiven Unternehmensinteresse als einen subsumtionsfähigen Maßstab für das Handeln der Gesellschaftsorgane zu suchen[140].
Der Handlungsmaßstab des Vorstands einer Aktiengesellschaft ist grundsätzlich in der Erhaltung und daher in der langfristigen Rentabilität des Unternehmens zu sehen[141]. Gleichzeitig wird das Unternehmensinteresse besonders stark durch die Interessen der Aktionäre berührt. Die Beständigkeit einer Unternehmung als eigenständige wirtschaftliche Einheit setzt daher voraus, dass alle maßgeblich Beteiligten ihre möglicherweise divergierenden Zielauffassungen immer wieder zu einem einheitlichen Zielsystem integrieren. Insofern kann von einem Integrationsinteresse gesprochen werden, das durch die dauernde

[139] Vgl. BVerfGE 34, 103-118, 108, 110.
[140] Vgl. Rittner, Zur Verantwortung der Unternehmensleitung, 1980, S. 118.
[141] Vgl. Rittner, Zur Verantwortung der Unternehmensleitung, 1980, S. 115; auch hinsichtlich der Shareholder Value-Diskussion, vgl. von Werder, Shareholder Value-Ansatz als (einzige) Richtschnur des Vorstandshandelns?, 1998, S. 77-78.

Bildung eines konkreten aktuellen Unternehmensinteresses erfüllt wird.[142] Mit Verweis auf das BVerfG[143] ist aber die Frage, ob sich der Vorstand am mutmaßlichen Willen einer Mehrheit von Aktionären zu orientieren hat, zu verneinen.[144]

Der Vorstand der Aktiengesellschaft hat eigenverantwortlich die Unternehmerfunktionen auszuüben (§ 76 I AktG). Bei der Geschäftsführung haben Leitungsorgane von Kapitalgesellschaften die Sorgfalt eines ordentlichen und gewissenhaften Geschäftsleiters zugrunde zu legen (§ 93 I S. 1 AktG, § 43 I GmbH), wobei sich das Maß der anzuwendenden Sorgfalt im Einzelnen aus Art und Größe des Unternehmens ableitet, der Vorstand eines Ressorts jedoch zwingend die nötige Qualifikation besitzen muss und sich nicht hinter dem Beschluss des Aufsichtsrates zu seiner Bestellung verstecken kann[145].

Stehen dem Leitungsorgan für die Durchführung von Leitungsmaßnahmen mehrere Möglichkeiten zur Verfügung, so ist diesem ein weitreichendes Ermessen zuzubilligen. Dieses besteht grundsätzlich dann, wenn unter Beachtung von Wirtschaftlichkeit und Zweckmäßigkeit im Zeitpunkt der Vornahme der Entscheidung nachweislich die Möglichkeit bestand, dass sich ein Geschäft für das Unternehmen als günstig erweisen werde[146]. Der Versuch einer Grenzziehung unternehmerischen Ermessens ist daher schwierig. Teilweise rekurrierend auf die Kehrseite der positiven Vorgaben aus § 76 I AktG[147] wäre z. B. zu schlussfolgern, der Vorstand habe sich bei Ermessensentscheidungen ausschließlich am Unternehmenswohl auszurichten. Eine Ausrichtung am Unternehmenswohl bedeutet zum einen, dass alle greifbaren Geschäftschancen und Erwerbsmög-

---

[142] Vgl. Mertens, Korreferat, 1977, S. 276.

[143] Das von den Anteilseignern zur Verfügung gestellte Kapital ist in die eigenverantwortliche Nutzung des Leitungsorgan mit interessenwahrendem Auftrag übergegangen, jedoch muss das zu wahrende Interesse nicht notwendig das der Aktionäre sein, vgl. BVerfGE 50, 290, 343.

[144] Vgl. Dreher, Unternehmen und Politik, 1991, S. 363, 367.

[145] Vgl. Henn, Handbuch des Aktienrechts, 2002, S. 319.

[146] Vgl. Golling, Sorgfaltspflicht und Verantwortlichkeit der Vorstandsmitglieder für ihre Geschäftsführung innerhalb der nicht konzerngebundenen Aktiengesellschaft, 1969, S. 34.

[147] Kehrseite des Ermessensspielraum ist eine gebotene Offenheit gegenüber den anderen Gesellschaftsorganen, um Kontrolle und Rügemöglichkeiten zu ermöglichen - vgl. BGH, Urt. 06.12.2001, 1 StR 215/01, BGHSt 46, 187-206, 194.

lichkeiten dem Gesellschaftsvermögen zuzurechnen sind, nicht jedoch etwaigen Mitgliedern des Vorstands oder der Geschäftsführung[148], die ihre volle Arbeitskraft der Gesellschaft schulden.[149] Zum anderen bedeutet eine Ausrichtung am Unternehmenswohl ein auf sorgfältige Ermittlung der Entscheidungsgrundlagen beruhendes, von Verantwortungsbewusstsein getragenes unternehmerisches Handeln, das eine deutlich überschrittene Bereitschaft, unternehmerische Risiken einzugehen, ausschließt. Aus rechtlicher Sicht wird nur eine diesen Grundsätzen unterworfene Leitung als zulässige Tätigkeit des Vorstands einer Aktiengesellschaft anerkannt.[150]

3.3.2.2 Planung und Entscheidungsfindung

Einzelne Entscheidungen sind, soweit keine einschneidenden Richtungsentscheidungen vorliegen, nicht isoliert, sondern als Teil einer auf das Geschäftsjahr bezogenen oder mehrere Jahre umfassenden Planung zu sehen, in der jede Entscheidung plausibel und ihrer Bedeutung entsprechend eingepasst sein muss. Planung ist als wichtiges Instrument herauszustellen, das auf einer originären Pflicht des Leitungsorgans beruht[151], reflektiert es doch die Fortentwicklung der Unternehmenspolitik und demnach das Erarbeiten zielgerichteter Handlungsmöglichkeiten, die Bewertung von möglichen Aktionen, das Erfassen und Begrenzen von Risiken und die Dokumentation von Absichten und Wirkungen, mithin ein Vorausdenken zukünftiger Verhaltensmöglichkeiten und die Entscheidung zum tatsächlich beabsichtigten eigenen Verhalten. Planzahlen sind Ausfluss der Entscheidungen, nicht jedoch Planungsinhalt, da Zahlen geplant

---

[148] Vgl. BGH, Urt. vom 12.06.1989, II ZR 334/87, ZIP 10. Jg. 1989, 1390-1398, 1394.

[149] Vgl. Kübler, Erwerbschancen und Organpflichten: FS Werner, 1984, S. 447; Davon auszunehmen sind private Vermögensanlagen und Investitionsentscheidungen, wobei die Grenze des Zulässigen dort überschritten wird, wo nicht mehr reine Kapitalanlagen, sondern unternehmerische Beteiligungen vorliegen, die über längere Zeiträume intensive geschäftliche Überlegungen und Entscheidungen erfordern. Zu formalen und materiellen Kriterien zur Abgrenzung zuzurechnender Geschäftschancen vgl. Merkt, Unternehmensleitung und Interessenkollision, 1995, S. 438-439; vgl. BGH, Urt. vom 02.04.2001, II ZR 217/99, ZIP 22. Jg. 2001, 958-960.

[150] Insbesondere vgl. BGH, Urt. vom 21.04.1997, II ZR 175/95, BGHZ 135, 244-257, 253.

[151] Vgl. Lutter, Unternehmensplanung und Aufsichtsrat, 1991, S. 251.

werden, nicht jedoch Vorhaben.[152] Obwohl die Planung als eines der wichtigsten Elemente ordnungsmäßiger Unternehmensleitung überhaupt gilt[153], wird darauf verwiesen, dass diese als Rechtspflicht zu begreifende Vorgehensweise eigentümlicherweise noch immer nicht allgemein akzeptiert ist, obgleich die hierbei sach- und fachnahe Betriebswirtschaftlehre daran als Element ordnungsmäßiger Geschäftsführung keinen Zweifel lässt und sich auch aus § 90 AktG nichts Gegenteiliges ergibt.[154]

Die allgemeine Vorsorgepflicht § 93 I S. 1 AktG gebietet dem Vorstand eine sorgsame Entscheidungsvorbereitung. Die Entscheidungsgrundlagen sind vollständig und richtig zusammenzustellen und daran anschließend korrekt auszuwerten. Hilfsweise Orientierung lässt sich finden an den Grundsätzen einer business judgement rule, die dogmatisch im Kern eine safe harbor rule enthält, jedoch anders als in den USA derzeit nicht explizit etabliert ist. Danach hat ein director/officer dann guten Gewissens eine unternehmerische Entscheidung gemäß gebotener Sorgfaltspflicht getroffen, wenn[155]

1. kein eigenes relevantes Vermögensinteresse an der Sache vorlag,
2. ein hinreichender Informationsumfang in der Sache nachgewiesen werden kann,
3. nachvollziehbar der Glaube bestand, im besten Interesse der Gesellschaft gehandelt zu haben.

Während 1. und 2. objektive Elemente der Sorgfaltspflichtbeurteilung sind, ist 3. eine subjektive Komponente, insoweit hier ein gewisser Haftungsfreiraum für Unternehmensleiter besteht.

Notwendige Voraussetzung zur Erfüllung der safe harbor rule ist eine wettbewerbsfähige Unternehmensorganisation. Informationsbeschaffung und -aus-

---

[152] Vgl. Semler, Die Unternehmensplanung in der Aktiengesellschaft - Eine Betrachtung unter rechtlichen Aspekten, 1983, S. 2.

[153] Vgl. Götz, Die Überwachung der Aktiengesellschaft im Lichte jüngerer Unternehmenskrisen, 1995, S. 339.

[154] Vgl. Lutter, Defizite für eine effiziente Aufsichtsratstätigkeit und gesetzliche Möglichkeiten der Verbesserung, 1995, S. 291-292.

[155] Vgl. Wirth, Neuere Entwicklungen bei der Organhaftung - Sorgfaltspflichten und Haftung der Organmitglieder bei der AG, 2001, S. 120-121.

wertung sowie die Willensdurchsetzung benötigen daher angemessene Organisationselemente.

Die Ausgestaltung einer Unternehmensorganisation ist gesetzlich nicht geregelt, vielmehr findet sich der Begriff „Organisation" lediglich in der Betitelung zu § 91 AktG vor dem Begriff „Buchführung". Der normativ bestimmte Handlungsbereich des Vorstands lässt hier in begrenztem Umfang ein Beurteilungs- und Entscheidungsermessen zu. Geschäftsleitern ist losgelöst von konkreter Ausgestaltung die Grundpflicht der Errichtung und Durchsetzung einer plausiblen und auf Vermeidung typischer Risiken der Gesellschaft gerichteten Unternehmensorganisation zugewiesen[156]. Zu verbinden ist eine wettbewerbsfähige Unternehmensorganisation mit einem Koordinationsmechanismus, der den Bedingungen der Unsicherheit und Komplexität der Unternehmung gewachsen ist. Betont wird, dass es der Koordination bei jeglichen Vorhaben bedarf, die im Unternehmen eingeleitet und durchgeführt werden sollen, da vor allem die Führungskräfte der verschiedenen Hierarchien wissen müssen, dass die Belange der Gesamtunternehmung Vorrang vor den Interessen der Geschäftsbereiche haben und jeder Mitarbeiter der Unternehmung verstehen soll, was die Unternehmensleitung anstrebt und erwartet. Besonders wichtig wird Koordination dann, wenn tatsächliches Geschehen vom geplanten Verlauf abweicht. Hier ergeben sich Schwierigkeiten, soweit ein Mangel an Integration vorliegen sollte, da sich ein Gefühl von Führungs- und Ausweglosigkeit einstellen könnte. Gleichzeitig bietet sich für gut geführte Unternehmen die Möglichkeit, aus dem Wechsel von Aktion und Reaktion neue starke Impulse zu erfahren, die erwünschte Schwungkraft für das Geschäft bringen oder verstärken.[157]

Neben der Koordination ist die Überwachung unbestritten allererste Aufgabe des Vorstands der Gesellschaft[158]. Als Voraussetzung einer sachgerechten Überwachung durch Leitungsorgane wird schon seit längerer Zeit eine zuverlässige Informationsversorgung angesehen, was ein Controlling sowie eine interne Re-

156 Vgl. Schwark, Corporate Governance: Vorstand und Aufsichtsrat, 2002, S. 81.

157 Vgl. Semler, Die Unternehmensplanung in der Aktiengesellschaft - Eine Betrachtung unter rechtlichen Aspekten, 1983, S. 15.

158 Vgl. Semler, Leitung und Überwachung der Aktiengesellschaft, 1996, S. 15.

vision voraussetzt. Leitungsorganen erwächst die persönliche Pflicht, das Informationssystem auf Vollständigkeit, Zuverlässigkeit und Zeitnähe hinsichtlich der Datenerfassung sowie die managementgerechte Aufbereitung relevanter Unternehmensdaten zu überprüfen. Die Aufbereitung der Informationen ist so zu detaillieren, dass frühzeitig erkannt werden kann, an welchen Stellen des Unternehmens Handlungsbedarf erwächst und daher ein Gegensteuern jederzeit ermöglicht wird.[159] Insbesondere Risikogeschäfte sind nicht nur zweckmäßig vorzubereiten, was die Installation eines betrieblichen Planungs- und Controlling-Systems notwendig macht, sondern neben der Erfassung umfassender Informationen, der Prüfung von Möglichkeiten zur Risikominimierung und dem Abwägen von möglichem Schaden im Verhältnis zu Gewinn und Leistungsfähigkeit des Unternehmens[160], müssen die Risiken laufend überwacht werden[161].

3.3.2.3 Risikoverständnis

Das Risikoverständnis von Leitungsorganen der Aktiengesellschaft wird insbesondere durch die bedingte Haftung für Schäden dominiert, die diese dem Unternehmen aus einer Pflichtverletzung möglicherweise zufügen (§ 93 II Satz 1 AktG)[162]. Schäden aus Pflichtverletzungen von Vorständen und Geschäftsführern von Kapitalgesellschaften können zwar grundsätzlich mittels D&O-Versicherungen für nach Vertragsbeginn begangene Verstöße abgesichert werden, die während der Dauer der Versicherung erstmals geltend gemacht wer-

[159] Vgl. Götz, Die Überwachung der Aktiengesellschaft im Lichte jüngerer Unternehmenskrisen, 1995, S. 338; vgl. Gernoth, Die Überwachungspflichten des Aufsichtsrats im Hinblick auf das Risiko-Management und die daraus resultierenden Haftungsfolgen für den Aufsichtsrat, 2001, S. 300.

[160] Vgl. Lutter, Haftung und Haftungsfreiräume des GmbH-Geschäftführers, 2000, S. 305-306.

[161] Hier ergeben sich jedoch die gleichen Probleme, die oben angesprochen wurden, vgl. S. 52.

[162] Es handelt sich um das Institut der Verschuldenshaftung, das durch Ausgestaltung des Schadensrechts die Sicherstellung effizienter Verhaltensweisen von Schädiger und Geschädigtem ermöglicht, vgl. Koboldt/Leder/Schmidtchen, Ökonomische Analyse des Rechts, 1992, S. 339.

den[163]. Nicht erfasst jedoch sind Ansprüche, die auf vorsätzlichen, wissentlichen Pflichtverletzungen beruhen.[164]

Geschäftliche Rückschläge und Verluste gehören zum unternehmerischen Alltag. Eine gesamtschuldnerische Haftung von Vorständen nach § 93 II S. 1 AktG ergibt sich immer dann, wenn ein adäquater Kausalzusammenhang[165] zwischen den Verlusten und einem unsorgfältigen und pflichtwidrigen Verhalten der Leitungsorgane nachgewiesen werden kann.[166] Die Beweislast fällt den Vorständen dabei immer dann zu, soweit die Beachtung der Sorgfalt eines ordentlichen und gewissenhaften Geschäftsleiters strittig ist (§ 93 II AktG)[167].

Ein adäquater Kausalzusammenhang bedingt die Zuordnung von Ursache und Wirkung. Dabei ist der Begriff der Ursache als Inbegriff aller relevanten Bedingungen nur von erkenntnistheoretischem Wert. Aus der Fülle von Einzelbedingungen ist für praktische Belange eine Auswahl zu treffen. Haftungs- und strafrechtliches Interesse richtet sich daher auf diejenigen Bedingungen, die grundsätzlich der menschlichen Kontrolle unterliegen, nicht auf die stets gegebenen und als konstant unterstellten Hintergrundbedingungen. Im Haftungs- und Strafrecht erfolgt die Beurteilung aus dem Blickwinkel der Vermeidbarkeit. Danach ist entscheidend, ob ein von der Rechtsordnung negativ bewerteter Außenwelterfolg durch ein Andershandeln einer Person vermeidbar gewesen wäre, wobei die Vermeidbarkeitsfrage sowohl prospektiv als auch retrospektiv gestellt werden kann. Es liegt der Gedanke der Conditio-Formel zu-

[163] Im Ausnahmefall ist es jedoch geboten, im Rahmen von Risikobewältigungsstrategien des Vorstands bei einer entsprechenden Risikolage eine D&O-Versicherung abzuschließen, um das Unternehmensinteresse zu wahren; vgl. Dreher, Der Abschluss von eine D&O-Versicherungen und die aktienrechtliche Zuständigkeitsordnung, 2001, S. 321.

[164] Vgl. Henssler, D&O-Versicherungen in Deutschland, 2001, S. 139, 141.

[165] Siehe S. 118-120.

[166] Schadenersatzpflicht wird durch Entlastung nach § 120 II S. 1 AktG nicht beseitigt - §§ 120 II S. 2, 93 IV S. 3 AktG. Für die GmbH stellt eine Entlastungserklärung durch die Gesellschafterversammlung nach h. M. eine Präklusionswirkung für alle innerhalb der Reichweite des Beschlusses liegenden Tatsachen dar, vgl. Nägele/Nestel, Entlastungswirkung des GmbH-Geschäftsführers und des AG-Vorstands - Chancen und Risiken der Praxis, 2000, S. 1254.

[167] Das AktG entfaltet hier Ausstrahlungswirkung auf die GmbH - vgl. BGH, Urt. vom 04.11.2002, II ZR 224/00, ZIP 23. Jg. 2002, 2314-2317 und die Genossenschaft - vgl. BGH, Urt. vom 03.12.2001, II ZR 308/99, ZIP 23. Jg. 2002, 213-216.

grunde, die als Ursache die notwendige Bedingung für den Erfolg erfordert.[168] Sie definiert ein Mindestkausalitätserfordernis sowohl für Haftungsbegründung als auch Haftungsausfüllung. Zur Feststellung eines Ursachenzusammenhangs muss die pflichtwidrige Handlung hinweggedacht, andere jedoch dürfen nicht hinzugedacht werden.[169]

Eine für Haftungsfragen relevante Grenzziehung zwischen Ermessen und pflichtwidrigem Verhalten gestaltet sich schwierig, weil der dem Leitungsorgan einzuräumende unternehmerische Ermessenspielraum lediglich annäherungsweise konkretisiert ist. Das Fehlen einschlägiger Judikatur spiegelt die Scheu der Gerichte wider, sich nachträglich in unternehmerische Entscheidungen und Abläufe einzumischen[170]. Daher kann vorab nicht mit Sicherheit behauptet werden, eine Entscheidung des Leitungsorgans genüge den Sorgfaltspflichten § 93 I S. 1 AktG, § 43 I GmbHG, § 34 I GenG. Die höchstrichterliche Rechtsprechung verfährt aber in der Weise, dass das Verhalten handelnder Personen ex-ante beurteilt wird und sich bei der Verteilung von Darlegungs- und Beweislast davon leiten lässt, der Gesetzgeber habe sich mit §§ 93, 116 AktG gegen eine Erfolgshaftung des Leitungsorgans ausgesprochen[171]. Daraus erwächst die Forderung, Leitungsorgane sollten jederzeit in der Lage sein darzulegen und gegebenenfalls zu beweisen, welche Umstände im Zeitpunkt der Entscheidung Anlass dazu gaben, diese als erfolgsversprechend einstufen zu dürfen[172]. Bewegt sich ein Leitungsorgan mit einer Entscheidung im Grenzbereich unternehmerischen Ermessens, insbesondere soweit eine erhöhte Schadenswahrscheinlichkeit mit signifikanter negativer Auswirkung für die Finanzkraft des Unternehmens vor-

---

[168] Vgl. Röckrath, Kausalität, Wahrscheinlichkeit und Haftung, Rechtliche und ökonomische Analyse, 2004, S. 7-8.

[169] Vgl. Putzo, in: Palandt, 62. Aufl., München 2003, Vorb v § 249, Rn. 57.

[170] Vgl. Horn, Die Haftung des Vorstands der AG nach § 93 AktG und die Pflichten des Aufsichtsrates, 1997, S. 1131; vgl. BGH, Urt. vom 13.03.1978, II ZR 142/76, BGHZ 71, 40-53, 49-50.

[171] Vgl. Goette, Leitung, Aufsicht, Haftung - zur Rolle der Rechtsprechung bei der Sicherung moderner Unternehmensführung, 2000, S. 141; vgl. OLG Düsseldorf, Urt. vom 31.03.1999, 12 U 176/97, NZG 2. Jg. 1999, Heft 19, 944-947. 946.

[172] Zum Problem des retrospektiven Beurteilungsspielraums siehe S. 99.

liegt[173], sind grundsätzlich erhöhte Anforderungen an die Dokumentation des gesamten Entscheidungsprozesses anzumahnen, weil durch einen Misserfolg der Rechtfertigungszwang steigt.[174] Da § 93 II S. 1 AktG aber streng genommen per se für unsorgfältiges Handeln den Tatbestand der Haftung begründet, leichte Fahrlässigkeit ebenso einschließt wie jeden Schaden aus einer Pflichtverletzung, besteht lediglich ein schmaler Grad der Abgrenzung zwischen einem haftungsbegründenden und haftungsfreien Verhalten. Somit ergeben sich schwindelerregende Haftungsperspektiven, wird erst einmal die Scheu einer Klage abgelegt, da im Grundsatz jede unsorgfältig getroffene Entscheidung zur Haftung führt, soweit sie kausal mit Schäden in Verbindung gebracht werden könnte[175]. Bei der Auslegung der Verhaltensanforderungen § 93 AktG, 43 GmbHG gilt es daher, die richtige Mitte zwischen Haftung und unternehmerischem Ermessen zu finden[176].

Zur Lösung der Schwierigkeit einer Grenzziehung wird angeregt, rekurriert auf § 76 I AktG und in Anlehnung an den vom BGH[177] zugelassenen Handlungs- und Ermessenspielraum, als unentbehrlichen Bestandteil unternehmerischen Handelns, eine haftungsbegründende Sorgfaltspflichtverletzung nur dann anzunehmen, wenn aus der Perspektive vergangener Entscheidungssituationen ein hohes Schadensrisiko, das den Handlungsalternativen anlastete, absehbar war und zudem kein gewichtiger vernünftiger kaufmännischer Grund dafür bestand, diese dennoch umzusetzen. Die Grenzen unternehmerisch-verantwortungsbewußten Handelns bzw. die Bereitschaft, Risiken einzugehen, sollen dann in unverantwortungsvoller Weise überspannt sein und insoweit den Sorgfaltspflich-

---

173 Hier liegt demnach ein misserfolgsbezogen-materielles Risikoverständnis zugrunde, S. 37.

174 Vgl. Heermann, Unternehmerisches Ermessen, Organhaftung und Beweislastverteilung, 1998, S. 765, 768.

175 Die Durchsetzung solcher Ansprüche wird regelmäßig aufgrund persönlicher Interdependenzen zwischen Leitungs- und Kontrollorganen gehemmt, vgl. Heermann, Unternehmerisches Ermessen, Organhaftung und Beweislastverteilung, 1998, S. 761. Dazu kritisch bereits Lutter, Zum unternehmerischen Ermessen des Aufsichtsrates, 1995, S. 442 und der 61. Deutsche Juristentag: Beschlüsse, Abteilung Wirtschaftrecht: Pkt. I. 4, Pkt. IV. 18, 21, NJW 49. Jg. 1996, Heft 36, S. 2994-2999 (2998 u. 2999).

176 Dem Organhandel sind materiell nur äußere Grenzen gesetzt, hier das AktG teil- und zulässigerweise nur Generalklauseln verwendet - BVerfGE 14, 263-273, 274.

177 Urt. vom 21.04.1997, II ZR 175/95, BGHZ 135, 245-257.

ten grundsätzlich widersprechen, wenn Maßnahmen in keiner Weise zu rechtfertigen seien[178] und ein handelnder Kaufmann zu ihrer Durchführung zu keiner Zeit bereit gewesen wäre[179]. In diesem Fall sollte die Schadenssanktion eintreten, ohne dass noch gesondert zu prüfen wäre, ob die Grenzüberschreitung unverantwortlich war.[180] Daraus folgt, dass Schäden aus Handlungen nicht haftungsbegründet wirken dürfen, soweit für diese aus der damaligen Entscheidung heraus gewichtige Gründe vorgebracht werden können, die sich gleichwohl im nachhinein als falsch erwiesen haben[181]. Diesen Haftungsausnahmetatbestand hat der Vorstand wegen zugewiesener Beweislast glaubhaft zu machen. Voraussetzung ist daher, dass der Vorstand darlegen kann, seine Entscheidungen, z. B. durch Studien, Arbeitspapiere und etwaige Beratungen, ausreichend vorbereitet, Gefahren und Fehlerquellen analysiert und Strategien zur Lösung entwickelt zu haben. Insofern wird auch Bezug genommen zur Etablierung einer business judgement rule[182], die einen „safe harbor" für nötige Handlungsspielräume ermöglicht, Haftungsausnahmetatbestände zulässt und so die Rechtsstellung des Leitungsorgans stärkt[183]. Ein Unternehmensleiter, der sich im Rahmen unternehmerischen Ermessens bewegt, kein Eigeninteresse verfolgt und für einen sachgerechten Informationsfluss sorgt, darf weder tatbestandlich noch beweislastmäßig zusätzlichen Anforderungen und Gefahren unterliegen, da daraus ei-

[178] Vgl. Kindler, Unternehmerisches Ermessen und Pflichtenbindung, 1998, S. 105; vgl. OLG Düsseldorf, Urt. vom 28.11.1996, 6 U 11/95, ZIP 18. Jg. 1997, 27-37, 32. Das ebenfalls strafrechtliche Konsequenzen eintreten können, zeigt die nicht nur zivilrechtlich rechtskräftige Verurteilung des angeklagten Finanzvorstands im „ARAG"-Prozess, sondern auch dessen rechtskräftige Verurteilung zu einer Freiheitsstrafe von vier Jahren und acht Monaten (LG Aachen Urt. vom 19.03.1993, 86 Kls 31 Js 1420/90 unveröffent.), vgl. Grooterhorst, Die ARAG/Garmenbeck-Prozesse - eine Gesamtschau im Rückblick, 1999, S. 1119.

[179] Vgl. BFH, Urt. vom 10.01.1973, IR 119/70, BFHE 108, 183.

[180] Vgl. Götz, Die Pflicht des Aufsichtsrats zur Haftbarmachung von Vorstandsmitgliedern, 1997, S. 3276.

[181] Vgl. BGH, Urt. vom 06.04.2000, 1 StR 280/99, NJW 53. Jg. 2000, Heft 32, 2364-2366, 2365.

[182] Siehe S. 73. Kritisch dazu vgl. Mutter, Unternehmerische Entscheidungen und Haftung des Aufsichtsrats der Aktiengesellschaft, 1994, S. 220-221.

[183] Vgl. Horn, Die Haftung des Vorstands der AG nach § 93 AktG und die Pflichten des Aufsichtsrates, 1997, S. 1131-1135; vgl. Heermann, Wie weit reicht die Pflicht des Aufsichtsrats zur Geltendmachung von Schadensersatzansprüchen gegen Mitglieder des Vorstands?, 1998, S. 206; vgl. Kindler, Unternehmerisches Ermessen und Pflichtenbindung, 1998, S. 103, der fünf Kriterien auflistet und darauf verweist, dass unternehmerische Handlungsfreiheit in der Literatur längst anerkannt ist.

ne ungerechtfertigte Beeinträchtigung unternehmerischen Handelns resultieren würde[184]. Insoweit ist ein Maßstab definiert, welcher der Grenzziehung in der US-Rechtsprechung sehr nahe kommt.[185]

Leitungsorgane müssen grundsätzlich auch entgegen interner Geschäftsverteilung Sorge dafür tragen, dass die Grundlagen für eine jederzeitige Beurteilung der wirtschaftlichen Lage der Gesellschaft vorhanden sind, demnach Leitungspflicht jedwede diesbezügliche organisatorische Voraussetzung umfasst[186]. Insbesondere ist hier auf die Ordnungsmäßigkeit des externen Rechnungswesens zu verweisen, denn dieses ist Informationsbasis anderer Planungs- und Steuerungsinstrumente. Unstrittig verwirklicht sich ein Haftungstatbestand wegen Vorsatz oder Fahrlässigkeit dann, wenn das Leitungsorgan es bei Vorliegen von Anhaltenspunkten für eine Krise versäumt, eine Überschuldung festzustellen oder feststellen zu können, da ein derartiges Versäumnis als Verschuldensform heute allgemein anerkannt ist[187].

Werden Leitungsaufgaben, Vorbereitungs- und Ausführungsmaßnahmen, nicht jedoch die letztlich wohlerwogene Entscheidung, die beim Leitungsorgan verbleiben muss, delegiert, ergibt sich eine Pflichtverletzung aufgrund möglicherweise unzulässiger Delegationen aus § 76 I AktG. Pflichterfüllung beurteilt sich nach Auswahl-, Einweisungs- und Überwachungssorgfalt. Anhaltspunkte lassen sich finden durch Hinzuziehung der Urteilsreihen zu § 130 OWiG. Danach müssen neben der Beachtung der nötigen Qualifikation des Personals die interne Aufbau- und Ablauforganisation bekannt gegeben, änderungsbedingt regelmäßig neue Einweisungen vorgenommen, vor allem aber Anordnungen erlassen und Kompetenzen sowie Verantwortlichkeiten genau geregelt werden.[188]

---

[184] Vgl. Hopt, Die Haftung von Vorstand und Aufsichtsrat: FS Mestmäcker, 1996, S. 921.

[185] Vgl. Henze, Leitungsverantwortung des Vorstands - Überwachungspflicht des Aufsichtsrats, 2000, S. 211, 215; vgl. Sünner, Aktionärsklage zur Kontrolle des Vorstands- und Aufsichtsratshandeln, 1999, S. 366.

[186] Vgl. BGH, Urt. vom 20.02.1995, II ZR 9/94, ZIP 1995, 560-563, 561.

[187] Vgl. Altmeppen, Problem der Konkursverschleppungshaftung, 1997, S. 1177.

[188] Vgl. Fleischer, Vorstandsverantwortlichkeit und Fehlverhalten von Unternehmensangehörigen - Von der Einzelüberwachung zur Errichtung einer Compliance-Organisation, 2003, S. 293-294; vgl. Goette, Leitung, Aufsicht, Haftung - zur Rolle der Rechtsprechung bei der Sicherung moderner Unternehmensführung, 2000, S. 125-126.

Bejaht wurde eine Pflichtverletzung bereits wegen eines unzureichenden Informationsaustausches zwischen Unternehmensbereichen[189]. Auch beinhaltet eine pflichtgemäße Organisation prinzipiell das Aufstellen von Regeln sowie die Zuweisung von Aufgaben und Pflichten an einzelne Mitarbeiter, soweit dies zur Verwirklichung des Gegenstands der Gesellschaft notwendig ist. Daran gebunden ist gleichzeitig die persönliche Pflicht der Geschäftsführung, die Einhaltung und Durchführung der Anordnungen zu kontrollieren. Da auch hier Ermessensausübung vorliegt, steht es dem Verantwortlichen frei, Kontrollaufgaben zu delegieren, doch unterliegt er weiterhin dem Kontrollzwang betreffs derjenigen Personen, die Empfänger seiner Kontrollaufgaben waren, weil ansonsten eine Pflichtverletzung vorliegen würde, die potentielle Regressforderungen nach sich ziehen kann[190], wobei Vorstände nur für eigenes Verschulden haften. Für eine Zurechnung des von Unternehmensangehörigen ausgehenden Fehlverhaltens fehlt eine explizit formulierte Vorschrift. Ebenfalls hält die h. M. §§ 278, 831 I, II BGB nicht für einschlägig[191].
Über die allgemeinen Kontrollen hinaus sollte die Aufsicht des Leitungsorgans so organisiert werden, dass Unregelmäßigkeiten auch ohne ständige Kontrollen nicht vorkommen können. Die Grenzziehung richtet sich dabei nach dem Grundsatz der objektiven Zumutbarkeit, weil überzogene und zu stark von Misstrauen geprägte Aufsichtsmaßnahmen der Würde der Betriebsangehörigen zuwiderlaufen und das Betriebsklima schädigen.[192]

Spezielle kompetenzbeschränkende Wirkungen für das Leitungsorgan einer Aktiengesellschaft ergeben sich aus der Festschreibung des Unternehmensgegen-

[189] Vgl. BGH, Urt. vom 05.12.1989, VI ZR 335/88, NJW 43. Jg. 1990, Heft 15, 976-978; kritisch dazu vgl. Medicus, Deliktische Außenhaftung der Vorstandsmitglieder und Geschäftsführer, 1998, S. 584-585.

[190] Vgl. Lutter, Haftung und Haftungsfreiräume des GmbH-Geschäftführers, 2000, S. 304-305.

[191] A. A. vgl. BGH, Urt. vom 05.12.1989, VI ZR 335/88, NJW 43. Jg. 1990, Heft 15, 976-978, der Haftung nach § 823 I BGB bei Verletzung von Organisationspflichten bejaht, 978.

[192] Vgl. Fleischer, Vorstandsverantwortlichkeit und Fehlverhalten von Unternehmensangehörigen - Von der Einzelüberwachung zur Errichtung einer Compliance-Organisation, 2003, S. 294, mit Verweis auf BGH, Urt. vom 11.03.1986, KRB 7/85, WUW 36. Jg. 1986, WuW/E BGH 2262 (2264), vgl. auch BGH, Urt. vom 11.05.1981, II ZR 126/80, ZIP 2. Jg. 1981, 858-861.

standes. Trotz fehlender gesetzlicher Definition des Begriffs Unternehmensgegenstand wird damit der Inhalt des von der Gesellschaft konkret beabsichtigten Tätigwerdens bezeichnet, das zu Lasten der Geschäftsführungsbefugnisse des Vorstandes durch Satzungsbestimmungen definiert wird[193] und nicht ohne Zustimmung der Hauptversammlung geändert werden kann[194]. Kompetenzübergriffe durch den Vorstand einer Gesellschaft können grundsätzlich einen verbandsrechtlichen Anspruch des einzelnen Aktionärs auf Unterlassung satzungs- und gesetzeswidriger Beeinträchtigung der Mitgliedschaft auslösen[195]. Der BGH[196] vertritt dabei die Auffassung, dass eine Klage auch dann nicht sanktionslos bleiben muss, soweit es sich um eine Kompetenzüberschreitung ohne Schadensfolge handelt, § 93 II AktG hier also nicht weiterhilft[197].

Kontrolle und Beurteilung der Leitungsmaßnahmen und organisatorischen Einrichtungen des Vorstands obliegt dem Aufsichtsrat, wobei das juristische Schrifttum keinen Zweifel daran lässt, dass ein Fehlen persönlicher Fähigkeiten des Leitungsorgans dem Aufsichtsrat zum Wohle der Gesellschaft gebietet, dessen Ablösung herbeizuführen. Der Aufsichtsrat, der einer gesetzlichen Selbsterledigungspflicht unterliegt, muss aber in seinen Mitgliedern selbst alle Fähigkeiten und Kenntnisse bereithalten, um den Vorstand in konkreter, augenblicklicher und absehbar künftiger wirtschaftlicher Lage ausschließlich mit

---

193 Vgl. Kessler, Die Leitungsmacht des Vorstandes einer Aktiengesellschaft (I), 1995, S. 67. Zu unterscheiden sind Unternehmensgegenstand und Zweck der Gesellschaft, wobei der Gegenstand Haupterkenntnisquelle für den Zweck, der Unternehmensgegenstand aber einfacher änderbar als der Zweck der Gesellschaft ist; S. 67.

194 Vgl. BGH, Urt. vom 25.02.1991, II ZR 76/90, WM Nr. 15 v. 13.04.1991, 635-637 (betreffs GmbH).

195 Grundsätzlich jedoch besteht kein Unterlassungsanspruch der Aktionäre gegen Geschäftsführungsmaßnahmen - vgl. LG Düsseldorf, Urt. vom 14.12.1999, 10 O 495/99 Q, AG 44. Jg. 1999, Heft 5, 233-235, 234.

196 Urt. vom 25.02.1982, II ZR 174/80, NJW 35. Jg. 1982, Heft 31, 1703-1708. Im „Holzmüller"-Urteil wird deutlich, dass sich ein Ermessen des Vorstands gemäß § 119 II AktG auf Null reduzieren und sich insoweit in engen Grenzen ein Kompetenzgefälle zwischen Vorstand und Hauptversammlung offenbaren kann, vgl. Martens, Die Entscheidungsautonomie des Vorstands und die „Basisdemokratie" in der Aktiengesellschaft, 1983, S. 386; dazu kritisch vgl. Werner, Zuständigkeitsverlagerung in der Aktiengesellschaft durch Richterrecht?, 1983, S. 436-437.

197 Vgl. Kindler, Bezugsrechtsausschluß und unternehmerisches Ermessen nach deutschem und europäischem Recht, 1998, S. 67.

eigenen Kräften ordnungsgemäß, effektiv und reibungslos überwachen zu können, insoweit dem Aktienrecht ein leistungsfähiges und autarkes Modell eines Überwachungsorgans zugrunde liegt.[198]

Dem Aufsichtsrat kommt die Pflicht zur Prüfung von Schadensersatzansprüchen der Gesellschaft zu, wobei zwar unternehmerisches Ermessen besteht, dieses aber durch bestimmte inhaltliche Schranken gekennzeichnet ist[199]. Gleichzeitig besteht für den Aufsichtsrat im Zusammenhang mit der sogenannten Öffnungsklausel (Ziff. 1.3. GDV-Bedingungen) von D&O-Versicherungen das Problem, dass der Versicherungsschutz für die Gesellschaft nur dann zum Tragen kommt, wenn die Inanspruchnahme des Vorstands auf Weisung, Veranlassung oder mit Beteiligung von Aktionären der Gesellschaft erfolgt. Eine Nichterhebung des Anspruches aufgrund fehlender Unterstützung durch Aktionäre könnte nun aber dazu führen, dass sich der Aufsichtsrat selbst schadenersatzpflichtig macht, soweit der Anspruch der Gesellschaft gegenüber der Versicherung entfällt.[200]

Die Überwachungstätigkeit des Aufsichtsrats erstreckt sich lediglich in Ausnahmefällen (§ 90 I S. 1 Nr. 4 AktG) auf Einzelmaßnahmen, ansonsten nach h. M. nicht auf Einzelheiten der laufenden Geschäftsführung[201] und grundsätzlich nicht auf Geschäfte, die für Rentabilität und Liquidität der Gesellschaft nicht von erheblicher Bedeutung sind.[202]. Die aber durch den Aufsichtsrat zu prüfenden Leitungsmaßnahmen des Vorstands[203] betreffen die Kriterien Rechtmäßigkeit, Ordnungsmäßigkeit, Wirtschaftlichkeit und Zweckmäßigkeit. Während

---

198 Vgl. Hommelhoff, Die Autarkie des Aufsichtsrates, 1983, S. 561-562, 573, insbesondere vgl. BGH, Urt. vom 15.11.1982, II ZR 27/82, BGHZ 85, 293-300, 295-296.

199 Vgl. Horn, Die Haftung des Vorstands der AG nach § 93 AktG und die Pflichten des Aufsichtsrates, 1997, S. 1137 mit Bezug zum BGH, Urt. vom 21.04.1997, II ZR 175/95, ZIP 1997, 883-886.

200 Vgl. Kästner, Aktienrechtliche Probleme der D&O-Versicherung, 2000, S. 120.

201 Vgl. Boujong, Rechtliche Mindestanforderungen an eine ordnungsgemäße Vorstandskontrolle und -beratung, 1995, S. 204 m. w. N.

202 Vgl. Götz, Zustimmungsvorbehalte des Aufsichtsrates der Aktiengesellschaft, 1990, S. 641; vgl. Scheffler, Die Überwachungsaufgabe des Aufsichtsrates im Konzern, 1994, S. 794; vgl. BGH, Urt. vom 25.03.1991, II ZR 188/89, BGHZ 114, 127-137, 130.

203 Es besteht aber grundsätzlich kein Klagerecht für AR-Mitglieder gegen Geschäftsführungsmaßnahmen - vgl. BGH, Urt. vom 28.11.1988, II ZR 57/88, BGHZ 106, 54-67, 59; vgl. OLG Celle, Urt. vom 09.10.1989, 9 U 186/89, AG 35. Jg. 1990, Heft 6, 264-266, 265.

Rechtmäßigkeit auf die Einhaltung von Gesetz und Satzung abzielt, bezieht sich Ordnungsmäßigkeit auf eine sachgerechte Organisation der Arbeitsweise des Vorstands, die zweckmäßige Abgrenzung der Arbeitsbereiche, die Einhaltung der Geschäftsordnung, die Unternehmensplanung sowie das Rechnungs- und Berichtswesen, aber auch die Berichterstattung an den Aufsichtsrat und die Erarbeitung der Führungsentscheidungen mittels zutreffend ermittelter Entscheidungsgrundlagen[204]. Wirtschaftlichkeit hat die Kontrolle der Prognoserechnungen und die Umsetzung der Entscheidungen zum Gegenstand. Zweckmäßigkeit ist dabei dann zu bejahen, wenn berücksichtigte Alternativen unter Abwägung von Mittelaufwand und Risiko den langfristig größten Erfolg versprechen.[205] Soweit keine Pflichtverletzungen festgestellt werden können, trifft das Unternehmensrisiko immer die Gesellschaft[206].

Eine haftungsrechtliche Auswirkung einer Compliance-Erklärungen nach § 161 AktG, die lediglich selbstverpflichtend ist und eine bloß formale Erklärung[207] darstellt, wird ebenfalls nicht ausgeschlossen[208]. Zwar wird diese grundsätzlich als wertlos angesehen, soweit nicht gesetzliche Anforderungen betroffen sind. Auch hat die Regierungskommission zum Corporate Governance Kodex für den Fall einer Compliance-Erklärungen sowohl von einer aktiven Prüfung als auch von ernsthaften Sanktionen abgesehen, was den Schwierigkeiten einer

---

204 Dabei kann sich unter Umständen eine Anordnungspflicht des AR bei außerhalb vertretbarer kaufmännischer Interessenwahrung liegender Absicht des Vorstands ergeben - vgl. LG Stuttgart, Urt. vom 29.10.1999, 4 KfH O 80/98, DB 52. Jg. 1999, 2462-2464, 2463.

205 Vgl. Henze, Leitungsverantwortung des Vorstands - Überwachungspflicht des Aufsichtsrats, 2000, S. 214-215.

206 Vgl. Henn, Handbuch des Aktienrechts, 2002, S. 300.

207 Eine Erhebung für den Jahresabschluss zum 31.12.2002 ergab, dass eine bedeutende Anzahl der untersuchten Unternehmen den Kodex gänzlich ablehnte und insbesondere im Amtlichen und Geregelten Markt keines der untersuchten Unternehmen alle Empfehlungen umsetzte, vgl. Oser/Orth/Wader, Die Umsetzung des Deutschen Corporate Governance Kodex in der Praxis, 2003, S. 1338, 1341.

208 § 161 S. 1 AktG verweist auf den „Deutscher Corporate Governance Kodex“, hier in der Fassung vom 21.05.2003, veröffentlicht im elektronischen Bundesanzeiger am 04.07.2003, gemäß § 285 S. 1 Nr. 16 HGB auch Pflichtangabe des Anhangs. Der Kodex wurde aufgrund einer Initiative der Regierungskommission „Corporate Governance“ (I) angeregt, woraufhin eine Regierungskommission „Corporate Governance“ (II) (Cromme-Kommission) eingesetzt wurde, während sich Kommission (I) um Nachbesserungen des KonTraG bemühte, vgl. hierzu Bernhardt, Vorstand und Aufsichtsrat, 2002, S. 120-121.

Konkretisierung von Leitungspflichten und deren Prüfung sowie den damit verbundenen Zusatzkosten geschuldet sein dürfte. Verwiesen wird letztlich aber darauf, dass obgleich die Erklärung nicht auf rechtlich verbindlichen Grundsätzen fußt, unwahre Compliance-Erklärungen trotzdem haftungsrechtlich relevant werden könnten, soweit US-amerikanische Anleger berührt würden oder die Rechtsprechung in Deutschland die Grundsätze zur Prospekthaftung oder die der allgemeinen Vertrauens- und Erklärungshaftung analog zur Anwendung bringt.[209]

Wie sich zeigt, lässt das juristische Schrifttum keinen Zweifel daran, dass sich für den Vorstand einer Aktiengesellschaft aufgrund §§ 76 I, 93 I, II AktG ein enger Pflichtenrahmen bei der Einrichtung eines angemessenen Manager-Regelsystems ergibt. Zwar muss dem Gesellschaftsorgan bei der Unternehmensleitung ein weites Ermessen zugebilligt werden, Ermessensgrenzen ergeben sich aber aufgrund der Vielzahl möglicher Haftungstatbestände. Pflichten betreffen alle grundlegenden Managementfunktionen[210], die Planung und Entscheidungsfindung, die Organisation sowie die Steuerung.
Eine gebotene Sorgfaltspflichterfüllung bei der Ausübung der Unternehmerfunktion Planung und Entscheidungsfindung bedingt die Schaffung einer verlässlichen Informationsbasis durch ausreichende Informationsbeschaffung und -auswertung[211], weil insbesondere im Schadensfall Rechtfertigungszwang besteht[212]. Dies schließt die Identifikation und Analyse[213] der mit Entscheidungen verbundenen Risiken zwingend ein, weil diese Grundlage einer Grenzziehung unternehmerisch verantwortungsbewußten Handelns sind[214] und aufgrund ihrer Relevanz auch der Kontrolle des Aufsichtsrates unterliegen können[215],

---

209 Vgl. Hopt, Unternehmensführung, Unternehmenskontrolle, Modernisierung des Aktienrechts - Zum Bericht der Regierungskommission Corporate Governance-, 2002, S. 54-55.
210 Siehe S. 32.
211 Siehe S. 73.
212 Siehe S. 77.
213 Siehe dazu auch S. 62.
214 Siehe S. 78.
215 Siehe S. 83.

was eine systematische Darstellung und Beurteilung voraussetzt. Die Grundlage für die Ausübung der Unternehmerfunktion Steuerung bilden Regelungen zu Kompetenzen, Aufgaben und Pflichten, die Sicherstellung des Datenaustausches und Überwachungsmaßnahmen[216]. Als Basis der Pflichterfüllungen aber wird eine wettbewerbsfähige Organisation und Koordination gesehen[217]. Insoweit ergeben sich hier wesentliche Überschneidungen zu den konzeptionellen Vorschlägen im betriebswirtschaflichen Schrifttum[218], die sowohl das Risikoverständnis[219] als auch die Ausgestaltung eines Risikomanagements betreffen. Die konzeptionellen Vorschläge sprechen Maßnahmen an, die den Pflichtenrahmen berühren, der sich aus §§ 76 I, 93 I, II AktG ergibt. Eine Abgrenzung von Maßnahmen, die § 91 II AktG anspricht, muss vom Pflichtenrahmen des Vorstands nach §§ 76 I, 93 I AktG oder darüber hinausgehenden Vorkehrungen erfolgen[220], weil § 91 II AktG nicht mehr ist als eine Klarstellung von Pflichten, die bereits aus §§ 76 I, 93 I AktG erwachsen[221].

Es besteht nun die grundsätzliche Schwierigkeit, dass eine gesetzliche Vorschrift wie § 91 II AktG lediglich einen Pflichtenrahmen festlegen kann, der durch den Vorstand auszufüllen ist. Soweit sich jedoch das Schrifttum um Konkretisierung bemüht, bedarf es einer begründeten Rechtfertigung dafür, dass bestimmte Maßnahmen überzeugend tatsächlich gefordert werden dürfen. Bei der Frage aber, welche der Maßnahmen tatsächlich gefordert werden können und daher als verpflichtend im Sinne einer Ermessensreduktion gelten, geht es um das Problem, ob ein von der Rechtsordnung etwaig negativ bewerteter Außenwelterfolg durch ein bestimmtes Handeln der verantwortlichen Organe einer Gesellschaft vermeidbar ist *und* dessen Verhinderung aufgrund der Erledigung

---

216 Siehe S. 74, 80.
217 Siehe S. 73, 80.
218 Zusammenfassung siehe S. 62.
219 Siehe S. 38, siehe S. 75 und S. 77 (Fußnote).
220 Vgl. IDW PS 340, Rn. 4, 5, in: WPg, 52. Jg., 1999, Heft 16, S. 658-662.
221 Vgl. Bitz, Abgrenzung des Risiko-Frühwarnsystems i. e. S. nach KonTraG zu einem umfassenden Risiko-Managementsystem im betriebswirtschaftlichen Sinn, 2000, S. 236-237.

des Pflichtenrahmens mittels funktionsfähiger und anerkannter Grundsätze und Maßnahmen von vornherein erwartet werden darf.

Im Folgenden ist daher zunächst zu präzisieren, was unter einem Risikomanagement, das Pflichtbestanteile nach § 91 II AktG umfasst, originär verstanden werden sollte. Ausgangspunkt ist die Frage, was die Ursachen des Risikos einer Unternehmung sind, inwieweit das Risiko konkretisierbar ist und welche Möglichkeiten und Grenzen bestehen, Risiken zu erkennen und zu handhaben. Ziel ist es, im Anschluss an eine begründete Definition von Risikomanagement eine begründete Einengung von Maßnahmen vorzunehmen, die durch § 91 II AktG angesprochen werden.

3.4 Risikomanagement als Manager-Regelsystem zur Verringerung von Informationsrisiken

3.4.1 Überraschungsereignisse als Risiko der Unternehmung

Den Hintergrund einer Konkretisierung des eine Unternehmung betreffenden Risikos sollen bestimmte Anhaltspunkte bilden, die empirische Studien über das Risikoverständnis von Managern liefern. Einige Studien beschäftigen sich explizit mit der Einstellung und dem Verhalten von Managern vor dem Hintergrund von Risikokonzeptionen. Untersucht wird, inwieweit entscheidungstheoretische Konzeptionen zum Risiko mit dem tatsächlichen Risikoverständnis von Managern übereinstimmen. Dazu sollen hier kurz zwei Studien erwähnt werden. Die Studie von Shapira[222] basiert auf Interviews, die 1984/85 durchgeführt wurden und die eine Grundgesamtheit von 50 amerikanischen und israelischen Führungskräften aufweist. Es werden Fragen zum Risikoverständnis, zur individuellen Risikokonzeption und zum Umgang mit Risiko gestellt.
Die zweite herangezogene Studie wurde 1974/75 durchgeführt. Grundlage sind sechs verschiedene Fragebögen, die zusammen ein sogenanntes Risiko-Portfolio bilden. Die Fragebögen betreffen die Phasen der Risikoerkennung und Hand-

---

[222] Shapira, Zur, Risk in managerial decision-making, unpublished; vgl. March/Shapira, Managerial Perspectives on Risk and Risk Taking, 1987, S. 1407.

habung, Typen von Risikosituationen, Typen von Entscheidungssituationen (persönliche oder geschäftliche Entscheidungen), Möglichkeitsverteilungen von Ereignissen, Fragen zur Auswahl von Alternativen, Fragen zur Bestimmung von Äquivalenten sowie allgemeine und offen gehaltene Fragen. An dieser Studie beteiligten sich 509 amerikanische und kanadische Führungskräfte in bedeutenden Positionen.[223]

Die Studien zeigen eine konsistente Beobachtung darüber, wie Manager Risiko definieren, wie ihr Verhältnis zum Risiko tatsächlich ist und wie sie versuchen, Risiko zu handhaben.[224] Insbesondere stellte sich heraus, dass Manager ziemlich unempfindlich gegenüber Wahrscheinlichkeitsschätzungen möglicher Ereignisse sind. Die Studien liefern Anhaltspunkte dafür, dass Individuen genauen Wahrscheinlichkeitsschätzungen nicht trauen, sie nicht verstehen oder diese einfach nicht nutzen[225]. Manager setzen Glaubwürdigkeiten von Wahrscheinlichkeitsschätzungen systematisch niedriger an als die Glaubwürdigkeiten von Schätzungen des Wertes eines bestimmten Ereignisses selbst, denn einsichtig sei, dass die relative Glaubwürdigkeit von Schätzungen die relative Aufmerksamkeit, die diesen beigemessen werden, beeinflussen sollte[226]. Vor allem jedoch werden potentielle Ereignisse mit niedrigen Wahrscheinlichkeiten ungeachtet potentieller Signifikanz ignoriert, was zu der Gefahr führt, dass Organisationen unvorbereitet von Ereignissen überrascht werden. Jedoch führt auch der Umstand des Misstrauens gegenüber Wahrscheinlichkeitsschätzungen dazu, dass in Plausibilitätsüberlegungen oftmals lediglich die Höhe von Ergebniswerten ohne zusätzliche Gewichtung mit Wahrscheinlichkeiten eingehen. Entscheidungen von Managern werden durch die Art und Weise beeinflusst, wie diese ihre Aufmerksamkeiten auf kritische Leistungsziele konzentrieren. Gleichzeitig stellte sich heraus, das Manager einen scharfen Unterschied machen zwischen Risikoübernahmen und Glücksspiel.

---

[223] Vgl. MacCrimmon/Wehrung, Taking Risk, The Management of Uncertainty, 1986, S. 53-54, 67.

[224] Vgl. March/Shapira, Managerial Perspectives on Risk and Risk Taking, 1987, S. 1407.

[225] Vgl. March/Shapira, Managerial Perspectives on Risk and Risk Taking, 1987, S. 1411.

[226] Vgl. March/Shapira, Managerial Perspectives on Risk and Risk Taking, 1987, S. 1412.

Insbesondere zeigt sich jedoch, dass Entscheidungsträger Situationen unterschiedlich beurteilen, es kein einheitliches Verständnis von Risiko gibt und dass sich die Art, wie Entscheidungsträger Risiko definieren, erheblich von der Risikodefinition der theoretischen Literatur unterscheidet. So differenzieren Manager zwischen Unsicherheiten bezüglich positiver und negativer Einkünfte. Möglichkeiten des Gewinns sind oftmals von Bedeutung für die Beurteilung der Attraktivität einer Alternative, Risiko hingegen wird hauptsächlich mit möglichen negativen Ereignissen in Verbindung gebracht[227]. Auch sah eine Mehrzahl der Befragten Unsicherheit als einen Risikofaktor an, jedoch schien ihnen die Wichtigkeit von möglicherweise schlechten Ergebnissen bedeutungsvoller zu sein, so dass Risiko in Form der Verlusthöhe und nicht in Begriffen von Momenten denkbarer Ergebnisverteilungen definiert wird. Hinsichtlich der Quantifizierung von Risiko ist strittig, ob es überhaupt möglich sei, ein multidimensionales Phänomen auf eine einzige Größe zu transformieren[228]. Nur eine Minderheit der Befragten[229] war der Ansicht, eine Größe zu bilden, da jedes Projekt in Begriffen von Gewinn oder Verlust ausgedrückt werden muss. Obgleich einige von ihnen einen gewichteten Index des Risikos anmahnten, gaben sie zu, selbst nicht derart zu verfahren.

Es zeigt sich, dass Manager unterschiedliche Strategien entwickeln, um unannehmbare Gefahren gegebener Alternativen bei gleichzeitiger Beibehaltung möglicher Gewinne zu reduzieren. Eine einfache Maßnahme ist dabei, ursprüngliche Schätzungen abzulehnen[230], wobei in den meisten Fällen die Ablehnung verbunden ist mit der Anstrengung, die Schätzungen letztlich lediglich punktuell zu revidieren. Risikobeschreibungen werden einerseits durch Beschaffung neuer Informationen ergänzt, anderseits werden Probleme aus anderen Perspektiven betrachtet[231]. Manager wollen sich letzlich aber nur dann als Risikoträger sehen, wenn es ihnen gelingt, mögliche Gefahren so zu modifizieren und zu be-

[227] 80 v.H. von 50 Befragten bei Shapira, 1986.
[228] Ablehnend 42 v.H. von 50 Befragten bei Shapira, 1986.
[229] 24 v.H. von 50 Befragten bei Shapira, 1986.
[230] 50 v.H. von 50 Befragten bei Shapira, 1986.
[231] Vgl. MacCrimmon/Wehrung, Taking Risk, The Management of Uncertainty, 1986, S. 100.

arbeiten, dass sie letztendlich auf Erfolg vertrauen können. Daher wird vor der Entscheidung Ausschau nach risikokontrollierenden Strategien gehalten. Das Vertrauen der befragten Manager in die Möglichkeit einer nachträglichen Risikoreduktion entstammt dabei einer Interpretation ihrer Erfahrungen, denn die überwiegende Zahl der Manager war der Meinung, sie wären in der Lage, die Chancen ihrer vergangenen Entscheidungen zu verbessern. Deshalb akzeptieren Manager teilweise bestimmte Risiken, weil sie nicht daran glauben, dass sich diese tatsächlich realisieren werden.[232]

Die empirischen Untersuchungen zeigen zum einen deutlich die divergierenden Risikoauffassungen von Managern. Zum anderen offenbaren sich Probleme bei der Verwendung von Wahrscheinlichkeiten, so dass insbesondere auf Verlustgefahren fokussiert wird, die sowohl entscheidungsvorgelagerte als auch entscheidungsnachgelagerte Zeitpunkte betreffen. Gleichzeitig wird Bezug genommen auf die Notwendigkeit einer angemessenen Informationsbeschaffung. Eine genauere Betrachtung des Entscheidungsprozesses unter Unsicherheit zur Klärung der Gegebenheiten des Einkommenserwerbs erscheint geboten. Zugrunde zu legen ist dabei ein Modell des Entscheidungsprozesses auf Basis des entscheidungstheoretischen Ansatzes, welches der evolutorischen Theorie der Unternehmung zuzuordnen ist. Daraus folgt, dass der Stand von Wissen und Können nicht von außen vorgegeben ist, vielmehr muss dieser sorgfältig erarbeitet werden. Mittel und Handlungsmöglichkeiten sind zu erkennen und darauf aufbauend Prognosen für Planungszeiträume zu erstellen.[233]

Im Folgenden sei vereinfachend unterstellt, dass ein planender Unternehmer durch das Suchen und Auswerten von Informationen in der Lage ist, zu einem Zeitpunkt t einen möglicherweise künftig eintretenden Zustand der Welt (z) (z. B. hinsichtlich einer Konkurrenzsituation, einer gesetzlichen Regelung oder Wahlentscheidung) zu konkretisieren. Aus einer Anzahl von z sei dieser durch Anwendung von Theorien für Prognosen befähigt, zeitpunktbezogen mögliche Zukunftslagen (Z) zu bilden. Sei $\mathcal{Z}$ die Menge der vom Unternehmer in t ge-

[232] Vgl. March/Shapira, Managerial Perspectives on Risk and Risk Taking, 1987, S. 1410-1411.
[233] Vgl. Schneider, Betriebswirtschaftslehre: Band III, Theorie der Unternehmung, 1997, S. 42.

bildeten Zukunftslagen, W die Menge der durch Auswertung jeglichen verfügbarer Informationen ohne Restriktionen denkbaren Zukunftslagen der Welt und M die Menge der metaphysischen Welten, so dass folgt: $Z \in \mathcal{Z} \subseteq W \subset M$. Im Fall einer Ungewissheitssituationen gilt nun, dass zwar nicht gewusst werden kann, welches $Z \in W$ eintreten wird, Ex-post-Überraschungen jedoch ausgeschlossen sind. Bei Mehrperiodenbetrachtungen bestehen zwischen den Enden der Perioden Abhängigkeiten. Charakteristisch für ein dynamisches Modell unter Ungewissheit ist, dass am Ende der jeweiligen Periode die ursprünglichen Planungen für sämtliche bis dahin möglichen Folgeperioden belanglos werden, neu zugehendes Wissen zu Plananpassungen führt.[234]

Im Gegensatz dazu gilt für Unsicherheitssituationen, dass es keine vollständige Beschreibung der Welt gibt. Dem planenden Unternehmer wird nur ein begrenzter Umfang an z bekannt, weil Informationsbeschaffung und Auswertung Kosten verursachen und nur begrenzt Zeit zur Verfügung steht. Begrenzt sind ebenso dessen Wissen und Können als Grundlage der Bildung von Z für eine bestimmte Zeitspanne. Unsicherheit resultiert aus der Tatsache, dass unbekannt ist, welche Möglichkeiten überhaupt bestehen und welche dieser Möglichkeiten der Wahrheit am nächsten kommen[235]. Da selbst unter Anwendung allen verfügbaren Wissens die Konsequenzen der Alternativen unbestimmt bleiben müssen, liegt immer ein Fall „rationaler Indeterminiertheit" vor[236]. Daraus folgt:

(1) Es besteht die Gefahr, dass bei jeder Handlungsmöglichkeit neben geplanten auch ungeplante (plan- und nichtplanbare) künftige Zustände der Welt (Überraschungsereignisse) eintreten können, was dem Planenden bewusst sein sollte[237].

(2) Es fehlen Kenntnisse darüber, inwieweit nach Ergreifen von Handlungen Ziele verwirklicht oder verfehlt werden.

---

[234] Vgl. Schneider, Betriebswirtschaftslehre: Band III, Theorie der Unternehmung, 1997, S. 39-40.

[235] Vgl. Arrow, Wo Organisation endet - Management an den Grenzen des Machbaren, 1980, S. 32.

[236] Vgl. Gäfgen, Theorie der wirtschaftlichen Entscheidung, 1963, S. 107.

[237] Vgl. Katzner, Time, Ignorance, and Uncertainty in Economic Models, 2001, S. 121.

(3) (1) und (2) sowie Ungleichverteilung von Wissen erlaubt lediglich eine begrenzte Planbarkeit von Zukunftslagen.[238]

Unsicherheit so verstanden basiert auf *Informationsrisiken* ($R_{\bar{I}}$). Gründe dafür sind vor allem

(a) unvollständiges Wissen über tatsächlich vorliegende Zustände und über Vergangenes (betrifft Wissen über eigene Mittel und Möglichkeiten, Kunden und Konkurrenten).

(b) bei vorliegendem zutreffenden Wissen:[239]

(ba) Auftreten von Denkfehlern beim Schließen von Tatsachen auf zukünftige Zustände und deren Glaubwürdigkeiten (fehlendes Wissen um Theorien, Logik, Mathematik),

(bb) unter Berücksichtigung von (beschränktem) Theoriewissen zwar logisch fehlerfreie Erwartungsbildung, gleichsam fußend jedoch auf Fehlbeurteilungen künftiger Mittel und Handlungsmöglichkeiten anderer Akteure,

(bc) Verringerung von Planungszeiten und Planungsaufwand durch vom Planenden zu vertretende Gründe, so dass Ursachen für Einkommensunsicherheiten übersehen wurden.

Informationen bilden die Grundlage der Verringerung von Gefahren aus Überraschungsereignissen, weil es durch die Auswertung der in ihnen enthaltenen Signale gelingen kann, aus der Menge überhaupt denkbarer Resultate von Alternativen eine bestimmte Teilmenge abzugrenzen[240]. Es könnten verschiedene Arten von Informationen unterschieden werden. Oft liefern diese aber lediglich unscharfes Wissen über realisierte Werte, Strukturen ökonomischer Systeme, Erwartungen von Wirtschaftssubjekten oder Wahrscheinlichkeiten, mit denen die Werte interessierender Variablen eintreten sollen[241]. Informationen

---

[238] Vgl. Schneider, Betriebswirtschaftslehre: Band III, Theorie der Unternehmung, 1997, S. 43-45.

[239] Vgl. Schneider, Betriebswirtschaftslehre: Band III, Theorie der Unternehmung, 1997, S. 103-104.

[240] Vgl. Gäfgen, Theorie der wirtschaftlichen Entscheidung, 1963, S. 130.

[241] Vgl. Heinemann, Rationalisierbare Erwartungen, 1995, S. 84.

können allgemein im Sinne des Wissensbestandes über Vergangenheitsereignisse (Tatsachen), Ziele, Handlungsmöglichkeiten und der auf Märkten erworbenen Entscheidungshilfen verstanden werden, repräsentiert durch menschliche Sprache[242]. Eine Informationen ist jedoch durch eine besondere Eigenschaft geprägt, denn es handelt sich um ein unteilbares Gut (indivisible commodities), so dass der Eigentümer einer Information als Monopolist angesehen werden kann. Die Informationsbeschaffung erfolgt auf Märkten, durch eigene Forschung und Entwicklung, jedoch ebenso illegal[243] und ist als Prozess zu verstehen, der Ressourcen bindet und daher Wirtschaftlichkeitsüberlegungen unterliegt, wobei die dafür benötigten Informationen zunächst ebenfalls regelmäßig nicht verfügbar sind und selbst beschafft werden müssen. Damit wird das Informationsproblem mindestens zweistufig.[244]

Eine Information hat nur dann einen ökonomischen Wert, wenn derjenige, der sie erwerben will, einen größeren Nutzen erzielen kann als im Fall des Fehlens dieser Information, wobei der Nutzen von der jeweiligen individuellen Nutzenfunktion abhängt[245]. Der Wert könnte letztlich positiv, negativ oder null sein.[246] Eine exakte individuelle Informationswertermittlung muss aber bereits an der Anzahl zu berücksichtigender vorliegender Informationen und Weltzustände scheitern sowie daran, dass mögliche Informations-Überraschungsereignisse eintreten können. Nicht übersehen werden darf jedoch, dass das Informationswertkonzept ein ex-ante Kalkül ist und daher mit Erwartungswerten arbeitet.[247] Eine Preis- und Mengenbestimmung scheitert letztlich am fundamentalen Problem der Nachfrage nach Informationen, das nicht nur z. B. auf der Unteilbarkeitseigenschaft basiert. Schwerer wiegt hier das Paradoxon, dass der Wert der In-

---

242 Vgl. Bode, Der Informationsbegriff in der Betriebswirtschaftslehre, 1997, S. 459.

243 Ebenso Arrow, denn Informationen zu reproduzieren oder durch Piraterie zu erwerben ist kostengünstiger als neue zu erfinden, vgl. Arrow, Information and the Organization of Industry, 1994, S. 113.

244 Vgl. Loitlsberger, Zum Informationsbegriff und zur Frage der Auswahlkriterien von Informationsprozessen, 1963, S. 124.

245 Vgl. Hirshleifer/Riley, The Analytics of Uncertainty and Information, 1994, S. 200.

246 Vgl. Lawrence, The Economic Value of Information, 1999, S. 6.

247 Vgl. Laux, Grenzen einer Informations- und Entscheidungstheorie, 1996, S. 510-511.

formation[248] für den potentiellen Erwerber im Zeitpunkt des Erwerbs nicht bekannt ist, vielmehr erst später nach dessen Gebrauch bekannt sein wird[249]. Ist eine Information aber erst einmal bekannt, kann sie grundsätzlich auch durch andere genutzt werden, gleichgültig, ob der Eigentümer einen alleinigen Anspruch besitzt. Einmal geschaffen, besitzt sie nicht die Eigenschaft anderer Wirtschaftsgüter, nämlich die der Knappheit. Dieser Fakt macht es schwierig, Informationen einen tatsächlichen Wert beimessen zu können.[250] Ein möglicher Informationsnachfrager wird deshalb eher auf vage Vermutungen oder Erfahrungen vertrauen und fehlendes Wissen ersetzen durch zumeist unbeholfen wirkende Denk-Alternativen. Es konnte daher noch keine Begründung der Notwendigkeit einer Ökonomisierung von Informationssammlungs- und Verarbeitungskosten gefunden werden. Informationssammelverfahren sind von Natur aus überaus ineffizient.[251]

Im Anschluss an die Informationsbeschaffung muss eine korrekte Informationsauswertung erfolgen. Informationsauswertung sei kontextuell zu verstehen als:[252]

1. entscheidungsproblembezogene Umsetzung von Informationen mit Hilfe von Theorien in Prognosen über Folgen erwogener Handlungen,
2. Umsetzung von Informationen mit Hilfe von Theorien in Beurteilungen über tatsächliche Handlungen (Kontrollen).

Im Modell des Entscheidungsprozesses kann Planbarkeit von Zukunftslagen nicht aus Sicht des persönlichen Wissensstandes eines planenden Unternehmers verstanden werden, sondern in einem „situationslogischen“ Sinne - aus Sicht

[248] Arrow wendet sich gegen Marschak (Marschak, Jacob, Remarks on the Economics of Information, In: Contributions to Scientific Research in Management, Western Data Processing Center, 1959, University of California, Los Angeles, S. 79-98, hier S. 80) der den Wert einer Information mit dem Preis der Nachfrage gleichsetzt, jedoch Nutzen mit Kosten vergleicht, statt das Nettoeinkommen durch die Nutzenfunktion zu bewerten, vgl. Arrow, The Value of and Demand for Information, 1986, S. 137.

[249] Vgl. Arrow, Essays in the Theory of Risk-Bearing, 1976, S. 150.

[250] Vgl. Arrow, Information and the Organization of Industry, 1994, S. 113.

[251] Vgl. Rutherford, Rational Expectations in the Light of Modern Psychology, 1990, S. 135-136.

[252] Vgl. Schneider, Betriebswirtschaftslehre: Band III, Theorie der Unternehmung, 1997, S. 74.

eines geschulten außenstehenden Beobachters[253]. Daraus folgt:

Handlungen, die auf die Bildung von Z abzielen[254], sollen bezüglich notwendiger Informationsverwertung (Informationsbeschaffung und Informationsauswertung) bestimmten Maßgaben (ψ) entsprechen:

Während Informationsbeschaffung die Maßgaben

(a) Vollständigkeit,

(b) Genauigkeit,

(c) Glaubwürdigkeit,

(d) Rechtfertigung (des Informationsbeschaffungsaufwands[255])

unter Berücksichtigung der zeitlichen Restriktionen betrifft, soll Informationsauswertung zur

(e) vernünftigen Erwartungsbildung und

(f) Formulierung notwendiger bedingter Handlungsanweisungen (Formieren)

führen.

Die Maßgaben ψ bezwecken zum einen die Verbesserung des Informationsstandes über mögliche z[256] als Voraussetzung der Abschwächung von Unsicherheit. Die Menge der z ist, soweit nötig, vom Zeitpunkt des Beginns der Informationsbeschaffung t bis zum Zeitpunkt der Entscheidung (Decision D) t'_D ($t \xrightarrow{\Delta} t'_D$, $t' > t$) anzupassen.

Zum anderen bezwecken die Maßgaben ψ die Sicherstellung einer entscheidungsproblembezogenen Umsetzung der Informationen mit Hilfe von Theorie in Prognosen über Folgen erwogener Handlungen (Bildung der Teilmenge $Z(t) \subseteq W$). $Z(t)$ ist vom Zeitpunkt des Beginns der Teilmengenbildung t bis zum Zeitpunkt der Entscheidung (Decision D) t'_D ($t \xrightarrow{\Delta} t'_D$, $t' > t$) ständig anzupassen. Jedoch sind der Erforschung möglicher Weltzustände Grenzen gesetzt, die durch den Entscheider selbst festzulegen sind, aufgrund fehlender Referenzmaßstäbe aber nicht optimal bestimmt werden können und damit willkürbehaf-

---

253 Vgl. Schneider, Betriebswirtschaftslehre: Band III, Theorie der Unternehmung, 1997, S. 95.
254 Siehe S. 90.
255 Vgl. Klein/Scholl, Planung und Entscheidung, 2004, S. 138, 187.
256 Siehe S. 90.

tet bleiben[257]. Restriktionen bestehen aber nicht nur aufgrund knapper Ressourcen. Vor allem die Zwänge aufgrund der zeitlichen Restriktionen führen dazu, dass der Planende nicht in der Lage ist sicherzustellen, dass $|Z(t)| = |W(t)|$, so dass trotz ψ gilt: $|Z(t)| < |W(t)|$.

Eine Formulierung bedingter Handlungsanweisungen (Auswahlphase, Anwendung von Entscheidungsregeln[258]) als Grundlage (optionaler) Dispositionen erfordert die Konstruktion einer Rangordnung der Z, um nur diejenigen Zukunftslagen mit einer bedingten Handlungsanweisung zu belegen, die tatsächlich im Fokus des Unternehmers liegen sollten.

Es verbleiben Informationsrisiken ($R_{\bar{I}}$). Der resultierende Überraschungsgrad ist zu akzeptieren.

Unsicherheit in dem hier verwendeten Sinn kann durch Handlungen entsprechend ψ zwar *verringert* werden. Unmöglich hingegen ist die Bestimmung des Ausmaßes[259] einer Verringerung von Unsicherheit, da hierzu die Bedingungen „Entscheidung unter Ungewissheit" erfüllt sein müssten. Wären die Bedingungen jedoch erfüllt, würde sich ein Interesse an einem derartigen Ausmaß erübrigen.

Gleichzeitig aber hängt die Mächtigkeit von $Z(t)$ vom zugrunde gelegten Planungsverfahren ab. Es sind zwingend diejenigen Verfahren zu wählen, die in der Lage sind, bis zum Zeitpunkt der Entscheidung ($t \xrightarrow{\Delta} t'_D,\ \ t' > t$) alle diejenigen Z unverzüglich (ohne Verzögerung) und logisch korrekt zu bilden, die aufgrund der aus z stammenden Signale tatsächlich denkbar sind. Die Wahl muss dabei unter Beachtung von ψ erfolgen, gleichzeitig ist die Qualität der Verfahren einer permanenten Prüfung auf Basis erworbener Erfahrungen zu unterwerfen.

---

[257] Vgl. Winter, Economic „Natural Selection" and the Theory of Firm, 1964, S. 264.

[258] Dabei sind ebenfalls entscheidungstheoretische Denkmuster nicht abzulehnen, auch wenn die dafür notwendigen Bedingungen regelmäßig nicht erfüllt sind. Laux ist insoweit zu folgen, dass die Entscheidungstheorie ebenfalls lehrt, wie schwierig es ist, in realen Situationen Alternativen zu bewerten, wie vorläufig gewonnene Urteile sind und wie wichtig das Abwägen von Argumenten ist, die nicht explizit in Modelle eingeflossen sind, vgl. Laux, Grenzen einer Informations- und Entscheidungstheorie, 1996, S. 512.

[259] Z. B. Prozentangabe.

Auf dieser Grundlage führt eine Teilklassenverfeinerung von Z zur Bestimmung des eigentlichen Risikos, das eine Unternehmung betrifft:

a) $Z_\psi(t'_D) \subset W(t'_D)$ bildet die Klasse der Z, die Grundlage vernünftiger Erwartungsbildung sind.

b) $\overline{Z}_\psi(t'_D) \subset W(t'_D)$ bildet die Klasse der Z, die unter Zugrundelegung eines ψ entsprechenden Planungsverfahrens für eine bestimmte Zeitspanne aufgrund natürlicher Restriktionen nicht aus z oder wegen Unkenntnis um z[260] gebildet und daher nicht für möglich gehalten werden konnten.

   $\overline{Z}_\psi$ ist die verbleibende, nicht durch eine Planung zu beseitigende Unsicherheit und stellt die Gefahr *echter* Überraschungsereignisse dar. Diese Klasse charakterisiert die natürliche Eigenschaft des Erwerbsprozesses, der durch Strategien und Handlungsalternativen (ξ, u) vorgegeben ist.

c) $\overline{Z}_M(t'_D) \not\subset W(t'_D) \subset M$ bildet die Klasse der Z, die für eine bestimmte Zeitspanne aufgrund des Fehlens metaphysischen Wissens nicht für möglich gehalten werden konnten.

   $\overline{Z}_M$ stellt wie $\overline{Z}_\psi$ ebenfalls die Gefahr *echter* Überraschungsereignisse dar.

d) $Z_{\overline{\psi}}(t'_D)$ bilde die Klasse der Z, die in t'_D aufgrund Nichtbeachtung von ψ der Klasse $\overline{Z}$ angehören, obwohl diese in t'_D zwingend der Klasse Z zuzuweisen sind.

   $Z_{\overline{\psi}}$ stellt die Gefahr *unechter* Überraschungsereignisse dar. Diese Klasse charakterisiert nicht die natürliche Eigenschaft des Erwerbsprozesses, der durch ξ, u vorgeben ist. Diese Risikoklasse des Erwerbsprozesses stellt daher eine ungerechtfertigte Gefährdung der Unternehmung dar.

e) $W(t'_D) = Z_\psi(t'_D) \cup Z_{\overline{\psi}}(t'_D) \cup \overline{Z}_\psi(t'_D)$.

Diese Teilklassenverfeinerung ermöglicht die Konkretisierung eines Risikoverständnisses, das auf Manager als Leitungsorgane zutrifft:

1. Erwerbsprozess-Risiko $\overline{Z}_\psi$

   Das Erwerbsprozess-Risiko (unternehmerisches Wagnis) ist charakteristisch für die Unternehmung als ökonomische Organisationsform und macht daher

[260] Siehe S. 90.

das Besondere dieser Art der Einkommenserzielung aus[261]. Diese Art der Unsicherheit stellt *unvermeidbares* Risiko dar, weil ein Fall vernünftiger Erwartungsbildung vorliegt. Alle bewusst eingegangenen Chancen und Risiken wurden im Rahmen des Willensbildungs- und Entscheidungsprozesses berücksichtigt.

2. Schadens-Risiko $Z_{\overline{\Psi}}$

   Das Schadens-Risiko stellt *vermeidbares* Risiko dar.

   Das Schadens-Risiko soll wie folgt weiter unterteilt und unterschieden werden:

   (i) Das Risiko entstammt dem Problem unzureichender Informationsbasis und fehlender Exaktheit der Planung zu einem Zeitpunkt, so dass die Entscheidungsgrundlagen mangelhaft sind (kein Fall vernünftiger Erwartungsbildung).

   Es handelt sich um das entscheidungsvorgelagerte Schadens-Risiko.

   (ii) Das Risiko resultiert aus im Willensbildungs- und Entscheidungsprozess bewusst eingegangen Risiken, für deren Handhabung

   (a) keine bedingten Handlungsanweisungen ergangen sind,

   (b) bedingte Handlungsanweisungen ergangen sind, die aber nicht kontrolliert, nicht durch Vollzugsmeldung und Feedback kommuniziert werden.

   Es handelt sich um das entscheidungsnachgelagerte Schadens-Risiko.

Zwischen den Schadens-Risiko-Teilklassen bestehen Interdependenzprobleme, weil fehlende Informationen aufgrund (ii) wieder zu fehlerhaften Entscheidungsgrundlagen gemäß (i) führen.

---

[261] Vgl. Knight, Risk, Uncertainty, and Profit, 1971, S. 232. Nach Ansicht z. B. Jacobs soll aber Risiko nur dann bestehen, wenn infolge der Unsicherheit nicht jenes Aktionsprogramm verwirklicht werden kann, das für die tatsächlich eintretende Datensituation zieladäquat ist und die Abweichung vom festzulegenden Mindestgewinn nicht durch die Anpassungsfähigkeit der Unternehmung gering gehalten werden kann. Zu unterscheiden sei zeitlich-horizontale (Anpassungsfähigkeit bei vorgegebenem Produktionsapparat) sowie zeitlich-vertikale Flexibilität (Aus- und Umgestaltung des vorgegebenen Produktionsapparats). Dabei soll es gelingen, Flexibilitätsgrade abzuleiten, vgl. Jacob, Unsicherheit und Flexibilität. Zur Theorie der Planung unter Unsicherheit, 1974, S. 322-323; A. A. Schneider, Flexible Planung als Lösung der Entscheidungsprobleme unter Ungewißheit?, 1971, S. 841, der die Messbarkeit bestreitet.

Es liegt ein materielles[262] Risikoverständnis zugrunde, denn Schadens-Risiken basieren jeweils auf dem vom Leitungsorgan zu vertretenen unzureichenden Informationsstand über unternehmensexterne wie über unternehmensinterne Gegebenheiten. Ein dadurch möglicherweise ausgelöstes *unechtes* Überraschungsereignis stellt einen durch die Rechtsordnung negativ zu bewertenden Außenwelterfolg dar, soweit daraus

a) ein überraschender Verlust an Konsumtauschmitteln (Geld, Güter) (überraschender Auszahlungsüberschuss über die Einnahmen)

   oder

b) die bestandsgefährdende Wirkung eines endgültigen Verlustes mit der Folge des Ausscheidens des Unternehmens aus dem Erwerbsprozess

resultiert.

Aus Sicht eines geschulten außenstehenden Dritten liefert ein verantwortlicher Manager in t''' letztlich nur dann eine retrospektive Begründung dafür, dass ein tatsächlich realisiertes Z in t'' ($t'_D < t'' < t'''$) zum Zeitpunkt der Entscheidung (t'_D) nicht für möglich gehalten werden konnte und daher sowohl in t'_D als auch in t''' von einem Fall vernünftiger Erwartungen auszugehen ist, wenn galt: $Z(t'') = \overline{Z}_M(t'_D)$. $Z_{\overline{\Psi}}$ ist als unscharfe Menge[263] ($\widetilde{Z}_{\overline{\Psi}}(t'_D)$) anzusehen, da auch retrospektiv Beurteilungsspielraum verbleibt[264]: $\widetilde{Z}_{\overline{\Psi}}(t'_D) = \{Z_{t'_D}, \mu_{\widetilde{Z}_{\overline{\Psi}}}(\hat{B}_{t'''}(Z_{t'_D})) \mid Z \in M\}$ mit

$$\mu_{\widetilde{Z}_{\overline{\Psi}}} = \begin{cases} 0 \rightarrow \hat{B}_{t'''}(Z \in Z_{\Psi}(t'_D)) = 0 \\ 0 < \mu_{\widetilde{Z}_{\overline{\Psi}}} < 1 \rightarrow \hat{B}_{t'''}(Z \in Z_{\Psi}(t'_D)) = [L, U] \\ 1 \rightarrow \hat{B}_{t'''}(Z \in Z_{\Psi}(t'_D)) = 1. \end{cases}$$ [265]

---

262 Siehe S. 37.

263 Vgl. z. B. Zimmermann, Fuzzy set theory - and its applications, 2001, S. 12.

264 Siehe Judikatur S. 78.

265 Mit $\hat{B}$ = Glaubwürdigkeitsgrad der Argumentation. Für die Intervallgrenzen gilt: $0 < L < U < 1$.

3.4.2 Möglichkeiten und Grenzen der Risikoerkennung und Handhabung

Ob ein von der Rechtsordnung negativ bewerteter Außenwelterfolg durch ein bestimmtes Handeln der verantwortlichen Organe einer Gesellschaft vermeidbar ist und eine Verhinderung im Rahmen der Pflichten aufgrund von anerkannten Grundsätzen und Maßnahmen erwartet werden darf, betrifft das Problem, inwieweit begründete Möglichkeiten und Grenzen des Erkennens von Risiken und deren Handhabung wirklich bestehen. Dieses Problem ist verbunden mit der Notwendigkeit einer Differenzierung zwischen Fähigkeiten von Managern, Risiken beim Versuch der Erzielung von Spekulations- und Arbitragegewinnen und bei der Durchsetzung von Änderungen gegenüber Mitarbeitern und Anteilseignern zur Erhaltung wirtschaftlicher Führerschaft erkennen und handhaben zu können, und Pflichten von Managern, Risiken erkennen und handhaben zu müssen.

Das Problem der Informationsrisiken ($R_{\bar{I}}$[266]) als Grund für mögliche Überraschungsereignisse betrifft alle grundlegenden Managementfunktionen[267]. Diese sind daher problembezogen zu untersuchen.

3.4.2.1 Planung

Der Planungsbegriff wird nicht einheitlich verwendet. Es könnte wie folgt unterschieden werden:[268]

i) Planung kann als spezifische Aufgabe, Funktion oder Tätigkeit, methodische Handlungsvorbereitung oder im engeren Sinne als eine methodische Entscheidungsvorbereitung verstanden werden. Damit wird Planen zum Entwerfen einer Ordnung, nach der sich Vorgänge vollziehen sollen. Ziel ist ein ruhiger, geordneter und gegen Störungen abgesicherter Gang des betrieblichen Geschehens, abgeschirmt von zufällig erscheinenden Einbrüchen

---

[266] Siehe S. 92-94.

[267] Siehe S. 32.

[268] Vgl. Uphus, Möglichkeiten zur Koordination von Teilplanungen des Unternehmens unter besonderer Berücksichtigung kybernetischer Aspekte, 1972, S. 14-15.

gesamtwirtschaftlicher Ereignisse und Unvorhergesehenem im technisch-organisatorischen Bereich.[269]

ii) Planung kann als Führungsinstrument, als Führungsprinzip verstanden werden und soll sich auf bestehende Probleme und Aufgaben beziehen. Neue Denk- und Handlungsweisen sind gefragt.

iii) Planung kann institutionell verstanden und abgegrenzt werden. Planung ist daher als Funktion oder Tätigkeit einem bestimmten Personenkreis zuzuordnen. Eine engere Abgrenzung würde sich lediglich auf Führungshierarchiestufen oder Organisationseinheiten (z. B. Stabsstelle, verselbständigte Organisationseinheiten) beziehen.

Im Folgenden soll das Planungsverständnis gemäß i), iii) zugrunde gelegt werden.

Die Erklärung zweckbewussten Handelns in einem Planungsmodell verlangt, dass mehrere Planungsstufen vollständig, wenn auch nicht zwingend nacheinander, durchschritten werden:[270]

1. Zielbildung: Es umfasst das Bemühen, von Bedürfnissen und Neigungen (Wünschen) unter Berücksichtigung der Risikoeinstellung darauf zu schließen, was bei einem Wahlproblem erreicht werden soll, z. B. ein möglichst sicheres Mindesteinkommen.
2. Mittelbestimmung: Es sind alle vorhandenen und beschaffbaren Mittel (Dienste, Sachen, Verfügungsrechte) aufzulisten, die für ein beabsichtigtes Handeln eingesetzt werden sollen. Wie und wann sie eingesetzt werden, wird neben den Zielen auch durch erkannte Handlungsmöglichkeiten bestimmt.
3. Handlungsmöglichkeiten: Diese umfassen Tun oder Unterlassen. Eine Entscheidungssituation erfordert mindestens zwei Alternativen. Handlungsmöglichkeiten begründen sich auf Fähigkeiten, die es zu erlernen oder zu erarbeiten gilt. Jedoch sind nicht nur eigene, sondern ebenfalls Handlungsmöglich-

[269] Vgl. Gutenberg, Planung im Betrieb, 1952, S. 671-672.

[270] Vgl. Schneider, Informations- und Entscheidungstheorie, 1995, S. 22, im Folgenden S. 22-29; vgl. auch Gutenberg, Unternehmensführung. Organisation und Entscheidungen, 1962, S. 77-91 mit der Beschreibung einer „typischen Entscheidungssituation"; vgl. Steinle, Führung, 1978, S. 108-111.

keiten Fremder einzubeziehen, soweit eigene Handlungsmöglichkeiten beeinflusst werden können[271].

4. Zukunftslagen: Für jedes Z eines (festgelegten) Planungszeitraums ist abzuschätzen, welchen Beitrag die einzelne Handlungsmöglichkeit zum Erreichen eines Zieles unter Berücksichtigung des nötigen Mitteleinsatzes leisten kann. Dabei ist jedes Z mit einem Glaubwürdigkeitsurteil zu versehen.
5. Handlungsalternativen: Diese entstehen durch Zusammenfassung mehrerer Handlungsmöglichkeiten zu Handlungsprogrammen, die sich gegenseitig ausschließen und für die jeweils der gleiche Mittelvorrat einzuplanen ist, um Vergleichbarkeit zu gewährleisten. Prognoserechnungen sind dann anwendbar, wenn die Zielbeiträge der einzelnen Handlungsmöglichkeiten eine quantitative Abbildung ermöglichen. Für jedes Z werden Handlungsmöglichkeiten und Mitteleinsätze kombiniert (Entstehung von Handlungsprogrammen für ein Z). Die Handlungsalternativen aller Zukunftslagen sind zusammenzufassen. Dabei ist jedoch einer flexiblen Planung, die Durchführung der Prognoseplanung für jeden Handlungszeitpunkt des Planungszeitraumes eines jeden Z, durch fehlendes Wissen enge Grenzen gesetzt.[272]
6. Entscheidungsregel: Diese definiert, was bei jeweiliger Vorgabe der obigen Stufen als vernünftige Auswahl gelten soll. Die Definition einer Entscheidungsregel ist regelmäßig mit Schwierigkeiten konfrontiert, da nicht alle Zielbeiträge quantitativ messbar sind und Zielkonkurrenz besteht. Tatsächliche Entscheidungen, die von Empfehlungen einer Entscheidungsrechnung abweichen, können nicht als irrational bezeichnet werden, da bei nicht quantifizierbaren Zielbeiträgen lediglich bedingte Entscheidungshilfen vorliegen. Zudem lässt sich zeigen, dass alternative Auswahltechniken in bestimmten Situationen zu besseren Entscheidungen führen als kalkulierte Rationalität[273]. Soweit

[271] Vgl. Mag, Planungsstufen und Informationsteilprozesse, 1971, S. 810.

[272] Vgl. Klein/Scholl, Planung und Entscheidung, 2004, S. 207-208, Problembeschreibung und Entscheidungsbau S. 419-420.

sich Entscheidungen weder als eindeutig vernünftig noch als eindeutig unvernünftig darstellen, sollen sie arational heißen.[274]

7. Zweckbewußtes Handeln: Für beobachtetes zu erklärendes Handeln ist zu unterstellen, dass es zweckbewußt erfolgt, um situationslogisch untersuchen zu können, welche Inhalte dem Entscheidungsmodell zugrunde lagen.

Was Planung anstreben soll ist kein vollständiges betriebliches Novum, sondern lediglich ein Höchstmaß an methodischem Durchdenken und Vorausbedenken technischer, finanzieller, organisatorischer und akquisitorischer Tatbestände und Möglichkeiten. Diese Strenge der Methodik gilt aber nicht nur für die einzelnen Planungsbereiche, sondern auch für deren Abstimmung und Koordination.[275] Für Entscheidungen unter Unsicherheit folgt weiter:

1. Entscheidungsfindung, Inhalt der Planung sowie die Fähigkeit zur Durchführung geplanter Handlungen sind abhängig vom Zusammenwirken bestimmter Faktoren: Genauigkeit der Planung, Umfang berücksichtigter Zeitreihen, angestrebter Aktionsradius und die Fähigkeit zur schnellen Entscheidungsfindung[276].
2. Die Exaktheit der Planung ist abhängig von der Wahl des Planungszeitraums und der Überschaubarkeit erwarteten wirtschaftlichen Geschehens. Die Planung soll elastisch[277] gehalten sein, erforderliche Zeit-, Kapazitäts- und Beständereserven enthalten und die Planungsgrundlagen einer ständigen Kontrolle unterworfen sein.[278]

---

[273] Vgl. March, Beschränkte Rationalität, Ungewißheit und die Technik der Auswahl, 1990, S. 322.

[274] Vgl. Schneider, Informations- und Entscheidungstheorie, 1995, S. 28.

[275] Vgl. Gutenberg, Planung im Betrieb, 1952, S. 677.

[276] Vgl. Knight, Risk, Uncertainty, and Profit, 1971, S. 243.

[277] Insbesondere im Rahmen der Diskussionen zur flexiblen Planung ist wegen der notwendigen Klarheit zwischen Flexibilität und Elastizität der Planung zu differenzieren. Flexibilität soll dabei die Eigenschaft eines Planungsverfahrens bezeichnen, das durch die Vorgehensweise gekennzeichnet ist, Eventualentscheidungen für spätere Zeitpunkte zu treffen, soweit früher gewählte Alternativen noch Entscheidungsspielraum belassen. Elastizität hingegen soll sich auf die Eigenschaft eines Plans, eines bestimmten Aktionsprogramms beziehen und verdeutlichen, inwieweit für zukünftige Zeitpunkte Entscheidungsspielraum verbleibt; vgl. Hax/Laux, Flexible Planung - Verfahrenregeln und Entscheidungsmodelle für die Planung bei Ungewißheit, 1972, S. 322.

[278] Vgl. Gutenberg, Planung im Betrieb, 1952, S. 678.

Mit der Annahme des Planes für den Planungszeitraum, der grundsätzlich eine Aufgabenplanung darstellt, ist jeder Arbeitsbereich der Unternehmung verpflichtet, bestimmte Ziele, ein „Soll“, zu erreichen, ohne deren Vorgabe die Voraussetzung von Nachrechnung, Plananpassung und Rechenschaft nicht gegeben wäre. Dabei muss die Nach- und Betriebsrechnung so durchgeführt werden, dass die Analyse des kurzfristigen Erfolgs ein zahlenmäßiges Bild des Beitrags der einzelnen Abteilungen zum Gesamterfolg sichtbar macht. Denn nur die Abteilung und nicht der Auftrag kann Erfolgsträger sein.[279] Jedoch besteht ein volkswirtschaftliches Bestands- oder Erhaltungsinteresse einer Unternehmung grundsätzlich nur dann, wenn dieses zur Rentabilität fähig ist. Es kann kein öffentliches Interesse an der Konservierung vorhandener Unternehmens- oder Leitungsstrukturen bestehen, weil der Untergang nicht mehr konkurrenzfähiger Unternehmen nicht nur selbstverständlich, sondern volkwirtschaftlich prinzipiell wünschenswert ist.[280] Insoweit kommt es auf die Erhaltung der Fähigkeit zur Rentabilität an. Dieses Bemühen ist ein Bemühen um Minimierung von unternehmerischen Fehlentscheidungen des Vorstands, was Klarheit über mögliche Ursachen von Fehlentscheidungen voraussetzt. Mögliche Ursachen sind insbesondere die unrichtige oder fehlerhafte Kenntnis von Entscheidungsgrundlagen sowie die falsche Auswertung richtiger und vollständiger Informationen.[281]

Ein Manager unterliegt jedoch einer Reihe von Restriktionen, die es zu berücksichtigen gilt. Diese betreffen vor allem die Fähigkeiten zur Erstellung von Prognosen. Prognosen sind Aussagen über Realisationen zukünftiger Ereignisse, gestützt auf Erfahrungen aus der Vergangenheit und sachlogischen Begründungen, jedoch begrenzt durch Prämissen[282]. Prognosen im engeren Sinne sind Umwelt-, Wirkungs- und Ergebnisprognosen. Zwischen ihnen bestehen in der Regel Interdependenzen.[283] Planungen sind Prognosen, jeweilig Spiegelbilder möglicher künftiger Zustände von Weltausschnitten. Vorteile ergeben sich da-

---

279 Vgl. Schneider, Grundsätzliches zur Planung und Standardkostenrechnung, 1940, S. 236, 238.
280 Vgl. Mertens, Korreferat, 1977, S. 275.
281 Vgl. Semler, Leitung und Überwachung der Aktiengesellschaft, 1996, S. 48.
282 Vgl. Hahn, Allgemeine Betriebswirtschaftslehre, 1997, S. 382.
283 Vgl. Klein/Scholl, Planung und Entscheidung, 2004, S. 264.

her aus solchen Prognosen, die empirisch tatsächlich bestätigt werden. Insoweit kommt es darauf an, Ursachen und Wirkungen zu erkennen.

Die Erklärung eines speziellen Ereignisses wird häufig verstanden als Hinweis auf das, was es verursacht hat. Dies setzt jedoch Gesetze voraus, die „Ursachen" und „Wirkungen" verknüpfen. Soweit diese vorliegen, stimmen kausale Erklärungen und deduktiv-nomologische Erklärungen überein[284]. Nach traditioneller Auffassung der Empiristen ist der Weg von der Erfahrung zur Hypothese vorgegeben: Sammeln einzelner Daten und Aufstellung einer generellen Hypothese mittels irgendwelcher induktiver Regeln[285]. In diesem Fall ergibt sich die Eigenschaft, dass Erklärung und Prognose in ihrer logischen Struktur gleich sind. Sie unterscheiden sich lediglich in ihren pragmatischen Begleitumständen: im Erklärungsfall ist das Explanandum zuerst bekannt, das Explanans wird hinzugefügt; im Prognosefall ist das Explanans (Prognoszens) zuerst bekannt, das Prognoszendum wird daraus abgeleitet.[286] Die Prüfung der Hypothese besteht in der empirischen Anwendung, da das Prognoszendum (Folgerung) später eintritt. Insoweit liegt ein deduktives Prüfverfahren vor. Soweit die Entscheidung positiv ausfällt, die Folgerung anerkannt wird, hat die Hypothese die Prüfung vorläufig bestanden, wurde verifiziert bzw. hat sich bewährt. Fällt die Entscheidung negativ aus, wird die Folgerung und damit auch die Hypothese falsifiziert.[287]

Neben deduktiv-nomologischen Erklärungen können deduktiv-statistische Erklärungen und induktiv-statistische Erklärungen unterschieden werden.

Deduktiv-statistische Erklärungen enthalten die Ableitung statistischer Gesetzesaussagen aus einem Explanans, in dem mindestens ein Gesetz statistischer Art als unentbehrliche Prämisse auftritt. Dabei wird die Ableitung der statistischen Gesetzesaussage durch die mathematische Theorie der statistischen Wahrscheinlichkeit bewerkstelligt. Deduktiv-statistische Erklärungen sind Erklärungen von Gesetzmäßigkeiten statistischer Form. Indem auf Wahrscheinlichkei-

284 Vgl. Hempel, Aspekte wissenschaftlicher Erklärungen, 1977, S. 20.
285 Vgl. Essler, Wissenschaftstheorie II: Theorie und Erfahrung, 1971, S. 7.
286 Vgl. Hempel, Aspekte wissenschaftlicher Erklärungen, 1977, S. 43.
287 Vgl. Popper, Logik der Forschung, 1994, S. 8.

ten, die empirisch ermittelt oder hypothetisch angenommen werden, zurückgegriffen wird und die im Explanans anzugeben sind, können Wahrscheinlichkeiten, auf die im Explanandum Bezug genommen wird, abgeleitet werden.[288]
Im Gegensatz dazu erweisen sich Erklärungen von speziellen Tatsachen oder Einzelereignissen, die auf statistisch-probabilistischen Gesetzen basieren, als Argumente, die in dem Sinne induktiv oder probabilistisch sind, als das Explanans dem Explanandum lediglich einen Grad an induktiver Stütze oder logischer (induktiver) Wahrscheinlichkeit verleiht. Es handelt sich um induktiv-statistische Erklärungen. Besitzt das zugrundeliegende statistische Gesetz elementare Form, handelt es sich um elementare induktiv-statistische Erklärungen.[289]
Hier offenbaren sich Problembereiche, weil in den Wirtschafts- und Sozialwissenschaften induktiv-statistische Erklärungsfälle vorherrschen. Zum einen betrifft dies die Verwendung von Wahrscheinlichkeiten als Versuch des Umgangs mit unsicherem Wissen, die Abschätzung der Tendenz des Eintretens der für möglich gehaltenen Zukunftslagen Z, die für Planungszwecke gebildet werden, was gerade im Rahmen der Diskussionen zum Risikomanagement als zwingend notwendig erachtet wird. Zum anderen betrifft dies Erkennungsprobleme bei der Suche nach Ursachen und Wirkungen und der damit verbundenen Gefahr von Fehlbeurteilungen.

3.4.2.1.1 Wahrscheinlichkeiten

Was unter Wahrscheinlichkeit zu verstehen ist, bleibt unbekannt, da Wahrscheinlichkeit vielfältig z. B. implizit definiert, nach bestimmten Methoden numerisch spezifiziert oder nach der Stellung im Erkenntnisganzen charakterisiert werden kann[290]. Der Wahrscheinlichkeitsbegriff ist mehrdeutig und verschiedenen Interpretationen zugänglich[291]. Schwierigkeiten resultieren nicht bloß daraus,

---

288 Vgl. Hempel, Aspekte wissenschaftlicher Erklärungen, 1977, S. 60.
289 Vgl. Hempel, Aspekte wissenschaftlicher Erklärungen, 1977, S. 66.
290 Vgl. Menges, Grundriß der Statistik Teil 1: Theorie, 1972, S. 29.
291 Eine Übersicht findet sich z. B. bei Stegmüller, Probleme und Resultate, Band IV Teil A, 1973, S. 133.

dass der Wahrscheinlichkeitskalkül unterschiedlicher Deutung fähig ist. Vielmehr basiert das Dilemma auf der Tatsache des Ausschließlichkeitsanspruchs der jeweiligen Deutung, so dass faktisch unterschiedliche probabilistische Weltanschauungen bestehen.[292]

Bei den Methoden der Messung ist zwischen objektiv a priori (logische), objektiv a posteriori (frequentistische) und subjektiv a priori (subjektive) Wahrscheinlichkeiten zu unterscheiden. Dabei weist die objektiv a priori Wahrscheinlichkeitsinterpretation gewisse Überschneidungen zu den objektiv a posteriori und subjektiv a priori Interpretationen auf. Ohne empirischen Befund, also deduktiv, wird Einzelereignissen einer gewissen Ereignisklasse eine Wahrscheinlichkeit zugeordnet. Solche Aussagen sind aus Sicht der Häufigkeitstheoretiker (frequentistische Interpretation) unzulässig, weil eine Wahrscheinlichkeit nicht einem einzelnen Ereignis, sondern nur unendlichen Ereignisfolgen zugeschrieben werden darf. Ausschließlich dann, wenn die logische Wahrscheinlichkeit mit Hilfe des Begriffs der objektiven Wahrscheinlichkeit (relative Häufigkeit) definiert wird, kann sie auch von den empirisch-induktiv orientierten Vertretern der Wahrscheinlichkeitsinterpretation anerkannt werden.[293] Die frequentistische Überschneidung bezüglich der logischen Wahrscheinlichkeit bezieht sich dabei auf den Grad des Wissens hinsichtlich eines Ereignisses, das zu einer bestimmten Bezugsklasse gehört, in der sich ein bestimmter Wahrscheinlichkeitsansatz bewährt. Aufgrund ungenügender Häufigkeitsaussagen reicht diese Information zwar nicht aus, das Merkmal eines Ereignisses zu prognostizieren, jedoch sollen unbestimmte Prognosen über das Einzelereignis zulässig sein. Nicht zulässig und damit subjektiv a priori ist eine unmittelbare, ohne statistisch-objektive Überprüfung vorgenommene, objektive Interpretation der logischen Wahrscheinlichkeit.[294] So basiert auch das Prinzip vom unzureichenden Grund auf der Überzeugung, dass, soweit kein Anlass zu der Annahme besteht, ein Merkmal eines Ereignisses verwirkliche sich eher als ein anderes,

[292] Vgl. Stegmüller, Probleme und Resultate, Band IV Teil A, 1973, S. 110.
[293] Vgl. Popper, Logik der Forschung, 1994, S. 162.
[294] Vgl. Popper, Logik der Forschung, 1994, S. 164.

Gleichmöglichkeit anzunehmen ist[295]. Auf empirische Befunde wird also, weil eine a priori Aussage vorliegt, verzichtet.
Die frequentistisch, statistisch-induktive Wahrscheinlichkeit ist nach ihrer Entstehung Resultat eines Wiederholungsvorgangs und Folge von Massenerscheinungen und damit als Grenzwert der relativen Häufigkeit auf lange Sicht zu interpretieren[296]. Dabei soll jede Teilfolge gegen den denselben Grenzwert streben[297]. Obgleich epistemologischen Einwänden am wenigsten ausgesetzt und gleichwohl praktisch wichtigste und am häufigsten angewandte Methode, ergeben sich Schwierigkeiten hinsichtlich des Bezugs zur Folge von Massenerscheinungen, denn bestimmte Teilfolgen werden entweder nicht konvergent sein oder aber gegen einen anderen Wert streben. Vor allem aber ist die Verwendung des Grenzwertbegriffs als Folge eines unendlichen Prozesses, der bei mathematischen Grenzwertbetrachtungen auf zulässigen Idealisieren beruht, nicht auf die Statistik übertragbar. In der Wirklichkeit stellt eine statistische Serie niemals eine mathematische Folge, eine relative Häufigkeit keinen Grenzwert dar, was auch ein Idealisieren nicht vermag.[298] Induktive Schlüsse auf dieser Basis benötigen besondere Bedingungen, da endliche Sequenzen unterschiedliche Wahrscheinlichkeiten besitzen, die es zu berücksichtigen gilt. Eine generelle Rechtfertigung für eine derartige Vorgehensweise muss daher erst gefunden werden.[299] Eine Theorie, die den Anforderungen genügen würde, die an die Induktion zu stellen sind, liegt indes nicht vor[300]. Insbesondere im wirtschaftlichen und sozialen Bereich besteht die Gefahr des Einflusses veränderter Ursachenkomplexe. Die Wahrscheinlichkeit wird zu einer Funktion der Zeit, die

295 Vgl. Menges, Grundmodelle wirtschaftlicher Entscheidungen, 1969, S. 25.
296 Vgl. Morgenstern, Einführung in die Wahrscheinlichkeitsrechnung und mathematische Statistik, 1968, S. 35.
297 Vgl. von Mises, Wahrscheinlichkeit, 1972, S. 16; vgl. Kolmogoroff, Grundbegriffe der Wahrscheinlichkeitsrechnung, 1933, S. 3-4.
298 Vgl. Waismann, Was ist logische Analyse?, 1973, S. 8, 10.
299 Vgl. Reichenbach, The Theory of Probability, 1971, S. 330-332.
300 Vgl. Jeffreys, Theory of Probability, 1961, S. 424.

es zu finden gilt.[301] Insoweit wurde versucht, die Voraussetzungen abzuschwächen[302].

Um einen rein theoretischen Begriff als Versuch objektiver Interpretation der Wahrscheinlichkeit handelt es sich bei der Propensität. Dieser basiert auf der Annahme, es handele sich bei Wahrscheinlichkeiten nicht um bloße Möglichkeiten, sondern um physikalische Wirklichkeiten. Durch die Propensitätstheorie soll erklärt werden, warum es unterschiedlich gewichtete Möglichkeiten gibt, nämlich Tendenzen der Verwirklichung, die allen Möglichkeiten in unterschiedlichem Maße innewohnen und daher Kräfte sind, Statistiken stabil zu halten.[303] Gleichwohl bleibt die Interpretation der Wahrscheinlichkeit eine Abschätzung von statistischen Frequenzen auf lange Sicht. Doch sind die einzelnen Sequenzen durch die jeweilige Art und Weise der Erzeugung ihrer Elemente geprägt (Bedingungen des Experiments), so dass die Beimessung der Wahrscheinlichkeiten genau durch diese Bedingungen bestimmt wird. Dies führt zwangsläufig zur Einschätzung, Wahrscheinlichkeiten seien dispositionale Eigenschaften dieser Bedingungen.[304]

Vorgeschlagen wurde ebenso, Wahrscheinlichkeit durch rein logische Überlegungen einzuführen. Ein derartiger Ansatz ist dadurch charakterisiert, dass bestimmte logische Beziehungen von Aussagen in den Mittelpunkt gestellt werden, wobei die Beziehung als „Grad der logischen Nähe“ zweier Aussagen bezeichnet wird.[305]

Die subjektive a priori Wahrscheinlichkeit kann als Grad der Überzeugung bezogen auf verfügbare Informationen interpretiert werden. Damit wird Wahrscheinlichkeit zu einem Grad der Übereinstimmung des Wissens bezüglich bestimmter Bedingungen und der rationalen Überzeugungen daraus resultierender

---

[301] Vgl. Menges, Grundriß der Statistik Teil 1: Theorie, 1972, S. 33.

[302] Z. B. Gillies, An Objective Theory of Probability, 1973, S. 114, der dafür plädiert, bestimmte unbedeutende Wahrscheinlichkeiten unter bestimmten Bedingungen zu vernachlässigen, um schneller Konvergenz zu erreichen.

[303] Vgl. Popper, Eine Welt der Propensitäten, 1995, S. 28.

[304] Vgl. Popper, The Propensity Interpretation of Probability, 1959, S. 37.

[305] Vgl. Waismann, Was ist logische Analyse?, 1973, S. 10-14; ähnlich vgl. Wittgenstein, Tractatus logico-philosophicus, 1999, 5.15, 5.156.

Ereignisse. In diesem Sinne handelt es sich um eine logische Relation.[306] Da aber jeder Mensch zur Angabe von kohärenten a priori Wahrscheinlichkeiten für das Eintreten eines Ereignisses X befähigt sein soll, kann Wahrscheinlichkeit durch einen Wert $\hat{x}$ ausgedrückt werden. Unterstellt wird dabei, dass ein Individuum jede Wette, die ein Wettpartner mit Gewinn $c(X|\hat{x})$ anbietet, akzeptiert, obgleich c vom Wettgegner selbst bestimmt wird und es zudem ohne Einfluss bleibt, ob c positiv oder negativ ist. Da jeder Mensch nur Wetten abschließt, aus denen er Gewinne erwartet, kann es keine lineare Kombination $Y = c(X_1|\hat{x}_1) + c(X_2|\hat{x}_2) + \cdots + c(X_n|\hat{x}_n)$ geben, bei der $\sup(Y)$ negativ wird.[307] Während aber nach *Keynes* für Gruppen von rationalen Individuen bei gegebenen Informationen die Wahrscheinlichkeitsbewertungen der Personen der Gruppe für ein bestimmtes Ereignis übereinstimmen sollen[308], handelt es sich nach *De Finetti* jeweils um individuelle Bewertungen, die für jedes Individuum unterschiedlich ausfallen können[309].
Grundsätzlich sollte hinsichtlich der subjektiven Wahrscheinlichkeit differenziert werden. Personalismus bezeichne die normative Deutung der subjektiven Wahrscheinlichkeit und ist daher als Überzeugungsgrad einer rationalen Person zu interpretieren, die diese haben sollte. Subjektivismus hingegen sollte im empirisch-deskriptiven Sinne verstanden werden und daher als Glaubensgrad, den eine reale Person (rational oder irrational) tatsächlich hat.[310]

Während die objektive (frequentistische) Wahrscheinlichkeit nicht dazu befähigt, Vorhersagen bestimmter interessierender Ereignisse zu stützen und diese daher nicht als akzeptable Wahrscheinlichkeitsinterpretation zugrunde gelegt

---

306 Vgl. Keynes, A Treatise of Probability, 1988, S. 4, 11-12. Zu Unterscheiden sind hier Probabilities und Weigth. „Weigth has to do with the evidence on which the probability relation is based.“, Dequech, S. 102. Bei Keynes gibt es drei unterschiedliche Ausgestaltungen von Weigth, vgl. Dequech, A Brief Note on Keynes, Unknown Probabilities and Uncertainty in a Strong Sense, 1997, S. 102.

307 Vgl. De Finetti, Theory of Probability, Volume 1, 1974, S. 87.

308 Vgl. Keynes, A Treatise of Probability, 1988, S. 19.

309 Vgl Gillies/Ietto-Gillies, Probability and economics in the works of Bruno De Finetti, 1987, S. 204.

310 Vgl. Stegmüller, Probleme und Resultate, Band IV Teil A, 1973, S. 131.

werden kann[311], lässt sich hingegen das personelle Programm verwirklichen[312]. Gleichwohl eingewandt wird, ob es nicht zweifelhaft sei, dass Wahrscheinlichkeit, soweit sie Urteile über die Realität abgebe, etwas anderes sein kann als objektiv, denn sie könne nicht möglicher Erlebnisinhalt sein; es gebe keine beweisbare Beziehung zwischen subjektiven Behauptungen, man glaube ein Ereignis habe eine bestimmte Wahrscheinlichkeit und der tatsächlichen Wahrscheinlichkeit des Eintretens dieses Ereignisses. Subjektive Wahrscheinlichkeit sei beschränkt interpersonell kommunizierbar, von emotionalen und intellektuellen Faktoren beeinflusst. Personelle Wahrscheinlichkeitsschätzungen weichen von der objektiven Wahrscheinlichkeit ab, deren Deformation von Individuum zu Individuum variiere. Menschen können nicht zwischen nahe bei einander liegenden Wahrscheinlichkeiten unterscheiden und seien nicht in der Lage, ihre „degrees of belief" ohne weiteres zu messen.[313]

Diese Kritik wäre dann berechtigt, soweit tatsächlich von der Gleichheit des Aussagegehalts objektiver und subjektiver Wahrscheinlichkeit ausgegangen wird. Während objektive Wahrscheinlichkeiten insbesondere in den Naturwissenschaften Anwendung finden[314], erfolgt der Rückgriff auf personale Wahrscheinlichkeiten im Rahmen von Entscheidungssituationen, in denen sich (rational) handelnde Individuen befinden. Soweit objektive Wahrscheinlichkeiten vorliegen würden, brauchte ein (rational) handelndes Individuum keine Anstrengungen unternehmen, um subjektive Wahrscheinlichkeitseinschätzungen zu erzeugen. Liegen diese nicht vor, müssen Entscheidungen dennoch getroffen werden. Personale Wahrscheinlichkeiten schließen die Lücke, die durch Nichtexistenz bzw. Nichtwissen objektiver Größen besteht. Keinesfalls jedoch sollen durch Angaben über Wettverhalten objektive Wahrscheinlichkeiten behauptet oder geschätzt, sondern lediglich der subjektive Glaube an den Eintritt eines bestimmten Ereignisses offengelegt werden. Dazu sei das entscheidende Individuum in der Lage, weil es über alle möglichen Zustände der Welt hinsichtlich

311 Vgl. Fine, Theories of Probability, 1973, S. 103, 212.
312 Vgl. Stegmüller, Probleme und Resultate, Band IV Teil A, 1973, S. 111.
313 Vgl. Kofler/Menges, Entscheidungen bei unvollständigen Informationen, 1976, S. 58-59.
314 Mit Ausnahmen z. B. der Quantenphysik, die durch Indeterminismus geprägt ist.

eines interessierenden Ereignisses eine Wahrscheinlichkeitsverteilung anzugeben in der Lage ist, auf dessen Grundlage bedingte personale Wahrscheinlichkeiten $P(A|p)$ für das interessierende Ereignis abgeleitet werden können. Die unbedingte personale Wahrscheinlichkeit $P(A)$ für das interessierende Ereignis lässt sich dann aus der gemeinsamen Verteilung der Zustände als Randverteilung bestimmen: $P(A) = \int P(A|p)dF(p)$.[315] Letztlich ist auch zu sehen, dass der wissenschaftliche Wahrscheinlichkeitsbegriff der personalen Wahrscheinlichkeit ein rationales Modell des vorwissenschaftlich-intuitiven Wahrscheinlichkeitsbegriffes darstellt, dieser weder den tatsächlichen Glauben irgendeiner Person wiedergeben kann und will, noch die Prinzipien, die für den tatsächlichen Glauben gelten. Auch geht es nicht um die Erforschung der Meinungen von Personen, sondern um die Erforschung der Strukturen von Wahrscheinlichkeitsannahmen, die unabhängig davon gelten, wie die Funktion P einer Person im Einzelnen aussieht. In Anwendungsfällen könnte es gelingen, die mehr oder minder unbestimmten Wahrscheinlichkeitsannahmen durch eine Menge infrage kommender Bewertungen P darzustellen, die in Entscheidungssituationen zu denselben Entscheidungen führen.[316] Fraglich bleibt aber, inwieweit Grundannahmen verschärft werden könnten, um zu interpersonal vergleichbaren Graden des Für-wahr-Haltens zu gelangen[317].

Die Formulierung von Anforderungen, die eine Person bei der Konstruktion von Wahrscheinlichkeiten erfüllen sollte, wird an der mathematischen Wahrscheinlichkeit orientiert. Diese wird durch die Angabe gewünschter, für zweckmäßig gehaltener Eigenschaften indirekt definiert. Darauf aufbauend erlangen nachfolgende Sätze Gültigkeit. Die Axiomatik erhebt dabei keinen Anspruch, das Wesen der Wahrscheinlichkeit zu bestimmen oder Realgeltung von Wahrscheinlichkeitsaussagen zu verbürgen[318]. Ziel ist ausschließlich die Definition

[315] Vgl. Schneeweiß, Kritische Bemerkungen zur Kritik am Wahrscheinlichkeitssubjektivismus, 1977, S. 226, 228.

[316] Vgl. von Kutschera, Wissenschaftstheorie I, Grundzüge der allgemeinen Methodologie der empirischen Wissenschaften, 1972, S. 47, 59.

[317] Vgl. Schneider, Betriebswirtschaftslehre: Band III, Theorie der Unternehmung, 1997, S. 166.

[318] Vgl. Kolmogoroff, Grundbegriffe der Wahrscheinlichkeitsrechnung, 1933, S. 3, hier Fußnote 1.

von gewünschten Eigenschaften und Relationen. Zwar kann auf diesem Weg der genaue Wert einer Wahrscheinlichkeit nicht ohne weiteres berechnet werden, jedoch besteht die Möglichkeit, darauf aufbauend Theorien zu entwickeln, die eine beliebig genaue Schätzung unbekannter Wahrscheinlichkeiten ermöglicht.[319] Die mathematische Wahrscheinlichkeit wird bezogen auf ein Merkmal innerhalb eines zu bildenden Kollektivs als die Gesamtheit von Erscheinungen, die sich im einzelnen durch irgendein beobachtbares Merkmal voneinander unterscheiden[320]. Ist Ω eine beliebige nichtleere und vollständige Menge von Elementarereignissen (e), so ist als Ausgangspunkt für die Schaffung eines erforderlichen Wahrscheinlichkeitsraumes eine σ-Algebra ($\mathcal{A}$) auf Ω zu definieren. $\mathcal{A}$ ist dabei die Klasse der Teilmengen von Ω, für die gilt:

(a) $\mathcal{A} \neq \emptyset$

(b) $\emptyset, \Omega \in \mathcal{A}$

(c) $A_1, A_2 \in \mathcal{A}, \Rightarrow \overline{A_1}, \overline{A_2} \in \mathcal{A}$

(d) $A_1, A_2 \in \mathcal{A}, \Rightarrow A_1 \cup A_2 \in \mathcal{A}$[321]

(e) $A_1, \ldots, A_i \in \mathcal{A}, i \in \mathbb{N} \Rightarrow \bigcup_{i=1}^{\infty} A_i \in \mathcal{A}$[322].

$\{\emptyset, \Omega\}$ die kleinste σ-Algebra, die Potenzmenge von Ω ($\mathcal{P}(\Omega)$) hingegen ist die größte σ-Algebra.

Unter Zugrundelegung (Ω, $\mathcal{A}$) existiert ein Meßraum über dem Stichprobenraum[323]. Ist P eine Abbildung $P : \mathcal{A} \rightarrow [0, 1]$ auf dem Meßraum (Ω, $\mathcal{A}$), so wird dieses Maß Wahrscheinlichkeitsmaß genannt, wenn folgende Eigenschaften erfüllt sind[324], welche sich auf eine Verteilung in einem Kollektiv beziehen[325]:

(f) $P(A) \geq 0 \qquad \forall A \in \mathcal{A}$

(g) $P(\Omega) = 1$

(h) $P(A_1 \cup A_2 \cup \ldots \cup A_\infty) = \sum_{i=1}^{\infty} P(A_i) \qquad$ (wobei $A_1 \cap A_2 \cap \ldots \cap A_\infty = \emptyset$)

319 Vgl. Bosch, Lehrbuch der Statistik, 1996, S. 158.

320 Vgl. von Mises, Wahrscheinlichkeit, 1972, S. 13.

321 Vgl. Širjaev, Wahrscheinlichkeit, 1988, S. 145.

322 Vgl. Krickeberg/Ziezold, Stochastische Methoden, 1988, S. 115.

323 Vgl. Behner/Neuhaus, Grundkurs Stochastik, 1995, S. 27.

324 Vgl. Kolmogoroff, Grundbegriffe der Wahrscheinlichkeitsrechnung, 1933, S. 2.

325 Vgl. von Mises, Wahrscheinlichkeit, 1972, S. 116.

Beziehe sich P auf Abbildungen zusammengesetzter Ereignisse und stelle p die Wahrscheinlichkeitsmassenfunktion der Elementarereignisse e aus Ω dar, so dass $P(A) = \sum_{e \in A} p(e)$, $\sum_{e \in \Omega} p(e) = 1$. Die Menge all jener Mengenfunktionen $P(.)$ auf $(\Omega, \mathcal{A})$, die der *Kolmogoroff*-Axiomatik genügen, seien mit $\mathfrak{P}(\Omega, \mathcal{A})$ bezeichnet. Für $2 \leq k \in \mathbb{N}, |\Omega| = k$, d. h. $\Omega = \Omega_k$, und $\mathcal{A} = \mathcal{P}(\Omega_k)$ kann diese Menge auch als Simplex $\mathfrak{P}_k$ aufgefasst werden.[326]

Daran angelehnt sind Bedingungen zu formulieren, deren Erfüllung zur Befähigung des Messens des Ausmaßes personaler Einschätzungen für das Eintreten interessierender Ereignisse (Z) führt:[327]

(I) Anforderungen an die Messbarkeit nominaler Wahrscheinlichkeiten:

(1) Neben den Z gibt es das unmögliche Ereignis ($\emptyset$). $\mathcal{Z}$ ist das „planbar sichere Ereignis", jedoch keine Menge im Sinne eines Mengenkörpers der *Kolmogoroff*-Axiomatik[328], sondern eben die Menge, die der Planende selbst aus allen z bilden kann[329].

(2) Jedes Z ist mindestens so glaubwürdig wie $\emptyset$.

(3) Jegliche Zusammenfassung von Z ist ebenso glaubwürdig wie jedes einzelne Z.

(4) Die Gesamtheit aller Z ist strikt glaubwürdiger als $\emptyset$.

Nach (2) und (4) nicht berücksichtigte Zukunftslagen werden als „unmögliche Ereignisse" betrachtet, sind jedoch nicht grundsätzlich, sondern lediglich logisch ausgeschlossen.

(II) Zusätzliche Anforderungen an die Messbarkeit ordinaler Wahrscheinlichkeiten:

(5) Alle Z sind vergleichbar hinsichtlich der beizumessenden Eigenschaft

---

326 Vgl. Weichselberger, Elementare Grundbegriffe einer allgemeineren Wahrscheinlichkeitsrechnung I, 2001, S. 12.

327 Vgl. insbesondere Schneider, Investition, Finanzierung und Besteuerung, 1992, S. 435-445; vgl. Fine, Theories of Probability, 1973, S. 16-32; vgl. Fishburn, On the Theory of Ambiguity, 1991, S. 4-8; vgl. Savage, The Foundations of Statistics, 1972, S. 30-43; vgl. Arrow, Exposition of the Theory of Choice under Uncertainty, 1986, S. 39-49.

328 Vgl. Kolmogoroff, Grundbegriffe der Wahrscheinlichkeitsrechnung, 1933, S. 2, hier § 1 Axiome I, II.

329 Vgl. Schneider, Messbarkeitsstufen subjektiver Wahrscheinlichkeiten als Erscheinungsformen der Ungewissheit, 1979, S. 99.

„glaubwürdiger als", so dass jedes Z glaubwürdiger, weniger glaubwürdig oder gleich glaubwürdig ist als jedes andere zu beurteilende Z.

(6) Wird ein Z_a (oder auch eine Menge von Z) glaubwürdiger als Z_b beurteilt, so muss bei höherer Glaubwürdigkeit Z_b gegenüber Z_c gelten, dass auch Z_a glaubwürdiger ist als Z_c (Transitivität der Rangordnung).

(7) Zukunftslagen mit gleichen Glaubwürdigkeiten und Zielbeträgen dürfen durch ihr Hinzutreten oder ihren Wegfall die Rangordnung der Handlungsmöglichkeiten nicht verändern (Unabhängigkeitsprinzip).[330]

(III) Zusätzliche Anforderungen an die kardinale (quantitative) Messung von Wahrscheinlichkeiten:

(8) Wie bei der *Kolmogoroff*-Axiomatik gilt: Es gibt eine σ-Algebra $\mathcal{A}$, so dass ein Mengenkörper über $\mathcal{Z}$ existiert. $\mathcal{A}_{\mathcal{Z}}$ entsteht durch Bildung einer booleschen Algebra[331]. Zunächst sind daher für jede Teilmenge von $\mathcal{Z}$ die Komplemente zu bilden (Erweiterung der Menge zu berücksichtigender Zukunftslagen) sowie Vereinigung und Durchschnitt der Teilmengen der erweiterten Menge zu berücksichtigen. Die Teilmengen aller nun zu berücksichtigenden Zukunftslagen sind bei der Festlegung der Rangordnungen einzubeziehen, also alle Teilmengen von $\mathcal{Z}$ bezüglich ihrer Glaubwürdigkeit gegeneinander abzuwägen, so dass sich die Anzahl der Wägungen als Potenzmenge von $\mathcal{Z}$ ergibt.

(9) Den Rangordnungen sind addierbare Wahrscheinlichkeiten zuordenbar, die der Rangordnung nicht entgegenstehen, wobei gelten muss, dass das

[330] Vgl. Savage, The Foundations of Statistics, 1972, S. 21-22; vgl. Suppes, The Measurement of Belief, 1974, S. 163-164; vgl. Schmidt, Ist das Unabhängigkeitsaxiom eine Voraussetzung in der Entscheidungstheorie?, 2002, S. 318-320; das Unabhängigkeitsprinzip wird aber in der Regel verletzt -„Allais-Paradoxon"- z. B. Vgl. Klein/Scholl, Planung und Entscheidung, 2004, S. 411-412; ebenso das hierunter fallende *Sure-thing-Principle* -„Ellsberg-Paradoxon"- vgl. Ellsberg, Risk, Ambiguity and the Savage Axioms, 1961, S. 655. Wie Ellsberg ebenfalls Raiffa, Risk, Ambiguity and the Savage Axioms: Comment, 1961, S. 694; vgl. auch Fellner, Distortion of subjective Probabilities as a Reaction to Uncertainty, 1961, S. 689, irrationales Verhalten nachweisend; das Prinzip ist jedoch notwendige Voraussetzung für die Zulässigkeit der Rückwärtsrechnung in Entscheidungsbäumen, vgl. Bamberg/Trost, Entscheidungen unter Risiko: Empirische Evidenz und Praktikabilität, 1996, S. 651.

[331] Vgl. Fishburn, The Axioms and Algebra of Ambiguity, 1993, S. 125-126.

Verhältnis zweier Wahrscheinlichkeiten stets endlich ist.[332]

(10) Die Angabe von Wahrscheinlichkeitsintervallen setzt zunächst Angaben über Rangordnungen von Glaubwürdigkeitsunterschieden voraus.
Zur Feststellung „abnehmender Grenznutzen" reichen Angaben zu absoluten Nutzenunterschieden aus (hyperordinale Messung). Offenlegung relativer Nutzenunterschiede (Abbildung auf einer Intervallskala) erfordert Stetigkeit der (Nutzen-)Funktion als Voraussetzung für eine Wahrscheinlichkeitsrechnung; es interessiert jeweils das Verhältnis aus den Differenzen zweier Einschätzungen[333]. Dieses muss durch Angabe von Sicherheitsäquivalenten sichergestellt sein, die für jede Wahrscheinlichkeitsverteilung von zwei Ereignissen (Zukunftslagen) existiert (Stetigkeitsprinzip)[334], wobei dieses Verhältnis bei Vorliegen mehrerer alternativer Sicherheitsäquivalente nicht eindeutig bestimmt ist[335].

(11) Nicht berücksichtigte Zukunftslagen („unmögliche Ereignisse") sind tatsächlich unmöglich[336].

Aus der Strenge zu erfüllender Voraussetzungen folgt die Restriktion für die Anwendung personaler Wahrscheinlichkeiten, denn eine erforderliche Konstruktion scheitert regelmäßig bereits ab (7), so dass ein planender Entschei-

---

332 Archimedisches Prinzip, insbesondere vgl. Fine, Theories of Probability, 1973, S. 20; vgl. Fishburn, The Axioms and Algebra of Ambiguity, 1993, S. 125. Dessen empirischer Gehalt soll gering sein, vgl. Schneider, Investition, Finanzierung und Besteuerung, 1992, S. 441 mit Verweis auf Adam/Fagot/Robinson.

333 Vgl. Laux, Entscheidungen bei Fehlen objektiver Wahrscheinlichkeiten, 1976, S. 62-63.

334 Z. B. bei Betrachtung von drei möglichen Ausprägungen von Größen (v) mit $v_1 < v < v_2$ gibt es genau ein p, so dass $v \sim \begin{pmatrix} p & (1-p) \\ v_1 & v_2 \end{pmatrix}$, vgl. Sinn, Ökonomische Entscheidungen unter Ungewissheit, 1980, S. 90. (Individuelle) Sicherheitsäquivalente sind z. B. sichere Einkommen, die zur Indifferenz bezüglich Wahrscheinlichkeitsverteilungen führen, die höhere und niedrigere Einkommen erzeugen; vgl. Schneider, Investition, Finanzierung und Besteuerung, 1992, S. 444-445; Anwendung von Wetten/Lotterien z. B. Karni, On the Representation of Beliefs by Probabilities, 2003, S. 21-22, 34; z. B. Wertpapiere vgl. Arrow, Essays in the Theory of Risk-Bearing, 1976, S. 124; vgl. Fishburn, The Axioms and Algebra of Ambiguity, 1993, S. 133.

335 Vgl. Holz, Entscheidungen bei Unsicherheit - Axiome für das Π-Maximin-Prinzip und verwandte Ansätze, 1995, S. 89.

336 Möglichkeit der Abmilderung der Forderung durch das Prinzip der Vernachlässigung kleiner Wahrscheinlichkeiten nach Buffon/Cournot, vgl. Gäfgen, Theorie der wirtschaftlichen Entscheidung, 1974, S. 352-354.

dungsträger die notwendigen Bedingungen letztlich nicht erfüllen kann. Wahrscheinlichkeitsaussagen stimmen daher nicht mit den dafür erforderlichen Anforderungen überein, so dass derartige Aussagen lediglich subjektive Glaubensgrade ausdrücken können. Prognosen künftiger Zustände in Form von Wahrscheinlichkeitsaussagen sind nicht möglich.

3.4.2.1.2 Ursachen und Wirkung

Prognosen künftiger Zustände sind eng verbunden mit dem Gedanken einer Verknüpfungsregel zwischen Ursachen und Wirkung. Elementar ist eine Verknüpfungsregel, die auf dem Prinzip basiert, das gleiche allgemeine Ursachen das gleiche Verteilungsgesetz zur notwendigen Folge hat. Diese Verknüpfungsregel sei Ätialprinzip genannt.[337] Die Ätialität ist es, die eine unsichtbare Verknüpfung zwischen Prognoszens und Prognoszendum herstellt und die es zu erkennen gilt.

Das Erkennen von Zusammenhängen im Rahmen prospektiver und retrospektiver Betrachtungen stößt auf eine Vielzahl von Schwierigkeiten. Produkt- und Prozessinnovationen sowie Irregularitäten vergangener Entwicklungen verzerren aufwendig erfasste statistische Massen für Zwecke der Erkennung bestimmter Gesetzmäßigkeiten. Uneindeutigkeiten individueller Verhaltensweisen geben dem ökonomischen Geschehen das Gepräge; es fehlen mikroökonomisch wünschenswerte strengkonkave Nutzen- und Produktionsfunktionen zur Ermittlung eindeutiger Optimalpunkte.[338] Dies birgt die Gefahr des Glaubens, stochastische Unabhängigkeit wäre wirklichkeitsprägend, so dass jedem wirtschaftlichen und sozialen Geschehen zwangsläufig jedwede Erfahrungsgrundlage entzogen wäre[339].

Obwohl die Welt nicht, wie im klassischen Sinne, rein deterministisch ist, sind dennoch gewisse Regelmäßigkeiten zu unterstellen. Soll ein Individuum irgend-

---

[337] Vgl. Hartwig, Naturwissenschaftliche und Sozialwissenschaftliche Statistik, 1956, S. 258; αιτια = Ursache.

[338] Vgl. Lorenz, Wirtschaftliche Entwicklung, Determinismus und komplexes Systemverhalten, 1990, S. 207.

[339] Vgl. Hartwig, Naturwissenschaftliche und Sozialwissenschaftliche Statistik, 1956, S. 265.

eine Art an freier Wahl treffen, muss die Möglichkeit bestehen, zwischen denkbaren Ergebnissen verschiedener Handlungen abzuwägen, da ansonsten Verantwortlichkeiten weder moralisch noch juristisch je zugewiesen werden könnten. Die Welt besitzt Kausalstrukturen, wenngleich unbekannt, ob im klassischen Sinne oder in schwächerer Weise determiniert.[340]

Die Beziehung von Ursache und Wirkung wird teilweise als rein funktionale Relation betrachtet[341]. Überwiegend jedoch wird bei der Beschreibung der Beziehung von Ursache und Wirkung ein Konditionalansatz vertreten.

Eine Kausalbeziehung im klassischen Sinne ist eine Ursachen-/Wirkungsbeziehung die dann besteht, wenn Ursache und Wirkung räumlich und zeitlich unmittelbar zusammenhängen, die Ursache der Wirkung vorangeht und Beständigkeit der Verbindung zwischen Ursache und Wirkung besteht. Bleibt das zu Bewirkende aus, bedingen aber gleiche Ursachen gleiche Wirkungen, so ist die scheinbare Unregelmäßigkeit auf irgendeinen Unterschied in den Ursachen zurückzuführen. Eine aggregierte Wirkung, entstehend aus einzelnen Wirkungen, geht aus den verschiedenen Teilen der Ursache hervor. Der Voraussetzung nach hat das Fehlen eines Teils der Ursache stets das Fehlen oder Vorhandensein eines entsprechenden Teils der Wirkung im Gefolge. Eben diese beständige Verbindung beweist die Ursächlichkeit.[342]

Nun soll jedoch zwischen Ursache und Wirkung kein notwendiger Zusammenhang bestehen, da dieser nach der Regularitätstheorie von Hume allein auf menschlicher Wahrnehmung und Gewohnheit basiert, so dass kein notwendiger objektiver Kausalzusammenhang existiert. Aus dieser Subjektivität manifestiert

---

340 Vgl. Carnap, Einführung in die Philosophie der Naturwissenschaft, 1974, S. 220.

341 Z. B. Russell, vgl. von Wright, Causality and Determinism, 1972, S. 3.

342 Vgl. Hume, Ein Traktat, Buch I. Über den Verstand, 1989, S. 234-235. Kant unterscheidet Kausalketten der wirkenden Ursache (*nexus effectivus*), weil Dinge, welche als Wirkungen andere als Ursache voraussetzen, nicht gegenseitig zugleich Ursache sein können, sowie Kausalverknüpfung der Endursache (*nexus finalis*), da sich, nach einem Vernunftbegriff von Zwecken gedacht, je nach Sichtweise Ursache und Wirkung jeweils umkehren; vgl. Kant, Kritik der Urteilskraft, 2001, S. 278.

sich lediglich ein bestimmter Grad an Gewißheit.[343] Eine Beziehung soll aber trotzdem als hinreichend kausal behauptet werden können, wenn immer dann, wenn ein Ereignis *a* vorkommt, auch ein Ereignis *b* vorkommt, jedoch dann, wenn ein Ereignis *a* nicht vorkommt ein Ereignis *b* nur dann vorgekommen wäre, wenn auch Ereignis *a* sich ereignet hätte[344]. Die Gänze der sich möglicherweise konstituierenden Umstände, die Menge an Antezedenten in einem besonderen Fall, bilden die Bedingung für ein bestimmtes Phänomen, das ohne diese Umstände nicht vorkäme. Ein wahrer Grund für ein solches vereint daher alle Antezedenten, so dass einer allein nicht als Grund bezeichnet werden darf, soweit andere dadurch ausgeschlossen werden[345]. Jedoch können nicht alle relevanten Umstände bei besonderen Kausalbehauptungen angeführt werden. Stillschweigend muss daher von einer allgemeineren Hypothese gebraucht gemacht werden. Daraus folgt aber gleichzeitig, dass die besondere Behauptung nur dann erhoben werden darf, wenn auf Verlangen ad hoc die allgemeinere Hypothese offengelegt werden kann.[346]

Kausale Behauptungen sind in einem Kontext stillschweigend vorausgesetzter kausaler Felder (Hintergrundannahmen) zu sehen. Verursacht wird nicht lediglich ein Ereignis, sondern *dieses* Ereignis in *diesem* bestimmten Feld, weil dieses kausale Feld an diese Kausalfrage gebunden ist. Bedingungen, soweit nicht kausal für *dieses* Ereignis in *diesem* bestimmten Feld, können gleichwohl *dieses* Ereignis in *dem anderen* (gewählten) Feld, unter anderer Fragestellung, verursacht haben.[347] Soweit etwas Verursachtes auf einer komplexen Bedingung beruht, die hinreichend für dieses Ereignis ist, nicht jedoch *die* Ursache desgleichen, weil eine Vielzahl denkbarer Bedingungen dieselbe Wirkung ermöglichte, wäre das verursachende Moment wie folgt zu charakterisieren: „it is an *insuffi-*

---

343 Ähnlich Kant, der eine Unterscheidung zwischen subjektiver Wahrnehmung und objektivem Ereignis nicht für möglich erachtet, soweit nicht die Kategorien Ursache und Wirkung vorlägen, weil überhaupt nur dadurch die Deutung von Ereignissen durch das geistige Vermögen zur objektiven Erkenntnis führen kann.

344 Vgl. von Wright, Causality and Determinism, 1972, S. 7.

345 Vgl. Mill, A System of Logic, ratiocinative and inductive, 1973, S. 328.

346 Vgl. Braithwaite, Scientific Explanation, 1968, S. 317.

347 Vgl. Mackie, The Cement of the Universe, 1974, S. 35.

cient but not *non-redundant* part of an *unnecessary* but *sufficent* condition“[348] (INUS). Nach der INUS-Bedingung ist die Ursache also kein hinreichender, aber notwendiger Bestandteil der gesamten Bedingung, um das in Rede stehende Ergebnis zu bewirken. Die komplexe Bedingung hingegen ist nicht notwendig, aber hinreichend. Kausale Regularitäten gelten gleichsam für Ereignistypen. Kausale Priorität zwischen Ereignistypen, als konzeptionelle Erweiterung der Regularitätstheorie, ist gegeben, falls ein Ereignistyp *B* einem Ereignistyp *A* notwendig vorangeht und eine Verhinderung von *A* durch Vermeidung eines Ereignisses *b* möglich ist oder, soweit *B* hinreichend für *A* ist, *A* mittels eines *b* bewirkt werden könnte.[349]

Insbesondere zur Erklärung ökonomischer Phänomene wird Kausalität basierend auf zwei Grundsätzen beschrieben, die sich ausschließlich auf Zeitreihen beziehen (G - causality). Danach muss 1. ein bestimmter Grund einer Wirkung vorausgehen und 2. muss die Kausalreihe Informationen über die interessierende Wirkung enthalten, die in keiner anderen Kausalreihe zu finden ist, welche sich unter sonst gleichen Umständen ereignet[350].

Es zeigt sich, dass jede kausale Relation eine Konditionalrelation bestimmter Art ist, dies aber nicht umgekehrt gilt, weil eine Konditionalrelation ebenso deduktiv oder anders „logisch“ sein kann. Eine adäquate kausale Erklärung eines Ereignisses soll aber letztlich immer dann vorliegen, wenn alle zu fordernden Adäquatheitsbedingungen erfüllt sind und die Erklärung der Bedingung genügt, dass die im Explanans verwendeten Gesetzesaussagen Kausalgesetze sind[351].

---

348 Mackie, The Cement of the Universe, 1974, S. 62.

349 Vgl. Mackie, The Cement of the Universe, 1974, S. 189-190.

350 Vgl. Granger, Some aspects of causality relationships, 2003, S. 69; ursprünglich Granger, Testing for causality, In: Journal of Economic Dynamics and Control, Vol. 2, 1980, S. 329-352.

351 Vgl. Stegmüller, Das Problem der Kausalität, 1960, S. 185.

3.4.2.1.3 Probabilistisches Kausalprinzip

Die Betrachtung der Probleme erkenntnistheoretischer Analysen kausaler Beziehungen verdeutlicht zugleich die Schwierigkeiten, denen ein Entscheidungsträger beim Versuch unterworfen ist, Überraschungsereignisse zu verhindern. Ausgangspunkt ist die Überlegung, dass der Weltverlauf weder rein zufällig noch vollständig determiniert ist. Daher kann die Theorie der stochastischen Prozesse auch als eine Theorie der Kausalität angesehen werden[352]. Basierend auf dem Begriff der Kausalkette gibt es eine topologische Zuordnungsdefinition der Zeitfolge, da die Kettenordnung, die eine Signalkette ist, genau der Zeitfolge entspricht[353]. Damit verbunden sind die Probleme der erkenntnistheoretischen Analyse. Ist zum Beispiel im Zeitpunkt t eine Menge relevanter Elementarereignisse e ($e \in \Omega$, mit e als Elementarmodalität eines bestimmten interessierenden Merkmals $\mathfrak{M}$) gegeben und liegt ein quantitatives Merkmal zugrunde ($\Omega = e_1, \ldots, e_n \subset \mathbb{R}$), so könnte die reelle Funktion $X(e)$ auf Ω den Ereignisraum eindeutig in die Menge S ($S \subset \mathbb{R}$) abbilden: $X : \Omega \to S$. Ein Ereignis $A \subseteq \Omega$ beinhalte dabei diejenigen e, deren Bild Element von S ist, so dass A das Urbild von S darstellt: $A = X^{-1}(S) \overset{\text{def}}{=} \{e \mid X(e) \in S\}$.[354] Nun führt gerade die Aneinanderreihung der Ereignisse im Weltverlauf zur Zeitabhängigkeit von S. Die von t abhängige Funktion S_t heißt Realisation oder Trajektorie des jeweiligen Prozesses X_T [355], wobei mit T=[0, ∞) $\subset \mathbb{R}$ ein stochastischer Prozess mit stetiger Zeit vorliegt.[356] Für X_T gilt: $\{X(e,t) \mid e \in \Omega, t \in T\}$ ist der Zustandsraum, die Elemente der Menge sind mögliche Zustände; $\{X(.,t) \mid t \in T\}$ ist der Prozess[357]. Folglich bestimmt das Eintreten beliebiger Ereignis-

[352] Vgl. Suppes, A Probabilistic Theory of Causality, 1970, S. 94.

[353] Vgl. Reichenbach, Philosophie der Raum-Zeit-Lehre, 1928, S. 164.

[354] Vgl. Fisz, Wahrscheinlichkeitsrechnung und mathematische Statistik, 1989, S. 48.

[355] Vgl. Storm, Wahrscheinlichkeitsrechnung, mathematische Statistik und statistische Qualität, 1995, S. 87.

[356] Wenn der Zustand eines Systems durch mindestens einen stetigen Parameter definiert ist, so ist ein analytisches Vorgehen durch parabolische partielle Differenzialgleichungen gegeben, vgl. Kolmogoroff, Über die analytischen Methoden in der Wahrscheinlichkeitsrechnung, 1931, S. 438-456.

[357] Vgl. Härtter, Wahrscheinlichkeitsrechnung, Statistik und mathematische Grundlagen, 1987, S. 202.

se auch den Ereignisraum künftiger Prozesse, so dass, vereinfacht betrachtet, eine *Markoff*sche Kette angenommen werden kann[358]. Der stochastische Prozess ist mehrdimensional, $\{X_1(t_1), X_2(t_2), \ldots, X_n(t_n) \mid t_1, t_2, t_n \in T\}$. Im Falle des Borelschen Wahrscheinlichkeitsfeldes $(\Omega, \mathfrak{A}, \mathfrak{P})$ wäre dann $X = f(X_1, X_2, \ldots, X_n)$ wieder eine zufällige Größe und $F^{(X_1, X_2, \ldots, X_n)}$ eine n-dimensionale Verteilungsfunktion[359]. Von Interesse ist letztlich, welcher Grad des tatsächlich für möglich gehaltenen Auftretens einer bestimmten Trajektorie zuzuweisen ist. Es stellt sich daher insbesondere die Frage nach den Wahrscheinlichkeiten der Werte von X. Für die Wahrscheinlichkeiten der Werte von X gilt: $P_X(S) = \sum_{e \in \Omega, X(e) \in S} p(e) = P_X(X^{-1}(S))$[360]. Die Zeitfolge bedingt aber, dass Ereignissen zum Zeitpunkt t_n $(t_n \in T, T \subset [0, \infty))$ keine feste Wahrscheinlichkeit, sondern lediglich eine bedingte Wahrscheinlichkeit zugewiesen werden kann. Kausalhypothesen als Basis antizipierender Handlungen sind, soweit keine streng deterministischen Beziehungen vorliegen[361], zwingend durch Unsicherheitsparameter für das Eintreten des jeweiligen Folgerungsteils zu ergänzen. Auf die grundsätzlichen Schwierigkeiten bei der Verwendung von Wahrscheinlichkeiten ist bereits eingegangen worden, ihre Anwendbarkeit soll aber im Folgenden unterstellt werden. Bezogen auf die INUS-Bedingung[362] wäre daher eine Erweiterung wie folgt vorzunehmen:

B ist genau dann eine INUS-Bedingung für *A*, wenn zwei Ereignisse *C*, *D* existieren und zudem gilt:

1. $P((B \cap C) \cup D) > 0$,
2. $P(A \mid (B \cap C) \cup D) = 1$,
3. $P(A \mid \overline{(B \cap C) \cup D}) = 0$,
4. $P(A \mid B) < 1$,

---

358 Vgl. Ahlbehrendt/Kempe, Analyse stochastischer Systeme, 1984, S. 31.

359 Vgl. Kolmogoroff, Grundbegriffe der Wahrscheinlichkeitsrechnung, 1933, S. 23.

360 Vgl. Kolmogoroff, Grundbegriffe der Wahrscheinlichkeitsrechnung, 1933, S. 19.

361 In der Regel sind Kausalbeziehungen nicht deterministisch, sondern selbst bezüglich des täglichen Gebrauchs probabilistisch, vgl. Suppes, A Probabilistic Theory of Causality, 1970, S. 8.

362 Siehe S. 120.

5. $P(A|C) < 1$[363].

Im Rahmen probabilistischer Kausalanalysen besteht die schwerwiegende Gefahr einer Verwechselung von kausalen Prozessen und Pseudo-Prozessen, wobei Pseudo-Prozesse lediglich komplizierte Beispiele korrelierter Ereignisse darstellen, die auf allgemeinen Gründen basieren und keine kausale statistische Relevanz entfalten können[364]. Dabei müssen bestimmte Arten von Beziehungen unterschieden werden, aus denen Fehlschlüsse resultieren können:

(i) Genau dann, wenn die Voraussetzungen

1. $t < t'$,
2. $P(B_t) > 0$,
3. $P(A_{t'}|B_t) > P(A_{t'})$

erfüllt sind, ist B_t eine (potentielle) *prima facie* Ursache von $A_{t'}$[365]. Ist B_t *prima facie* eine negative (potentielle) Ursache von $A_{t'}$, kehrt sich die Größenrelation unter 3. um. B_t hat also möglicherweise statistische Relevanz für $A_{t'}$, was sich jedoch nachträglich aufgrund von neuen Erkenntnissen als nicht zutreffend herausstellen kann.

(ii) $B_{t'}$ ist genau dann eine *Scheinursache* von $A_{t''}$, wenn $B_{t'}$ eine prima facie Ursache von $A_{t''}$ ist, es einen Zeitpunkt t sowie eine t - Zerlegung π_t gibt, so dass für alle $C_t \in \pi_t$ gilt:

1. $t < t' < t''$
2. $P(B_{t'} \cap C_t) > 0$,
3. $P(A_{t''}|B_{t'} \cap C_t) = P(A_{t''}|C_t)$.[366]

(iii) B_t ist genau dann eine *indirekte Ursache* von $A_{t''}$, wenn B_t eine prima facie Ursache von $A_{t''}$ ist, es einen Zeitpunkt t' sowie eine t' - Zerlegung $\pi_{t'}$ gibt, so dass für alle $C_{t'} \in \pi_{t'}$ gilt:

1. $t < t' < t''$
2. $P(B_t \cap C_{t'}) > 0$,

---

363 Vgl. Suppes, A Probabilistic Theory of Causality, 1970, S. 76.
364 Vgl. Salmon, Causality and Explanation, 1998, S. 115.
365 Vgl. Suppes, A Probabilistic Theory of Causality, 1970, S. 12.
366 Vgl. Suppes, A Probabilistic Theory of Causality, 1970, S. 25.

3. $P(A_{t''}|B_t \cap C_{t'}) = P(A_{t''}|C_{t'})$,[367]
4. $P(A_{t''}|B_t \cap C_{t'}) \geq P(A_{t''}|B_t)$.[368]

(iv) B_t kann eine ***versteckte Ursache*** von $A_{t''}$ sein. In diesem Fall ist B_t *keine* prima facie Ursache von $A_{t''}$ und es gibt ein t' sowie ein Ereignis $C_{t'}$, so dass gilt:

1. $t < t''$ und $t \neq t'$,
2. $P(A_{t''}|B_t) = P(A_{t''})$,
3. $P(B_t \cap C_{t'}) > 0$,
4. $P(A_{t''}|B_t \cap C_{t'}) > P(A_{t''})$.[369]

(v) B_t und $C_{t'}$ können einander ebenso in Bezug auf $A_{t''}$ ergänzen. Daher sind B_t und $C_{t'}$ genau dann supplementäre Ursache von $A_{t''}$, wenn gilt:

1. B_t ist eine *prima facie* Ursache von $A_{t''}$,
2. $C_{t'}$ ist eine *prima facie* Ursache von $A_{t''}$,
3. $P(B_t \cap C_{t'}) > 0$,
4. $P(A_{t''}|B_t \cap C_{t'}) > max\,(P(A_{t''}|B_t), P(A_{t''}|C_{t'}))$.[370]

(vi) B_t ist aber eine hinreichende Ursache von $A_{t'}$, wenn gilt:

1. B_t ist eine *prima facie* Ursache von $A_{t'}$,
2. $P(A_{t'}|B_t) = 1$.[371]

Die Schwierigkeiten resultieren aber nicht bloß daraus, die richtigen Beziehungen zwischen den Ereignissen zu erkennen, sondern aus dem Umstand, dass die erkenntnistheoretische Analyse kausaler Beziehungen selbst strittig ist. Beispielsweise bedingt die Verwendung einer Wahrscheinlichkeitsfunktion P, dass alle Ereignisse, die dem interessierenden Ereignis A zeitlich vorausgehen, durch eine Funktion $P_{\bar{A}}$ charakterisiert werden müssen, was dazu führt, dass die Überzeugungen über alle Ereignisse zeitlich vor A nach hypothetischer Festlegung $P_{\bar{A}}$ unveränderlich bleiben und funktionale Beziehungen zwischen verschie-

367 Vgl. Suppes, A Probabilistic Theory of Causality, 1970, S. 28.
368 Vgl. Stegmüller, Probleme und Resultate, Band I, 1983, S. 612.
369 Vgl. Stegmüller, Probleme und Resultate, Band I, 1983, S. 618.
370 Vgl. Suppes, A Probabilistic Theory of Causality, 1970, S. 33.
371 Vgl. Suppes, A Probabilistic Theory of Causality, 1970, S. 34.

denen Variablen nicht korrekt Beschriebung werden können.[372] Das Wissen um scheinbare, versteckte, direkte oder indirekte Relevanz eines (Ursachen)-Ereignisses für ein später liegendes Ereignis ist aber zwingend dem ständigen Revidieren zu unterwerfen, da zwischen dem der Analyse unterliegenden Ereignis und dem in Rede stehenden bekannten vorläufigen (Ursachen)-Ereignis sowie vor diesem vorläufigen (Ursachen)-Ereignis noch nicht bekannte Ereignisse mit einer (vorläufigen) dominierenden Eigenschaft bekannt werden können. Dieser Regress ist so lange fortzuführen, bis „kein Platz" mehr für weitere (Ursachen)-Ereignisse gegeben ist. Die Forderung nach einem ständigen Revidieren führt daher selbst zu unüberwindlichen Problemen. Die Lösung dieses Problems wird einzig in der Konstruktion eines Wahrscheinlichkeitsraumes als großen Produktraum gesehen, der alle Ereignisse enthält.

3.4.2.1.4 Weltlinien

Die Aneinanderreihung von möglichen Ereignissen könnte als ein n-Tupel bzw. Trajektorie (ω) beschrieben werden. Um der Problematik eines anhaltenden Regresses im Rahmen der Kausalanalyse zu entgehen, sei nunmehr ω ein mögliches Ereignis. Sind $(\Omega_t, \mathcal{A}_t)$ für alle $t \in T$ meßbare Räume, so könnte Ω als Menge aller ω_t bezeichnet werden: $\Omega = \prod_{t \in T} \Omega_t$. B_t ist die jeweilige Borel-Menge. Die Gesamtheit der endlichen Vereinigungen von disjunkten Zylindermengen $\mathfrak{Z}_{t_1,\dots,t_n}(B_{t_1} \times \cdots \times B_{t_n}) = \{\omega : \omega_{t_1} \in B_1, \dots, \omega_{t_n} \in B_n\}$ mit $B_{t_i} \in \mathcal{A}_t$ bildet eine Algebra. Die Menge $\mathfrak{Z}_{t_1,\dots,t_n}(B_{t_1} \times \cdots \times B_{t_n})$ beinhaltet alle Funktionen, die zu den Zeitpunkten $t_1, \dots, t_n$ die jeweiligen zugehörigen Mengen $B_{t_1}, \dots, B_{t_n}$ durchlaufen und zu anderen Zeitpunkten beliebige Werte annehmen. Die kleinste σ-Algebra, die alle Zylindermengen enthält, entsteht aus dem direkten Produkt der σ-Algebren $\mathcal{A}_t$ und wird mit $\bigotimes_{t \in T} \mathcal{A}_t$ bezeichnet. Es liegt der gesuchte weit gefasste messbare Raum $(\prod_{t \in T} \Omega_t, \bigotimes_{t \in T} \mathcal{A}_t)$ als direktes Produkt der messbaren

[372] Vgl. Gärdenfors, Knowledge in Flux, 1988, S. 209 mit Verweis auf Simon/Rescher, „Cause and counterfactual.", Philosophy of Science 33, 1966, S. 323-340.

Räume (Ω_t, $\mathcal{A}_t$) vor.[373] Damit sind nicht mehr einzelne Punktereignisse interessierende Sachverhalte im probabilistischen Sinne, sondern ganze Weltverläufe, so dass potentielle Ereignisse, die verschiedenen Zeitpunkten angehören, miteinander nicht unverträglich sind und nicht mit der Menge möglicher Resultate zu einem Zeitpunkt gleichgesetzt werden können.[374] Ein Sachverhalt im philosophischen Sinne (A_t) vereint daher also die Menge all derjenigen Weltlinien, die in t darin übereinstimmen, A_t als Glied zu besitzen. Ist X beispielsweise die Menge möglicher Zustände eines betrachteten Weltausschnitts, $\mathcal{A}$ der σ-Körper über X und B ($B \in \mathcal{A}$) ein möglicherweise vorliegendes Ereignis im betrachteten Weltausschnitt, dann liefert A_t für t einen möglichen Weltzustand, der zu B gehört: $A_t = \{\omega \in \Omega \mid \omega \in B\}$. Dabei bildet, da $t \leq t'$, die Relation $\leq$ auf T eine lineare Ordnung, so dass $\leq$ reflexiv, transitiv, antisymmetrisch und konnex ist. Es gilt: $\omega : T \rightarrow X$ mit $\Omega := X^T$ als Möglichkeitsraum. Da A_t eine Teilmenge von Weltverläufen darstellt, gilt: $A_t \subseteq \Omega$. Für die übrigen Zeitpunkte t' kann ein Wert $\omega(t')$ ein beliebiges Element aus X sein.[375]

Der Explikationsrahmen bietet ein Referenzmodell zur Beantwortung interessierender Kausalfragen. Insoweit ist diese Vorgehensweise für den reinen Kausalisten wissenschaftstheoretisch akzeptabel, da dieser einzig an den wahren Kausalzusammenhängen interessiert ist. Gleichzeitig wird deutlich, dass die theoretisch exakte objektiv-ontologisch orientierte kausalistische Erklärungstheorie ein Wissen voraussetzt, welches einzig eine metaphysische Entität besitzt. Obwohl nun stets ein Interesse an wahren Ursachen für interessierende Ereignisse besteht, sollte infolge dessen aber, um wenigstens akzeptable Gründe für Ereignisse anführen zu können, eine Abkopplung der Kausal- von der Erklärungsproblematik erfolgen[376].

---

[373] Vgl. Širjaev, Wahrscheinlichkeit, 1988, S. 163.
[374] Vgl. Stegmüller, Probleme und Resultate, Band I, 1983, S. 610.
[375] Vgl. Stegmüller, Probleme und Resultate, Band I, 1983, S. 636-637.
[376] Vgl. Stegmüller, Probleme und Resultate, Band I, 1983, S. 633.

3.4.2.1.5 Gewinnung akzeptabler Gründe für Ereignisse

Bezeichne im Folgenden K eine ursprüngliche Wissenssituation sowie E ein Überraschungsereignis, das in seiner Totalität weder beschreib- noch erklärbar, sondern lediglich durch bestimmte Tatsachen charakterisierbar ist[377]. Sei K_E die Wissenssituation nach Eintritt E, T bestimmte relevante statistische Gesetze und C einschlägige singuläre Sätze. Eine in der Erklärungstheorie vorgenommene Unterscheidung zwischen Begründungs- und Erklärungsfällen basiert auf einer Bezugnahme zu unterschiedlichen Wissenssituationen und kann in nachstehender Weise vorgenommen werden:[378]

a) Einzelfallbegründung im epistemischen Minimalsinn:

   Sei $K_{T \cup C}$ die epistemisch bereicherte Wissenssituation, die vom erkennenden Subjekt zielbewusst anvisiert wird, weil es ein Explanans sucht und durch theoretische Bemühungen gefunden hat. Relativ auf die ursprüngliche Wissenssituation K liefert $T \cup C$ nur dann eine Begründung für E, wenn gilt:

   aa) K (reale Ausgangssituation) ist eine Wissenssituation von maximaler Bestimmtheit[379] für E,

   ab) E ist ein singulärer Satz der Gestalt „Fa“[380],

   ac) T ist eine endliche Menge statistischer Sätze,

   ad) C ist eine endliche Menge singulärer Sätze,

   ae) $T \cup C$ wird in K nicht gewusst,

   af) $K_{T \cup C}$ ist eine Wissenssituation von maximaler Bestimmtheit für E,

   ag) $B(E)_{T \cup C} > B(E)$, wobei $B(.)$ die epistemische Komponente „Glaubensfunktion“ einer Person darstellt, die auf einem geeigneten σ-Körper de-

[377] Vgl. Hempel, Wissenschaftliche und historische Erklärungen, 1972, S. 247.

[378] Zur Unterscheidung im Folgenden vgl. Stegmüller, Probleme und Resultate, Band I, 1983, S. 975-977.

[379] Maximale Bestimmtheit bezieht sich auf die jeweils engste Bezugsklasse eines Individuums hinsichtlich interessierender Prädikate und ist Ausfluss fehlender statistischer Daten; vgl. Hempel, Aspekte wissenschaftlicher Erklärungen, 1977, S. 81, mit Verweis auf Reichenbach.

[380] Großbuchstaben seien Abkürzungen für Prädikate („ist ein Tier“ u.ä. oder „ist schwarz“), Kleinbuchstaben sind Individuenvariable (Dinge z. B. „Rabe“). Individuenvariable stehen rechts der Prädikate.

finiert ist. Sind die formalen Bedingungen eines Wahrscheinlichkeitsmaßes erfüllt, so heißt die Abbildung $B : \mathcal{A} \rightarrow [0, 1]$ in diesem Zusammenhang Überzeugungs- oder Glaubenswahrscheinlichkeit.

Im Begründungsfall tritt zu K die epistemische Bereicherung $T \cup C$ hinzu: K, $T \cup C \rightarrow K_{T \cup C}$. Es handelt sich um den Fall statistischen Schließens bzw. um eine ex-ante Begründung, wobei vom tatsächlichen Eintreten K_E zu abstrahieren ist, soweit nicht ein deduktiv-nomologischer Fall vorliegt ($B(E)_{T \cup C} = 1$). Wenn $B(E)_{T \cup C} > B(E)$, so bedeutet dies, dass Prognosen im stark probabilistischen Sinn zwar nicht möglich sind, jedoch wegen der Erhöhung der Glaubenswahrscheinlichkeit ein Fall vernünftiger Erwartung vorliegt, der von der positiven Differenz $B(E)_{T \cup C}$ - $B(E)$ beeinflusst wird.

b) Erklärungsfall im epistemischen Minimalsinn:
Relativ auf die Wissenssituationen K und K_E bildet $T \cup C$ in $K_{T \cup C}$ nur dann eine Erklärung für E, wenn gilt:
- ba) wie oben aa) bis ad) sowie af), ag),
- bb) K_E ist eine empirisch erweiterte Wissenssituation (Wissensverschärfung) gegenüber K[381]; das erkennende Subjekt muss beobachten, um zu sehen was es nicht sähe, wenn es nicht beobachten würde[382], kann das Wissen aber auch durch fremde Beobachtungen gewinnen,
- bc) $T \cup C$ wird in K_E nicht gewusst.

Im Erklärungsfall geht K über in K_E. E hat in dieser Situation einen bestimmten Überraschungswert gegenüber der Startsituation K. Ausgehend von K und nicht von K_E führen nun $T \cup C$ zu einer hypothetischen Wissenssituation $K_{T \cup C}$, da diese ja nicht vorliegen kann, weil E bereits eingetreten ist. $T \cup C$ liefert durch Wissensverschärfung ein Explanans, das den Überraschungswert aus der Sicht K für E mindern soll.

Aus pragmatischen Erwägungen ist diese Vorgehensweise zwar sinnvoll. Gleichwohl bezogen auf den kausalistischen Standpunkt handelt es sich bei Begründungen um prospektive Begründungen, bei Erklärungen um (bloß) retrospekti-

---

[381] K wird mit Realisierung K_E zum Hintergrundwissen bezüglich E.

[382] Vgl. Wittgenstein, Über Gewißheit, 1989, S. 108, Nr. 326.

ve Begründungen, nicht jedoch um wahre Ursachen[383]. Deren wünschenswerte Offenlegung indes stößt auf unüberwindliche Hindernisse. Zudem soll Kausalität ein kognitives Konzept sein, demnach im Gegensatz zu den Ansichten der Kantianer nicht „realistisch" oder „objektiv". Eine kausale Erklärung ist daher immer als bezogen auf einen gegebenen Überzeugungsgrad zu sehen und damit als relativ zu betrachten.[384]

3.4.2.1.6 Grenzen und Probleme bei der Sicherung des Erwerbsprozesses

Ökonomische Ausgangssituationen werden stetig in Endzustände überführt, die gleichzeitig neue Ausgangszustände bilden. Dieser Prozess basiert auf Handlungen. Insoweit wäre es zweckmäßig, den Bedeutungsgehalt des Begriffs „Handlungen" auf den Übergang der Zustände auszudehnen[385]. Handlungen basieren auf Plänen, die wiederum auf Informationen fußen. In der Wirtschaftstheorie geht es um Wissen (Informationen) aus der Erfahrungswelt, welches in Entscheidungs-, Meß- oder sonstigen Modellen abzubilden ist, damit Modelle zur Lösung wirtschaftlicher Einzelprobleme anwendbar werden[386]. Auf Wissen und Erfahrungen vergangener Perioden ist zurückzugreifen, um Überraschungsereignisse zu verhindern. Erklärungstheoretische Erkenntnisse und Grenzen sind daher auch für Erklärungen und Begründungen wirtschafts- und sozialwissenschaftlicher Phänomene von Bedeutung.

Die Betriebswirtschaftslehre als theoretische Disziplin versucht, den Betriebsprozess durch Erforschung von Gesetzmäßigkeiten, Abhängigkeiten und Beziehungen zu erklären, wobei sie auf die grundlegenden Probleme der Erklärungstheorie stößt. Als praktisch angewandte Disziplin hingegen ist sie bestrebt, mit Hilfe der durch die Theorie gewonnenen Erkenntnisse wissenschaftliche Verfahren zu entwickeln, die der praktischen Nutzung zugänglich sind.[387] Zur Theoriebildung bedient sie sich dabei oftmals bestimmter Axiome, die zwar

---

[383] Vgl. Stegmüller, Probleme und Resultate, Band I, 1983, S. 1007.
[384] Vgl. Gärdenfors, Knowledge in Flux, 1988, S. 194.
[385] Vgl. von Kempski, Handlung, Maxime und Situation, 1972, S. 141.
[386] Vgl. Schneider, Betriebswirtschaftslehre: Band III, Theorie der Unternehmung, 1997, S. 73.
[387] Vgl. Wöhe, Methodologische Grundprobleme der Betriebswirtschaftslehre, 1959, S. 29.

Motive menschlichen Handels nicht erklären können, aber den Aufbau logisch einwandfreier und „sinnvoller“ Theorien ermöglichen. Der empirische Gehalt der Theorien bleibt hingegen gering.[388] Diese Vorgehensweise ist jedoch unumgänglich, da entscheidende Zusammenhänge nur mit Hilfe eines hohen Abstraktionsgrades erkennbar sind, wobei der didaktische Wert von Modellkonstruktionen solange fragwürdig bleibt, bis der Unterschied zwischen Denken und Wirklichkeit nicht ausdrücklich offengelegt wird[389]. Gleichzeitig besteht die Notwendigkeit, in gefundene abstrakte Ergebnisse die wesentlichsten Faktoren der Wirklichkeit, von denen bisher abstrahiert wurde, zu integrieren, um sich damit der Wirklichkeit zu nähern und praktische Verwertbarkeit der Ergebnisse zu erreichen[390]. Dies ist um so wichtiger, soweit die Auffassung des Fallibilismus vertreten wird, der die Illusion absolut sicherer Lösungen ausschließt, die Möglichkeiten echter, stets revidierbarer Erkenntnisse der Wirklichkeit bejaht, der die konstruktiven Züge der Erkenntnispraxis nicht leugnet und die kritische Prüfung ihrer Resultate akzentuiert[391]. Notwendigerweise ergeben sich so oftmals lediglich „approximative“ Lösungen, doch gerade dies, die Berücksichtigung der jeweiligen Besonderheiten in ihrer vielfältigen Form, macht die entscheidenden Schwierigkeiten der betriebswirtschaftlichen Forschung aus[392]. Eine besondere Schwierigkeit ergibt sich dabei bei dem Versuch einer Verhinderung von Überraschungsereignissen auf der Grundlage von Vergangenheitsdaten. Zeitreihen, die durch die Statistik als Beschreibung des zeitlichen Ablaufs der einzelnen Elemente des Wirtschaftslebens zur Verfügung gestellt werden, sind zunächst nichts anderes als die Resultate der zur Ausführung gelangten Einzelpläne[393]. Soweit es die Statistik als Wissenschaft gibt, muss sie nun versuchen, bestimmte apodiktische Prinzipien nachzuweisen, auf denen sich wissenschaftliche Erkenntnisse gründen und sie konstruieren, um den statistischen

---

[388] Vgl. Gerich, Zur Methodologie einer empirischen Betriebswirtschaftlehre, 1961, S. 62; Axiome sind das Rationalitätsprinzip, hier S. 44-56, und das Erwerbsprinzip, hier S. 57-62.

[389] Vgl. Katterle, Normative und explikative Betriebswirtschaftslehre, 1964, S. 145.

[390] Vgl. Moxter, Methodologische Grundfragen der Betriebswirtschaftlehre, 1957, S. 53.

[391] Vgl. Albert, Zur Kritik der reinen Ökonomie, 1979, S. 14.

[392] Vgl. Moxter, Methodologische Grundfragen der Betriebswirtschaftlehre, 1957, S. 53.

[393] Vgl. Schneider, Grundsätzliches zur Planung und Standardkostenrechnung, 1940, S. 235.

Massenbegriff möglich zu machen. Nur einer jeweilig erzeugenden Grundrelation kann es gelingen, individuelles zu einem belangvollen Gegenstandskomplex zusammenzuschließen. Vom Typus der Grundrelation und damit der Möglichkeit, sie zu erfassen, wird es abhängen, ob Erkenntnisse auf der Grundlage statistischer Methoden gelingen können.[394] Insbesondere in der wirtschafts- und sozialwissenschaftlichen Statistik erhält aber jede Maßzahl zugleich den Charakter einer zufälligen Variable. Es kommt selten vor, dass einzelne Informationen, die lediglich immer nur bestimmte Zeitpunkte betreffen und nichts über die in die Vergangenheit hineinreichenden und vermutlich auch in der Zukunft andauernden Vorgänge aussagen, für wirtschaftliche Analysen von Wert sind[395]. Die notwendig zu betreibende Ursachenforschung unterscheidet sich daher wesentlich in Voraussetzung, Methode und Ergebnis von den Ätialanalysen der Naturwissenschaften. Anliegen bei regelmäßig einmalig vorliegenden historischen Fakten ist es, diese aus ihrem Naturzusammenhang noch nachträglich zu betrachten, um eine stets schon vorhandene, aus dem Sinnzusammenhang entwickelte Hypothese zu überprüfen. Jedoch ist es nicht möglich, ursachenhomogen wie die Naturwissenschaften zu arbeiten. Nicht homogene Massen liegen vor, vielmehr haben sich die Massen idealtypisch[396] zu bewähren. Aber obgleich Stichprobenverfahren immer häufiger verwendet werden, kommen Wirtschaftsstatistiken ohne irgendeine umfassende wissenschaftliche Planung zustande. Die Entwicklung der Wirtschaftswissenschaft hängt daher weitgehend von einer Anhäufung von Statistiken ab, die nach wirtschaftswissenschaftlichem Theorieverständnis zum Großteil Zufallscharakter tragen.[397] Dies kann insgesamt zu dem Schluss führen, dass die Nutzung der objektiv-statistischen Wahrscheinlichkeitsrechnung bei der nötigen Ursachenforschung ausscheiden muss, da die Voraussetzungen, nach denen sich der mathematische Ansatz stets

[394] Vgl. Hartwig, Naturwissenschaftliche und Sozialwissenschaftliche Statistik, 1956, S. 253.
[395] Vgl. Morgenstern, Über die Genauigkeit wirtschaftlicher Beobachtungen, 1965, S. 13.
[396] Hier bezogen auf Idealtypen im Sinne von Max Weber, vgl. Hartwig, Naturwissenschaftliche und Sozialwissenschaftliche Statistik, 1956, S. 261.
[397] Vgl. Morgenstern, Über die Genauigkeit wirtschaftlicher Beobachtungen, 1965, S. 15.

zu richten hat, nicht erfüllt sind.[398] Die in Wirtschaftsstatistiken vorherrschende schwache Ätialität[399] beeinträchtigt daher Versuche selbst prospektiver und retrospektiver Begründungen. Insoweit bestehen insbesondere hier Gefahren, dass Prognosen künftiger Zustände aufgrund empirischer Befunde zu Fehlschlüssen führen, weil versteckte Ursachen nicht erkennbar sind oder lediglich Schein- bzw. indirekte Ursachen vorliegen.

Dennoch bleibt die Wirtschaftsstatistik einzige Grundlage statistischer Inferenz. Der Versuch der Überwindung von Unsicherheit mittels induktiver Schlüsse auf der Grundlage von Wirtschaftsstatistiken ist jedoch nicht nur aufgrund bestehender schwacher Ätialität problematisch. Die Induktion[400] ist grundsätzlich umstritten[401]. Auf keinerlei Weise kann aus dem Bestehen irgendeiner Sachlage auf das Bestehen einer anderen, gänzlich verschiedenen Sachlage geschlossen werden, woraus folgt, dass es einen derartigen Kausalnexus, der einen ebensolchen Schluss rechtfertigen würde, nicht gibt. Ereignisse der Zukunft können nicht aus gegenwärtigen geschlossen werden.[402] Ein derartiger Erweiterungsschluss ist als logisch fragwürdig anzusehen, da es keinen Erweiterungsschluss vom gegebenen Wissen aus Beobachtungen auf bisher nicht Beobachtbares geben kann, weil dies zwingend Gleichartigkeit von Vergangenheit und Zukunft voraussetzen würde, was gleiche Kräfte und Eigenschaften bedingt[403]. Nicht einmal beweisbar ist, dass es induktive Schlüsse mit wahren Prämissen gibt, die jemals zu wahren Schlussfolgerungen führen[404], so dass ein Versuch, induktive Schlüsse zu rechtfertigen, ein Induktionsprinzip voraussetzen würde, das es erlaubt, induktive Schlüsse in eine logisch zugängliche Form zu bringen. Wie

---

398 Vgl. Hartwig, Naturwissenschaftliche und Sozialwissenschaftliche Statistik, 1956, S. 264; im Grunde auch vgl. Gäfgen, Theorie der wirtschaftlichen Entscheidung, 1974, S. 109, 287.

399 Siehe S. 117.

400 Zu den Voraussetzungen vgl. Bacon, Das neue Organon, 1982, S. 112-114.

401 Aristoteles bemühte sich, soweit bekannt, erstmalig um eine systematische Darlegung der Induktion (in der Metaphysik), übernahm von Sokrates die Bildung allgemeiner Definitionen und das Induktionsurteil. Einer der Begründer der Induktionslogik ist Demokritos.

402 Vgl. Wittgenstein, Tractatus logico-philosophicus, 1999, 5.135-5.1361.

403 Vgl. Hume, Eine Untersuchung über den menschlichen Verstand, 1965, S. 42-51, hier S. 43 und 49.

404 Vgl. Salmon, The Justification of Inductive Rules of Inference, 1968, S. 30.

oben angemerkt[405], kann ein solches Induktionsprinzip keine logische Tautologie oder ein analytischer Satz sein, da es dann kein Induktionsproblem gäbe; induktive Schlüsse wären wie logisch deduktive Schlüsse tautologische Umformungen. Es stellt sich die Frage nach der wissenschaftlichen Rechtfertigung für ein Induktionsprinzip, bei dem es sich um einen synthetischen Satz handeln müsste[406], dessen Negation aber logisch nicht kontradiktorisch wäre.[407]

Basierend auf dem Hume´schen induktiven Skeptizismus entwickelte sich die logischen Wahrscheinlichkeit[408], da es ein Fehler sei, die Möglichkeiten einer induktiven Logik von der Lösung des Hume´schen Problems abhängig zu machen[409]. Die Tatsache, welche die induktive Logik zu einer Notwendigkeit macht, soweit vernünftige Entscheidungen getroffen werden sollen, ist die Unmöglichkeit der Kenntnis der Zukunft. Diese ist aber gleichzeitig Voraussetzung für die Willensfreiheit des Menschen, da nur dann, wenn Kausalität eine innere Notwendigkeit wäre, wie die des logischen Schlusses, zukünftiges Handeln gewusst werden könnte[410]. Jedes Individuum muss daher seine Entschlüsse auf Erwartungen zukünftiger Ereignisse ausrichten, die von seinem eigenen Handeln unabhängig, aber ebenso als Folge gewisser eigener Handlungen, zu denen es sich eventuell veranlasst sehen wird, abhängig sind. Bezüglich dieser Erwartungen besitzt das Individuum keine Sicherheit, sondern lediglich Wahrscheinlichkeiten. Insofern könne vernünftiges Handeln nur durch Wahrscheinlichkeiten gelenkt werden.[411]

Die induktive Logik stützt sich auf einen induktiven Wahrscheinlichkeitsbegriff. Abweichend vom statistischen Wahrscheinlichkeitsbegriff drücken hier Wahrscheinlichkeitssätze den Grad des vernünftigen Glaubens aufgrund von Erfahrungsdaten aus. Auf dieser Grundlage sei es möglich, ein Stützungsmaß für eine bestimmte Hypothese (*h*) abzuleiten, weil eine hohe derartige Wahrscheinlich-

---

[405] Siehe S. 64.
[406] Z. B. Kant mit seiner Betrachtung des Kausalprinzips als „a-priori-gültig".
[407] Vgl. Popper, Logik der Forschung, 1994, S. 4.
[408] Vgl. Stove, Probability and Hume´s Inductive Scepticism, 1973, S. 106.
[409] Vgl. von Wright, A Treatise on Induction an Probability, 1951, S. 21.
[410] Vgl. Wittgenstein, Tractatus logico-philosophicus, 1999, 5.1362.
[411] Vgl. Carnap/Stegmüller, Induktive Logik und Wahrscheinlichkeit, 1959, S. 101.

keit der Hypothese *h* aufgrund der Beobachtung *b* bedeutet, das *b* im hohen Maße *h* stützt, somit *h* in hohem Grade von *b* bestätigt wird. In einer Wissenssituation hat ein beobachtendes Subjekt, das *b* aufgrund direkter Beobachtung kennt, und weiter nichts, gute Gründe dafür, den durch *h* beschriebenen und nicht beobachteten Sachverhalt zu erwarten.[412] Um eine Definition des Begriffs des Bestätigungsgrades als ein quantitatives Explikat der induktiven Wahrscheinlichkeit zu erhalten, ist die Zugrundelegung einer Funktion *f* nötig, die zwei Argumente besitzt (Hypothese *h* und Prämisse *b*), da es sich bei der induktiven Wahrscheinlichkeit (Wahrscheinlichkeit$_1$[413]) um einen relativen Begriff handelt. Als Argumente der Funktion sind Sätze eines Systems 𝔖 zu wählen. Eine vollständige quantitative Wahrscheinlichkeit$_1$-Aussage hätte daher zu lauten: $f(h, b) = r$ in 𝔖.[414]

Der Versuch einer quantitativen Explikation der induktiven Wahrscheinlichkeit ist zwar letztlich ebenfalls gescheitert, hat aber über den Themenkreis der „Induktion“ hinausreichende Bedeutung und kann als Begründung von Normen für rationales Handeln unter Risiko verstanden werden, wobei jedoch das Begründungsverfahren einer genaueren Explikation unterzogen werden muss[415].

Zusammenfassend sind für Planungen folgende Einschränkungen zu akzeptieren:

- Es kann keine Regel angegeben werden, die eine optimale Informationsbeschaffung anzeigt.
- Möglichkeiten von Experimenten zur Informationsbeschaffung sind dem Manager im Bereich der Wirtschafts- und Sozialwissenschaften im Gegensatz zu den Naturwissenschaften grundsätzlich verwehrt. Zur Beurteilung des möglichen Nutzens von Informationen im Rahmen der Informationsbeschaffung kann nur das Informationswertkonzept zur Anwendung gelangen. Als ex-ante

---

412 Vgl. Carnap, Logical Foundation of Probability, 1951, S. 44.

413 Carnap unterteilt den Wahrscheinlichkeitsbegriff in Wahrscheinlichkeit$_1$ (Grad der Bestätigung oder personelle Wahrscheinlichkeit) und Wahrscheinlichkeit$_2$ (statistische Wahrscheinlichkeit); vgl. Carnap, Logical Foundation of Probability, 1951, S. 29-37.

414 Vgl. Carnap/Stegmüller, Induktive Logik und Wahrscheinlichkeit, 1959, S. 148-150.

415 Vgl. Stegmüller, Das Problem der Induktion: Humes Herausforderung und moderne Antworten, 1996, S. 68.

Kalkül ist das Informationswertkonzept „erwartungswertbasiert", so dass hier das Abgrenzungsproblem zwischen Ermessensreduktion und Fähigkeiten des Managers besonders deutlich wird.

- Prognosen für Planungen implizieren den Versuch einer Klärung von Kausalbeziehungen bestimmter Zustände, die zeitlich unterschiedlichen Weltzustände angehören. Die Offenlegung von Ursache- und Wirkungsbeziehungen zur Erkennung von Auswirkungen möglicher Handlungsalternativen stößt aber nicht nur erkenntnistheoretisch auf Schwierigkeiten, die erkenntnistheoretischen Analysen selbst sind umstritten.
- Kausalbeziehungen sind probabilistisch und soweit ein Explikationsrahmen als Referenzmodell gefordert wird, muss Wissen bereitgestellt werden, das einzig eine metaphysische Entität besitzt. Die Möglichkeiten bei Planungen Kausalrelationen richtig zu berücksichtigen, sind daher sehr eingeschränkt und betreffen Erfahrungen und Fähigkeiten von Managern.
- Die in Wirtschaftsstatistiken vorherrschende schwache Ätialität bedingt den Verzicht der Nutzung objektiver Wahrscheinlichkeiten im Rahmen von Prognosen.
- Zwar sind auch bei der Planung und Sicherung des Erwerbsprozesses im Rahmen des entscheidungstheoretischen Ansatzes[416] innerhalb der Phasen Willensbildung, Prognose und Auswahl grundsätzlich Normen für rationales Handeln zugrunde zu legen, jedoch können Wahrscheinlichkeiten hier nicht überzeugend zur Anwendung gebracht werden, denn die einzig überzeugende Möglichkeit der Konstruktion personaler Wahrscheinlichkeiten für Entscheidungszwecke stößt auf große Schwierigkeiten, so dass die Bewertung von Ausprägungen erkannter Handlungsalternativen erschwert ist und auf den Fähigkeiten von Managern beruht.
- Manager sind nicht in der Lage, sämtliche Auswirkungen bestehender Handlungsalternativen zu erkennen, um bedingt handeln zu können.

[416] Vgl. dazu Heinen, Einführung in die Betriebswirtschaftslehre, 1985, S. 22-23; zu einer Gegenüberstellung des Ansatzes und der Ansätze von Gutenberg („Faktortheoretischer Ansatz") und Ulrich („Systemtheoretischer Ansatz") vgl. Ulrich/Hill, Wissenschaftstheoretische Aspekte ausgewählter betriebswirtschaftlicher Konzeptionen, 1979, S. 170-173.

- Ein Manager wird immer damit rechnen müssen, dass alle Hypothesen, die über das Aussehen einer Situation gebildet wurden falsch sind. In unsicheren Situationen führen Berechnungen, die für eine Alternative durchgeführt werden, regelmäßig zu mehreren Ergebnissen, was beim Wählenden schnell zu Ratlosigkeit führen kann.[417]

Da die wirtschaftliche Realität oft ausschließt, unter mehreren in Betracht kommenden Alternativen mit rationalen Mitteln die dem Unternehmensinteresse am besten dienende Lösung auszumachen, muss es letztlich der Unternehmensleitung überlassen bleiben, den richtigen Weg zu finden. Das Unternehmensinteresse verlangt aber dafür Sorge zu tragen, dass alle für die Entscheidung relevanten Umstände soweit wie möglich aufgeklärt, und dass alle zugänglichen Informationen zusammengetragen werden.[418] Dabei ist es nicht nur notwendig bestehende Informationsquellen zu nutzen, sondern solche sind ebenfalls selbst zu schaffen[419], wobei der Vorstand die Informationsherrschaft niemals aus der Hand geben darf[420]. Dieses juristisch geprägte Postulat wird aber vereinzelt aus betriebswirtschaftlicher Sicht, aus der Perspektive eines argumentationsrationalen Konzepts, als die Einforderung von qualifiziert-begründeten Vorstandsentscheidungen in extremer Ausprägung angesehen. Der gegenwärtige Stand der Entscheidungsvorbereitungsforschung zeigt, dass sich keine exakten Angaben über Fundierungserfolgsaussichten sowie den jeweiligen erforderlichen Zeitbedarf machen lassen und auch Kosten-Nutzen-Überlegungen besonders spekulativ erscheinen. Es verbleiben lediglich Plausibilitätsüberlegungen, um praktische Fundierungsmöglichkeiten zu umreißen. Daher soll vorbehaltlich empirischer Untersuchungen begründet vermutet werden dürfen, dass eine uneingeschränkte rechtsverbindliche Verpflichtung zu qualifizierten Problemlösungen schon aus Zeitgründen einen unternehmenspraktisch uneinlösbaren

---

417 Vgl. Wittmann, Unternehmung und unvollkommende Information - Unternehmerische Voraussicht - Ungewißheit und Planung, 1959, S. 148-149.

418 Vgl. Raiser, Das Unternehmensinteresse: FS Schmidt, 1976, S. 108; vgl. Semler, Die Unternehmensplanung in der Aktiengesellschaft - Eine Betrachtung unter rechtlichen Aspekten, 1983, S. 9.

419 Vgl. Hopt, in AktG Großkomm., Band 1, (11. Lief. 1999), § 93 Rnd. 84.

420 Vgl. Mertens, in Kölner Komm. AktG, 2. Aufl., § 76 Rn. 43.

Anspruch verkörpert, insoweit auch weder aus § 93 I AktG ableitbar noch von der Rechtswissenschaft selbst beabsichtigt sein kann.[421] Dennoch hat das deutsche Gesellschaftsrecht durch eine allzu große Nachgiebigkeit höchstrichterlicher Rechtsprechung gegenüber einer einseitig am Systemdenken orientierten Rechtswissenschaft und deren Perfektionierungsdrang inzwischen einen hohen Verfeinerungsgrad erreicht. Angemahnt ist daher Zurückhaltung und Vorsicht beim weiteren Ausbau bzw. in Teilen auch Klärung und Rückbau.[422]

Planbarkeit ist begrenzt. Trotz Schwierigkeiten ist Planbarkeit aus Sicht eines geschulten außenstehenden Beobachters zu verstehen[423]. Das Risiko des Managers betrifft das Schadens-Risiko (i)[424]. Daraus folgt letztlich:

- Es müssen mindestens alle entscheidungsrelevanten unternehmensexternen Informationen, die ohne wesentliche Kosten zeitnah beschaffbar sind, der Entscheidungsfindung korrekt verarbeitet zugrunde gelegt werden (z. B. jegliche Arten interessierender Wirtschaftsdaten).
- Es müssen alle interessierenden Daten aus der Organisation selbst zeitnah verfügbar sein, soweit diese Kontroll-, Rechenschafts- und Steuerungszwecken dienen. Dies betrifft auch Informationen über Kapazitäten sowie über Wissen und Können der Mitglieder der Organisation[425].

3.4.2.2 Organisation

Führungsfehler, Mängel im Management sowie Probleme, die von der Person des Managers ausgehen, zählen zu den häufigsten Gründen, die in der empirischen Insolvenzursachenforschung für Unternehmenskrisen genannt wer-

---

[421] Vgl. von Werder, Vorstandsentscheidungen nur auf der Grundlage „sämtlicher relevanter Informationen"?, 1997, S. 914-916.

[422] Vgl. Röhricht, Von Rechtswissenschaft und Rechtsprechung, 1999, S. 476-477.

[423] Diese Sichtweise steht der Judikatur nicht entgegen, siehe S. 77.

[424] Siehe S. 98.

[425] Ansoff teilt verfügbare Informationen ähnlich ein; vgl Ansoff, Managing Surprise and Discontinuity - Strategic Response to Weak Signals, 1976, S. 132.

den[426]. Ein Schaden aufgrund einer Pflichtverletzung könnte daher seine Ursache insbesondere in der organisatorischen Einrichtung eines Manager-Regelsystems haben, welches angelehnt an die Managementfunktionen in die Aufbau- und Ablauforganisation zu integrieren ist.

Dabei dürfen aber möglicherweise bestehende Restriktionen bei der Einrichtung einer Organisation im Rahmen der Beurteilung etwaiger Pflichtverletzungen nicht zu Lasten von Leitungsorganen gehen. Möglichkeiten und Grenzen bei der Errichtung von Organisationen sollen daher im Folgenden untersucht werden.

3.4.2.2.1 Aufgabe und Ursache organisatorischen Gleichgewichtsstrebens

Wirtschaften ist Gegenstand organisatorischer Gestaltung, stellt selbst aber kein organisatorisches Handeln dar. Organisation ist ein Mittel, ein spezifischer Faktor, mit dem wirtschaftliche und technische Ziele im Wege zweckentsprechender Gestaltung der Handlungsabläufe realisiert werden sollen.[427] Die Manager-Ordnung basiert, wie jede Ordnung des betrieblichen Geschehens, auf bewusst gestaltende Maßnahmen von Menschen, die planen und organisieren. Planen ist dabei der Entwurf einer angestrebten Ordnung, nach welcher sich der gesamtbetriebliche Prozess vollziehen soll. Die Organisation ist dessen Vollzug. Diese Realisierungsaufgabe ist es, was das Phänomen „Organisation" ausmacht.[428] Definitorisch lässt sich der Begriff der Organisation durch drei Merkmale bestimmen: Struktur, Integration, Dauer. Während zunächst die Bildung von Strukturen in den Gefügesystemen im Vordergrund steht, folgt anschließend die auf Integration der Gefügebestandteile gerichtete Strukturierung. Diese integrative

[426] Vgl. Lück, Managementrisiken im Risikomanagementsystem, 2000, S. 1474, mit weiteren Nachweisen (S. 1474-1475) die belegen, dass vor allem schwerwiegende Managementfehler in den verschiedensten Bereichen eines Unternehmens Ursachen für Insolvenzen darstellen; vgl. auch Janke, Interne Revision und Unternehmensinsolvenz, 2000, S. 213.

[427] Vgl. Wild, Grundlagen und Probleme der betriebswirtschaftlichen Organisationslehre, 1966, S. 34.

[428] Vgl. Gutenberg, Grundlagen der Betriebswirtschaftslehre: Band I, Die Produktion, 1983, S. 235.

Strukturierung erstrebt dabei die generelle Dauerhaftigkeit von Gebilden und Prozessen. Sie trägt stabilen Charakter. Gestrebt wird nach Gleichgewicht und Erhaltung der Unternehmung. Dispositive Maßnahmen hingegen sind Einzelmaßnahmen in konkreten Sonderfällen und entfalten keine strukturellen Wirkungen. Dispositionen dienen vornehmlich der Anpassung der Unternehmung an die Umweltbedingungen. Entwicklung und Wachstum der Unternehmung erfordern beides, ein ständiges Zusammenwirken von Organisation und Disposition.[429]

Die Aufgabe von Organisationen und Ursachen organisatorischen Gleichgewichtsstrebens fußen auf den Bedingungen, denen Planungen unterliegen. Durch Gegenüberstellung der Bedingungen, die für Planungen unter Ungewissheit und Unsicherheit gelten, können die Gründe für bestehende Probleme verdeutlicht werden:

(a) Planung unter Ungewissheit:

Zu jedem Zeitpunkt kann eine optimale Wahlhandlung dann getroffen werden, soweit Entscheidungen über zukünftige Aktionen simultan mit denen über gegenwärtige Aktionen abgestimmt werden und der Ungewissheit künftiger Zustände mittels Eventualentscheidungen Rechnung getragen wird („vollständig" flexible Planung)[430]. Die Durchplanung aller für möglich gehaltenen Weltzustände für jeden Handlungszeitpunkt eines Planungszeitraumes ergäbe folgende Situation:

---

[429] Vgl. Kosiol, Organisation der Unternehmung, 1976, S. 28-29.

[430] Vgl. Hax/Laux, Flexible Planung - Verfahrensregeln und Entscheidungsmodelle für die Planung bei Ungewissheit, 1972, S. 319-320. A. A. zur „flexible Planung" als eigenständigen Weg um Entscheidungsprobleme unter Ungewissheit zu lösen, vgl. Schneider, Flexible Planung als Lösung der Entscheidungsprobleme unter Ungewißheit?, 1971, S. 837, ders. »Flexible Planung als Lösung der Entscheidungsprobleme unter Ungewißheit?« in der Diskussion, 1972, S. 459, ebenso ders. kritisch zu Überlegungen zur „optimalen Komplexion", der Auswahl und Verwendung von Entscheidungsmodellen unterschiedlicher Komplexität, z. B. Kern, Werner, Gestaltungsmöglichkeiten und Anwendungsbereich betriebswirtschaftlicher Planungsmodelle, in: ZfhF, 14. Jg. 1960, S. 167-179; Teichmann, Heinz, Die optimale Komplexion des Entscheidungskalkül, in: ZfbF, 24. Jg. 1972, S. 519-539, vgl. Schneider, Betriebswirtschaftslehre: Band III, Theorie der Unternehmung, 1997, S. 105, weil bei Planungen Kosten für Informationsauswertung anfallen, „Komplexion" sich der quantitativen als auch (in Rangordnungen) interpersonellen Messung entzieht, noch bekannt ist, welche bisher unbekannte Information noch zugehen wird.

- Das Ziel der Organisation ist (für den Planungszeitraum) genau bestimmt. Für jeden Handlungszeitpunkt t_n des Planungszeitraumes ist $\mathcal{U}$[431] definiert und damit für $t_{1,2,\ldots,n}(t_1 < t_2 < \ldots < t_n | t_n \in T, T \subset [1,n] | n \in N)$ die bedingte Auswahlregel $\varpi_{t_{1,2,\ldots,n}}$ für die Auswahl aus $\mathcal{U}$ vorgegeben.
- Durch die bedingten Auswahlregeln $\varpi_{t_{1,2,\ldots,n}}$ für die Auswahl aus $\mathcal{U}$ sind alle bedingten Aktivitäten bereits mit Abschluss der Planung abgestimmt.
- Alle Aufgaben sind bedingt als gegeben zu betrachten. Damit ist der nötige Grad an Disposition und das Ausmaß grundsätzlicher und genereller Regelungen festgelegt.
- Notwendig ist die Zuweisung der Aufgaben an Beauftragte. Probleme bestehen noch insoweit, als Aufgaben zusätzlich zu gruppieren sind: Gruppierung der Aufgaben in individuelle Arbeiten, Gruppierung der Arbeiten in administrative Einheiten, Gruppierung der Einheiten in größere Einheiten und Bildung von Abteilungen. Die Gruppierung soll dabei so erfolgen, dass die Gesamtkosten der Aktivitäten minimiert werden. Diese Sichtweise würde eine formale Theorie der Organisation zugrunde liegen: Zuordnung der Aktivitäten zu Organisationseinheiten und Individuen mit Hilfe von Optimierungsmodellen.[432]

(b) Planung unter Unsicherheit:

Im Gegensatz zur Planung unter Ungewissheit besteht hier die Gefahr, dass neben geplanten auch nicht geplante Zustände der Welt (Überraschungsereignisse) eintreten können. Mögliche Überraschungsereignisse sind Ursache organisatorischer Probleme, denn aus den Bedingungen folgt:

- Das Ziel der Organisation ist (für den Planungszeitraum) zwar genau bestimmt. Für jeden Handlungszeitpunkt t_n des Planungszeitraumes ist $\mathcal{U}$ jedoch regelmäßig nicht bestimmbar, und daher für $t_{1,2,\ldots,n}$ die bedingte Auswahlregel $\varpi_{t_{1,2,\ldots,n}}$ für die Auswahl aus $\mathcal{U}$ nicht vollständig vorgegeben (nicht vorgebbar).
- Durch Fehlen der bedingten Auswahlregeln $\varpi_{t_{1,2,\ldots,n}}$ sind möglicherweise notwendige bedingte Aktivitäten nicht durch die Planung für den Planungszeitraum abstimmbar.

---

431 Siehe S. 31.

432 Vgl. March/Simon, Organisation und Individuum, 1976, S. 26, 29.

- Die gesamten bedingten Aufgaben, ein notwendiger Grad an Disposition sowie an grundsätzlichen und generellen Regelungen sind lediglich für eine kurze Zeitspanne des Planungszeitraumes genau bestimmt.
- Notwendig ist die Zuweisung der Aufgaben an die Beauftragten. Probleme bestehen, da Aufgaben zu gruppieren sind: Gruppierung der Aufgaben in individuelle Arbeiten, Gruppierung der Arbeiten in administrative Einheiten, Gruppierung der Einheiten in größere Einheiten und Bildung von Abteilungen. Die Gruppierung soll dabei so erfolgen, dass die Gesamtkosten der Aktivitäten minimiert werden. Eine formale Theorie der Organisation kann nicht zugrunde gelegt werden; die Probleme sind zu komplex und dynamisch[433].
- Verhalten in Organisationen ist nicht im voraus durch eine detaillierte Planung und Zeiteinteilung determiniert. Selbst eine Routine hat eher einen strategischen Charakter als den eines fixen Programms.[434]
- Jedes Mitglied der Organisation verfolgt eigene Ziele, die unbemerkt verfolgt werden können, da Aufgaben in Organisationen lediglich kurzfristig bedingt vorgebbar sind und ein notwendiger Entscheidungsspielraum Kontrollen erschwert. Das erzeugt Konflikte zwischen den Mitgliedern der Organisation sowie den Mitgliedern und der Organisation selbst. Dies ist das Hauptproblem der Organisationstheorie[435].
- Erforderlich wird ein Synthese-Konzept. Synthese-Konzepte sind als Versuche der Zusammenfassung von Personen, Funktionen, Maschinen und allen übrigen Aktivitäten zum Zwecke ihrer Ausrichtung auf übergeordnete Ziele zu verstehen[436]. Kernbestandteil dieser Versuche ist die Koordination. Diese ist zwangsläufiges Ergebnis der Entstehung der Fabrik, weil kein Mitglied der Organisation mehr in der Lage war, alle Details zu erfassen. Aufgabe moderner Organisationen ist es, das Gleichgewicht der Kompetenzen wieder herzustellen, das durch Ausdehnung der Produktionsaktivitäten gestört wurde. Nur

---

[433] Vgl. z. B. Takahara/Mesarovic, Organization Structure, 2003, S. 203.
[434] Vgl. March/Simon, Organisation und Individuum, 1976, S. 26, 29.
[435] Vgl. z. B. Takahara/Mesarovic, Organization Structure, 2003, S. 4.
[436] Vgl. Frese, Organisationstheorie, 1992, S.67.

so kann die Funktionsfähigkeit der Unternehmungsgesamtleitung gewährleistet werden.[437]

- Fehlendes Wissen über Weltzustände sowie das Fehlen vollständiger Offenlegung von Wissen in Organisationen führt zum Versuch der Schaffung eines organisatorischen Gleichgewichts von
  - „Stabilität und Flexibilität" zur Erhaltung der Organisation nach außen,
  - „Leistungskraft und Anreiz" zur Erhaltung der Organisation nach innen[438]: Als Gegenleistung benötigter Leistungskraft sind Anreize zu bieten, denn Führungsgruppen verfügen nicht über unbegrenzte Entscheidungsfreiheit, um Organisationen in gewünschte Richtungen zu steuern. Ihre Macht wirkt solange fort, wie sie ausreichende Anreize anzubieten vermögen, um die nötigen Beiträge der anderen Teilnehmer zur Organisation zu erhalten.[439]

3.4.2.2.2 Organisationsverständnis unter Unsicherheit

Die Organisation ist trotz der Bedingungen, die aus Planungen unter Unsicherheit resultieren, nicht nur als offenes und unbestimmtes System zu verstehen, sondern ebenfalls Gegenstand von Rationalitätskriterien, obwohl diese originär auf Bestimmtheit angelegt sind und auf Sicherheit fußen[440]. Vom phänomenologischen Standpunkt aus sollte von Rationalität aber nur in Verbindung mit einem Bezugsrahmen gesprochen werden. Dieser Bezugsrahmen ist gleichwohl determiniert durch beschränkte Kenntnis des handelnden Menschen. Fundamentale Charakteristika kommen dadurch zum Ausdruck, dass Entscheidungsfindungen auf simplifizierten Modellen beruhen, die sich jedoch bemühen sollten, eine ungefähre Realitätsabbildung anzustreben. Die Elemente des Modells sind dabei regelmäßig nicht gegeben, sondern selbst Folge psychologischer und soziologischer Prozesse sowie eigener und fremder Aktivitäten. Unweigerlich

---

[437] Vgl. Frese, Organisationstheorie, 1992, S.67, zitiert hier Church, Alexander Hamilton, The Meaning of Commercial Organization, In: Engineering Magazine, Vol. 20, 1900/01, S. 391-393 (S. 395).

[438] Siehe S. 32.

[439] Vgl. Simon, Entscheidungsverhalten in Organisationen, 1981, S. 148.

[440] Vgl. Thompson, Organization in Action, 1967, S. 10.

sind den menschlich-intellektuellen Fähigkeiten angesichts der Komplexitäten der Probleme, denen sich Individuen und Organisationen gegenübergestellt sehen, Grenzen gesetzt. Für rationales Verhalten in der Organisation sollte gelten:[441]

- Optimierung ist zu ersetzen durch Befriedigung.
- Aktionsalternativen und Konsequenzen werden sequenziell entdeckt, was als Suchprozess zu verstehen ist[442].
- Aus der Organisation heraus werden Repertoires an Programmen für menschliches Verhalten und Aktivitäten in der Unternehmung ermittelt; diese dienen im Suchprozess auch als Alternativen, wenn sich Situationen wiederholen.
- Jedes Aktionsprogramm betrifft nur einen begrenzten Bereich von Situationen und Konsequenzen.
- Aktionsprogramme können teilweise unabhängig voneinander durchgeführt werden, sind nur lose miteinander verbunden.

Der Begriff Organisation ist eng zu fassen und soll nur diejenige Apparatur umfassen, welche die Aufgabe hat, eine durch Planung vorgegebene Ordnung umzusetzen. Die enge Begriffsfassung ist gerechtfertigt, da Mängel im Leistungserstellungsprozess sowohl auf Unzulänglichkeiten der betrieblichen Planung, der Betriebsorganisation als auch auf persönlichem Versagen der Betriebsleitung beruhen können. Soweit dies zutrifft, muss Betriebsorganisation etwas anderes sein als Planung oder Betriebsleitung[443], die jedoch in einem weiter gefassten Begriff verschmelzen würden[444]. Die Betriebsorganisation ist als besonderer produktiver Faktor zu sehen und den dispositiven Faktoren Planung und Leitung zur Seite zu stellen. Diese ist der verlängerte Arm der Unternehmensleitung und übt eine Unterstützungsfunktion bei der Zusammenstellung

---

[441] Vgl. March/Simon, Organisation und Individuum, 1976, S. 157.

[442] Charakteristika der evolutorische Sichtweise der Theorie der Unternehmung, die Anpassungen an notwendige Veränderungen in inkrementalen Schritte vollziehen will, vgl. Vahs, Organisation, 1997, S. 261. Im Gegensatz dazu der neoinstitutionelle Ansatz, der Rationalitätslücken von Akteuren durch rationale Institutionengestaltungen ausgleichen will, vgl. Picot/Dietl/Franck, Organisation. Eine ökonomische Perspektive, 2002, S. 41.

[443] Vgl. Gutenberg, Grundlagen der Betriebswirtschaftslehre: Band I, Die Produktion, 1983, S. 236.

[444] Vgl. z. B. Nicklisch, Wirtschaftliche Betriebslehre, 1922, S. 54-55.

der Produktivfaktoren Arbeit, Betriebsmittel und Werkstoff zu einer leistungsfähigen betrieblichen Einheit aus. Eine Organisation ist jedoch niemals in dem Sinne produktiv, dass sie andere Zielsetzungen, Verhaltensmöglichkeiten oder gar neue Werte immanenter oder transzendenter Art hervorbringen kann. Derartige Aufgaben lasten auf denen, die sich der Organisation bedienen, also den Managern. Je vollkommener die Organisation imstande ist, vorgegebene Ziele zu verwirklichen und Pläne zu erfüllen, um so besser erfüllt sie ihre Aufgabe, welche der dienenden und instrumentalen Natur entspricht.[445]

Die Verwendung der engen Begriffsfassung von *Gutenberg* ist deswegen gerechtfertigt, weil diese zugleich als grundlegend für die Organisationstheorie und organisatorische Praxis angesehen werden kann. Wegweisend für die aktuelle Diskussion von Governance-Strukturen ist die Einordnung der Organisation in das System der dispositiven Faktoren. Die Abgrenzung der Koordination großer betrieblicher Teilbereiche als nichtdelegierbare originäre Führungsaufgabe eröffnete aber ebenso den Weg zur Principal-Agent-Theorie. Da alle Organisations- und Kommunikationsentscheidungen einer Instanz dem Zwecke des Treffens richtiger Objektentscheidungen dienen sollen, stimmt diese Sichtweise ebenfalls mit der Sichtweise der entscheidungsorientierten Organisationstheorie überein.[446]

Unzweifelhaft ist, dass jedes „Einpassen" betrieblicher Tätigkeiten in einen geregelten Zusammenhang zu einer Beschränkung des Ermessenspielraumes des mit einer bestimmten Arbeitsverrichtung Betrauten führen muss. Denn je intensiver von generellen Regelungen Gebrauch gemacht werden kann, um so mehr verliert die entgegengesetzte Form organisatorischer Regelung, die der fallweisen Regelung, an Bedeutung. Generelle Regelung ist dahingehend zu verstehen, dass der mit dispositiven Aufgaben Beauftragte in seinen Ermessenspielräumen eingeschränkt wird, was tendenziell zu einer Entindividualisierung des Lenkungs- und Arbeitsprozesses führt. Überall dort, wo betriebliche Vorgänge

---

445 Vgl. Gutenberg, Grundlagen der Betriebswirtschaftslehre: Band I, Die Produktion, 1983, S. 236.

446 Vgl. Kreikebaum, Der Einfluß von Gutenbergs Organisationskonzeption, 1999, S. 576-578.

ein verhältnismäßig hohes Maß an Gleichartigkeit und Periodizität aufweisen, soll die Tendenz wirksam werden, fallweise Regelungen durch generelle Regelungen zu ersetzen[447]. Das *Gutenbergsche* Substitutionsgesetz bzw. Substitutionsprinzip der Organisation lautet daher:

„Die Tendenz zur generellen Regelung nimmt mit abnehmender Variabilität betrieblicher Tatbestände zu."[448]

Daraus folgt zugleich, dass die Betriebsprozesssteuerung mit zunehmender Überantwortung der Lenkung an das Prinzip der generellen Regelung individuelle Substanz verliert, deren Verlust in dem Maße gerechtfertigt erscheint, als sich organisatorische Vorgänge durch Gleichartigkeit, Regelmäßigkeit und Einfachheit auszeichnen[449].

Die Zugrundelegung des obigen institutionellen Organisationsbegriffs interpretiert die Organisation als ein soziales System im Gegensatz zum in der Betriebswirtschaftslehre vorherrschenden instrumentalistischen Organisationsbegriff. Rekurriert auf die Lösung eines bestehenden Organisationsproblems steht in diesem Fall das Prozessergebnis in Gestalt von Institutionen, die menschliches Verhalten beeinflussen sollen, im Vordergrund. Die Gesamtheit an organisatorischen Regeln bildet die Organisationsstruktur.[450] Zeitpunktbetrachtet erscheint die Organisation als eine Gesamtheit an Teilaufgaben der Aufgabenträger, deren Beziehungen sich in einer bestimmten Abteilungs- und Stellengliederung manifestiert. Zur Systematisierung könnte folglich definiert werden:

Die Gestaltung der Verteilungsbeziehungen als organisatorische Differenzierung der Unternehmung in Subsysteme wird Aufbauorganisation genannt[451].

Abgesicherte Gestaltungshilfen für eine angemessene aufbauorganisatorische Gestaltung müssen technologische, wirtschaftliche, rechtliche, soziologische,

---

[447] Vgl. Gutenberg, Grundlagen der Betriebswirtschaftslehre: Band I, Die Produktion, 1983, S. 238-239.

[448] Gutenberg, Unternehmensführung, 1962, S. 145, auch Gutenberg, Grundlagen der Betriebswirtschaftslehre, Band I, 1983, S. 240.

[449] Vgl. Gutenberg, Grundlagen der Betriebswirtschaftslehre: Band I, Die Produktion, 1983, S. 240.

[450] Vgl. Picot, Organisation, 1999, S. 114.

[451] Vgl. Bleicher, Unternehmungsentwicklung und organisatorische Gestaltung, 1980, S. 23.

psychologische und arbeitsmedizinische Bestimmungsgrößen berücksichtigen. Gestaltungshilfen sollen daher auf einer ausreichenden Basis von Beschreibungs-, Erklärungs- und Entscheidungsmodellen basieren.[452] Soweit die Phase der Aufgabensynthese und nicht die der Aufgabenanalyse ansteht, sollen Optimierungsmodelle einsetzbar sein, da es jeweils um die Zuordnung von Elementaraufgaben geht, die durch Zuweisungen von Binärvariablen in Modellen abbildbar sind[453]. Dies wird aber insoweit auf Schwierigkeiten stoßen, als die Komplexität der Aufgabe die Modellformulierung selbst scheitern lassen könnte, soweit real-konkrete Probleme gelöst werden sollen.

Daneben wird die Gestaltung der Arbeitsbeziehungen als Wirkungssystem zwischen den teilsystemischen Zuordnungseinheiten erforderlich[454]. Zur Systematisierung könnte weiter definiert werden:

> Ablauforganisation ist ausgerichtet auf den in Raum und Zeit ablaufenden Leistungsprozess entlang der Wertschöpfungskette und bezieht sich damit auf die laufende Rhythmisierung und Terminierung der Arbeitsgänge. Diese raumzeitliche Strukturierung betrifft die Bestimmung von Arbeitsgängen, deren Zusammenfassung zu Arbeitsfolgen, Leistungsabstimmung, Regelungen zeitlicher Belastungen von Arbeitsträgern sowie die Ermittlung kürzester Durchlaufwege. Die Prozessstrukturierung unterliegt dem organisatorischen Prinzip der Technizität.[455]

Die methodisch wichtige Abstraktion von Aufbau und Ablauf bedeutet in der Realität eine unterschiedliche Betrachtungsweise des gleichen einheitlichen Tatbestands des gesamten Wirtschaftsgeschehens in der Unternehmung, erweist sich aber als fruchtbar wegen des gedanklich stufenweisen Vorgehens.[456] Diese in der betriebswirtschaftlichen Organisationslehre gängige Trennung der Organisation stößt jedoch auch auf Kritik,weil konzeptionelle und vor allem prakti-

[452] Vgl. Kosiol, Aufbauorganisation, 1980, Sp. 185.
[453] Vgl. Müller-Merbach, Ansätze zur Optimierung der Aufbauorganisation, 1980, Sp. 189-190.
[454] Vgl. Bleicher, Unternehmungsentwicklung und organisatorische Gestaltung, 1980, S. 23.
[455] Vgl. Kosiol, Organisation der Unternehmung, 1976, S. 32, 187.
[456] Vgl. Kosiol, Organisation der Unternehmung, 1976, S. 188.

sche Schwierigkeiten auftreten, denn die jeweiligen Gestaltungsaufgaben greifen zu tief ineinander[457].

3.4.2.2.3 Ursache und Probleme der Koordination

Die Begrenztheit der Planung erzwingt nach Zugang neuen Wissens Handlungsbedarf und Plananpassung. Es entstehen zwangsläufig besondere Interdependenzen zwischen verschiedenen Entscheidungsbereichen und Tätigkeiten[458]. Koordination ist das konzentrierende Ordnungsprinzip und damit das verbindende Gestaltungsmittel einer integrativen Strukturierung der Unternehmung. Es erfordert Subordination gestützt auf Autorität und Disziplin[459]. Ihre drei Formen, die Gleichordnung, die Über- und Unterordnung, sind Ausdruck der technischen Organisationsprinzipien der Zweckmäßigkeit und des Gleichgewichts. Aber erst die Betrachtung von fünf Koordinationsebenen, (Aufgaben-)Verteilungssystem, Leitungssystem, Stabsystem, Kommunikationssystem und Kollegienbeziehungen, gestattet eine geschlossene Darstellung organisatorischer Aufbauprobleme.[460] Das Koordinationserfordernis hat daher bereits Ausstrahlungswirkung auf die Gestaltung der Organisation selbst, denn alle Aktivitäten sind so zu strukturieren, dass durch hinreichende Koordination das angestrebte Gleichgewicht zwischen Stabilität und Flexibilität erreicht wird[461]:

> Systembildende Koordination ist der Vorgang der Schaffung der für den Vollzug des Entwurfs einer angestrebten Ordnung für betriebliche Prozesse notwendigen Strukturen[462]. Es handelt sich um die Einrichtung und Abgrenzung bestimmter Bereiche mit dem Ergebnis der Gliederung des Sys-

---

[457] Vgl. Schreyögg, Organisation: Grundlagen moderner Organisationsgestaltung, 2003, S. 121; ein entsprechender Verweis auf Kosiol kann jedoch nicht nachvollzogen werden.

[458] Die Betonung bestehender Koordinationsprobleme durch Teilung der Produktionsaufgabe in einzelne Verrichtungen erstmals durch List, 1841, als Vereinigung bzw. Abstimmung der einzelnen Tätigkeiten, „damit das gewünschte Gute entstehe", vgl. Schneider, Vorläufer der Lehre von der Kernkompetenz, 1998, S. 353.

[459] Vgl. Hax, Mitbestimmung als organisatorisches Problem in der Unternehmungswirtschaft, 1967, S. 291.

[460] Vgl. Kosiol, Grundlagen und Methoden der Organisationsforschung, 1968, S. 73, 75.

[461] Vgl. Kosiol, Grundprobleme der Ablauforganisation, 1980, Sp. 6.

[462] Vgl. Horváth, Controlling, 2002, S. 127.

tems in Subsysteme (Geschäftsbereiche wie Personal, Finanzen, Vertrieb), die jeweils spezielle Aufgaben innerhalb der Unternehmung wahrnehmen. Systembildende Koordination beruht auf einer im voraus ausgearbeiteten Gesamtplanung und könnte daher auch als Koordination durch Planung bezeichnet werden[463]. Ergebnis ist die Aufbauorganisation.

Die Aufbauorganisation trägt im Sinne von *Gutenberg* den Charakter genereller Regelungen. Ziel ist, die Problematik einer für die Unternehmung als relevant angesehenen Umwelt adäquat in die Organisation zu projizieren, soweit eine entsprechende Aufstellung der Subsysteme gelingt. Das Gesamtsystem soll so gewünschte Flexibilität, Reaktionsschnelligkeit und Lernfähigkeit erhalten; eine Fokussierung auf bestimmte Beobachtungsbereiche und Informationsverdichtung bewirkt eine Verbesserung der durch beschränkte menschliche Kapazitäten zur Informationsaufnahme und Verarbeitung beeinträchtigten zielorientierten Entscheidungsfindung.[464] Neben dem originären Organisationssystem soll auch das Planungs- und Kontrollsystem konkretes Ergebnis der systembildenden Koordination sein.[465]

Durch systembildende Koordination wird eine teilweise Problemlösung im Organisationsaufbau erreicht. Zusätzlich erforderlich ist die systemkoppelnde Koordination:

Systemkoppelnde Koordination findet im Rahmen der definierten Subsystemstruktur statt, soll das System in den bestehenden Grenzen anpassungsfähig machen, stellt die Regeln der Kommunikation auf, muss die Bereiche im Sinne der Führung steuern und Konkurrenzbeziehungen handhaben. Die zu bewältigende Aufgabe besteht in der raschen Reaktion auf Störungen und fokussiert daher auf Aufrechterhaltung und Anpassung der Informationsverbindungen zwischen den jeweiligen Subsystemen.[466] Systemkoppelnde Koordination könnte auch als Koordination durch Feedback bezeichnet wer-

---

[463] Vgl. March/Simon, Organisation und Individuum, 1976, S. 150.
[464] Vgl. Bleicher/Meyer, Führung in der Unternehmung. Formen und Modelle, 1976, S. 86-87.
[465] Vgl. Horváth, Controlling, 1993, S. 122-123.
[466] Vgl. Horváth, Controlling, 2002, S. 127-128.

den.[467] Systemkoppelnde Koordination bildet die Grundlage der Ablauforganisation.

Art und Umfang eines im Prozess der Aufgabenerfüllung verbleibenden Koordinationserfordernisses hängen davon ab, inwieweit es bereits durch Systemdifferenzierung gelang, Interdependenzprobleme zu lösen sowie davon, welche Anforderungen an die Elastizität der Unternehmensplanung gestellt werden[468]. Koordination in Form fallweiser Regelungen (Ex-post-Harmonisierung) ist jedoch grundsätzlich unter dem Druck eingetretener Ereignisse, die handlungsauslösend eine einzelfallspezifische (kasuistische), abgestimmte und zielausgerichtete Reaktion erfordern, geboten[469].

Bei dem Versuch einer „Bestimmung" des Verhältnisses von systembildender zu systemkoppelnder Koordination wird vorgeschlagen, das Substitutionsprinzip der Organisation zu Rate zu ziehen, da ein ähnliches Problem vorliegen soll[470]. Fraglich ist aber, ob eine Übertragung des Substitutionsprinzips der Organisation auf die Bildung von Geschäftsbereichen, Regeln zur Kommunikation und Steuerung sowie zur Entschärfung von Konkurrenzbeziehungen tatsächlich geeignet ist. *Gutenberg* wählt zur Verdeutlichung des Substitutionsprinzips der Organisation ein Beispiel aus dem Fertigungsbereich und nimmt Bezug auf betriebliche Vorgänge, die sich durch ein verhältnismäßig hohes Maß an Gleichartigkeit und Periodizität auszeichnen. Insoweit scheint zweifelhaft, ob überhaupt ein ähnliches Problem vorliegt. Es lässt sich aber Grundsätzliches einwenden[471], denn durch das Substitutionsprinzip der Organisation soll es gelingen, für jede zu lösende organisatorische Aufgabe ein Optimum zwischen dem Verhältnis von generellen und fallweisen Regelungen zu bestimmen[472]:

- Das Substitutionsprinzip der Organisation ist lediglich eine Tendenzaussage.

[467] Vgl. March/Simon, Organisation und Individuum, 1976, S. 150.

[468] Vgl. Uphus, Möglichkeiten zur Koordination von Teilplanungen des Unternehmens unter besonderer Berücksichtigung kybernetischer Aspekte, 1972, S. 139.

[469] Vgl. Bleicher/Meyer, Führung in der Unternehmung. Formen und Modelle, 1976, S. 51.

[470] Vgl. Horváth, Controlling, 2002, S. 128.

[471] Vgl. Schneider, Betriebswirtschaftlehre: Band II, Rechnungswesen, 1997, S. 462-463.

[472] Vgl. Gutenberg, Grundlagen der Betriebswirtschaftslehre: Band I, Die Produktion, 1983, S. 240-242, insbesondere S. 242.

Eine Rangordnungsaussage kann daher nicht zu Optimalitätsbestimmungen herangezogen werden und zwingend zu dem Schluss führen, dass dieses Prinzip inhaltlich insoweit nichts aussagt.

- Unklarheit besteht aber auch hinsichtlich des Begriffs der „abnehmenden Variabilität" betrieblicher Tatbestände. Soweit damit eine Verringerung der Anzahl von Handlungsmöglichkeiten gemeint wäre, die sich auf eine Welt bezieht, in der Unsicherheit vernachlässigt wird oder unverändert bleibt, lässt sich daraus kein Inhalt für systembildende und systemkoppelnde Koordinationsregeln ableiten.
- Ist unter „abnehmender Variabilität" eine Abnahme der für möglich gehaltenen Zustände der Welt zu verstehen, die eine Unsicherheitsminderung in der Planung bewirkt, so wäre hinsichtlich genereller und fallweiser Regelungen zwischen Steuerungsregeln bei gegebenem Wissen für den Planungszeitraum und solchen, die sich auf Wissenszugänge während des Planungszeitraums beziehen, zu trennen:
  - Bei gegebenem Wissen betrifft „generell" Steuerungsregeln, die sich auf einen Sachverhalt unvollständig aufgeführter (impliziter oder „relationaler") Anordnungen bzw. Vereinbarungen für einen Planungszeitraum beziehen. Dagegen zielt „fallweise" auf genaue Regelungen (Verträge, Anweisungen) ab, die keine Auslegungs- oder Handlungsspielräume zulassen.
  - Steuerungsregeln, wie bei Zugang neuen Wissens während eines geplanten Handlungszeitraums zu verfahren ist, lassen sich durch Verweis auf generelle und fallweise Regelungen wegen Inhaltsleere nicht herleiten. Soweit aber entscheidungslogisch „planbare Unsicherheit" gegeben ist, die unter gegebenen Bedingungen eine optimale Entscheidung erlaubt, ist das Substitutionsprinzip der Organisation falsch, da eine Tendenzaussage vorliegt.

Eine allgemeine Regel für die Verhältnisgestaltung von systemkoppelnder und systembildender Koordination lässt sich nicht angeben[473]. Im Planungszeitpunkt steht lediglich fest, dass Anpassungsentscheidungen aufgrund neu zu-

---

[473] Vgl. Horváth, Controlling, 2002, S. 128 mit Verweis auf Bleicher, Unternehmungsentwicklung und organisatorische Gestaltung, 1980, S. 53 ff; war dort jedoch nicht nachvollziehbar.

gehenden Wissens notwendig sind, die sowohl Pläne als auch Anordnungen betreffen. Ebenso bestehen immer „generelle Regelungen“, die auch im Rahmen fallweiser Anpassungsentscheidungen einzuhalten sind, denn diese benennen Grenzen für den Handlungsspielraum bei Anpassungsentscheidungen. Im Zusammenhang damit besteht also die Frage, inwieweit Inhalt und Umfang „genereller Regelungen“ als Handlungsbeschränkungen für „fallweise Anpassungsentscheidungen“ festzulegen sind. Auch hier gibt es keine allgemeine Regel, vielmehr ist die Beantwortung der Frage an das Ausmaß bestehender Unsicherheit gekoppelt.[474]

Darauf basierend sind Diskussionen um alternative Formen organisatorischer Zusammenarbeit zu sehen: Eigenverantwortliche Koordination, Auflösung von Hierarchieebenen und Abteilungen, Betonung mündlicher Kommunikation, selbststeuernde Teams. Ein klares Gegenmodell zur älteren organisatorischen Regelungslogik jedoch konnte noch nicht entwickelt werden. Es gibt lediglich zaghafte Ansätze, getragen vom Gedanken eines fluktuierenden Hierarchiedenkens, der Heterarchie, wie z.B lean production und Überlegungen zur schlanken Unternehmung.[475] Zweifelhaft ist daher, ob die Organisationstheorien bei der Organisationsgestaltung tatsächlich Hilfestellung leisten können. Kein organisationstheoretischer Ansatz zeigt auf, wie die gesamte Problematik arbeitsteiliger Handlungssysteme zu erfassen ist. Der gegenwärtige Erkenntnisstand der Organisationstheorien besteht aus Ansammlungen überwiegend heterogener Einzelerkenntnisse. Insbesondere steht sie hinsichtlich der Erklärung und der Prognose individuellen Verhaltens und sozialer Interaktionen noch auf sehr brüchigem empirischen Fundament, so dass eine empirisch gestützte Theorie der verhaltensbezogenen Systemgestaltung nicht existiert, obgleich die Gestaltungsfrage in einem Großteil theoretischer Beiträge nicht einmal thematisiert wird.[476] Indes scheitert eine komplikationslose Verfolgung des Gedankens, dass

474 Vgl. Schneider, Betriebswirtschaftlehre: Band II, Rechnungswesen, 1997, S. 464.

475 Vgl. Schreyögg/Noss, Hat sich das Organisieren überlebt? Grundfragen der Unternehmenssteuerung im neuem Licht, 1994, S. 20-22.

476 Vgl. Frese, Organisationstheorie. Historische Entwicklung - Ansätze - Perspektiven, 1992, S. 359.

eine organisatorische Gestaltung umso vernünftiger einzuschätzen ist, je zweckmäßiger die gewählte Organisationsform erscheint, bereits daran, dass der tatsächliche Erfolg geplanter Organisationsmaßnahmen letztlich unbekannt bleibt. Aufgrund des Fehlens nötiger Informationen weisen organisatorische Managementprobleme einen unstrukturierten Charakter auf, so dass die Richtigkeit vorgeschlagener Problemlösungen aus Prinzip nicht zwingend bewiesen werden kann. In Betracht kommt daher lediglich der Versuch, unterstellte Vorteilhaftigkeit gefasster Maßnahmen durch Begründungen plausibel zu machen. Das Ausmaß der Plausibilität soll abhängen von der Güte angeführter Argumente. Vor diesem Hintergrund sollte die systematische Vorgehensweise jedes organisationstheoretischen Ansatzes zur Unterstützung praktischer Organisationsgestaltung darin liegen, nötige Argumente, die mit einer gewissen Allgemeingültigkeit ausgestattet sein sollten, wissenschaftlich auszuarbeiten, die dann für oder gegen bestimmte Organisationslösungen sprechen. Organisationstheoretische Analysen stellen aufgrund dieser Sichtweise gewissermaßen Vorwegerstellungen von Begründungsleistungen dar, die Manager in konkreten Entscheidungssituationen aufgreifen, anpassen und auffüllen könnten.[477]

Manager unterliegen bei der Einrichtung einer Organisation Restriktionen, die zu akzeptieren sind:

- Der Versuch der Schaffung eines organisatorischen Gleichgewichts zwischen „Stabilität und Flexibilität“ sowie „Leistungskraft und Anreiz“ beruht auf Fähigkeiten von Managern, da nach dem Verständnis der evolutorischen Sichtweise einer Unternehmung Anpassungen der Organisation an veränderte Umweltbedingungen innerhalb bestimmter Grenzen in adäquaten Schritten zu vollziehen sind, die sich nicht durch Referenzsysteme ermitteln lassen.
- Bestimmung und Vollzug des richtigen Bedarfs an Koordination innerhalb von Organisationen stellt das schwerwiegendste Problem dar. Theoretische Konzeptionen zur Bewältigung des Problems liegen nicht vor. Manager müssen aufgrund von Erfahrungen und Fähigkeiten Lösungen finden.
- Die Festlegung der „richtigen Art“ und des „richtigen Umfangs“ organisato-

[477] Vgl. von Werder, Zur Begründung organisatorischer Gestaltung, 1998, S. 480-481.

rischer Elemente entzieht sich der verbindlichen Bestimmbarkeit, denn es fehlen Referenzsysteme und es besteht das Problem der Übertragbarkeit theoretischer Überlegungen auf die Realanwendung. Die theoretische Organisationslehre befindet sich auf einem hohen Abstraktionsgrad, so dass kaum konkrete Aussagen für eine zweckdienliche Ausgestaltung der Führungsorganisation einer Unternehmung abgeleitet werden können. Insbesondere ist die Organisation von Leitung und Kontrolle, die zentrale Frage der Unternehmensführung, lediglich in Teilbereichen empirisch untersucht worden.[478]

Trotz bestehender Restriktionen ist organisatorische Gestaltung aus Sicht eines geschulten außenstehenden Beobachters zu verstehen. Die Organisation muss alle Bedingungen erfüllen, die notwendig sind, um der Realisation eines Schadens-Risikos (Schadens-Risiko (i) als auch das Schadens-Risiko (ii))[479] vorzubeugen. Betroffen sind:

- grundlegende organisatorische Regularien zur Schaffung und Sicherung von Organisationsstrukturen, die das Prinzip der Unterordnung der Organisationsmitglieder unter die Anordnung von Managern bzw. Beauftragten gewährleisten,
- Regelungen zur Einrichtung und Sicherstellung von Informationswegen zwischen den Organisationsmitgliedern[480].

3.4.2.3 Steuerung

Das Ausüben von Unternehmerfunktionen verlangt einen gebildeten Willen in Taten umzusetzen. Steuerung kann daher als Willensdurchsetzung verstanden werden. Notwendig sind Regeln zur Festlegung von Entscheidungs- und Anordnungskompetenzen, insbesondere wer aufgrund bereits festgelegter Regularien den angeordneten Vollzug kontrolliert, wer nach Zugang neuen Wissens

---

478 Vgl. Schwark, Corporate Governance: Vorstand und Aufsichtsrat, 2002, S. 81-82. So ist z. B. auch das Konzept der organisatorischen Effizienz ein theoretisches denn ein praktisch anwendbares Konstrukt geblieben, vgl. Grochla/Welge, Zur Problematik der Effizienzbestimmung von Organisationsstrukturen, 1977, S. 85.

479 Siehe S. 98.

480 Diese Sichtweise steht der Judikatur nicht entgegen, siehe S. 80.

Entscheidungsgruppen zu Entscheidungsänderungen zusammenruft, wann Beauftragte verpflichtet werden, Befugnisse erst nach Rücksprache mit Auftraggebern auszuüben und inwieweit Regelungen zur Anreizverträglichkeit auszugestalten sind.[481]

Der Kanon der Führungsfunktionen enthält implizit das Willenssicherungsinstrument der Kontrolle. Dieses Vergleichsinstrument ermöglicht über Rückkoppelungen notwendige Neu-Planungsinitiativen[482]. Kontrolle besteht im wesentlichen aus einer Vergleichstätigkeit, zu der dann eine Leitungstätigkeit hinzutritt, wenn die Kontrolle wesentliche Fehler aufdeckt. Dies setzt voraus, dass mindestens zwei miteinander vergleichbare Gegenstände vorhanden sind und in geeigneter Weise gegenübergestellt werden. Gegenstände sind hierbei diejenigen Zustände, die nach dem Plan vorhanden bzw. herbeizuführen sind (Soll-Zustände) sowie die Zustände, die tatsächlich vorliegen oder deren Entwicklung nach den vorliegenden Anzeichen zu erwarten ist (Ist-Zustände).[483] Kontrolle kann sich auf die Realisierung der Planung oder auf die Planung selbst beziehen. Realisationskontrolle, die Kontrolle der Einhaltung des Planes, bezweckt das Verhalten der Mitarbeiter dahingehend zu beeinflussen, dass sie die im Plan enthaltenen Entscheidungsprämissen tatsächlich zu den Prämissen ihrer nachgelagerten Entscheidungen machen. Prozesskontrolle betrifft die Überprüfung der Planungsprämissen, von welchen bei der Planerstellung ausgegangen wurde und ist damit notwendige Voraussetzung für etwaige Korrekturen.[484] Insoweit verbindet Kontrolle zwei auszuübende Unternehmerfunktionen, zum einen Willensdurchsetzung durch Überwachung mittels Nachprüfung, zum anderen Willensbildung durch Entscheidungsvorbereitung aufgrund festgestellter Abweichungen.

[481] Vgl. Pfohl, Planung und Kontrolle, 1981, S. 73-74; vgl. Schneider, Betriebswirtschaftslehre: Band III, Theorie der Unternehmung, 1997, S. 110.

[482] Vgl. Mag, Unternehmensführung in instrumenteller, personeller und institutioneller Sicht, 2001, S. 92.

[483] Vgl. Grull, Die Kontrolle in gewerblichen Unternehmen, 1921, S. 14.

[484] Vgl. Pfohl, Planung und Kontrolle, 1981, S. 120.

Steuerung erfordert zur Willenssicherung von Entscheidungen auf der Grundlage der Organisation elementare Festlegungen. Es bestehen aber auch hier Restriktionen, die zu akzeptieren sind:

- Die Abgrenzung zwischen Koordination durch Planung und Feedback kann lediglich tendenziell erfolgen, da das Substitutionsprinzip der Organisation nicht zugrunde gelegt werden kann. Hier sind Erfahrungen und Fähigkeiten von Managern gefragt.
- Ein Leitungsorgan als Kontrollinstanz kann nicht sämtliche Vorgänge und Organisationsmitglieder kontrollieren. Eine Ermittlung optimaler betriebswirtschaftlicher Kontrollerträge aufgrund gezielter und effektiver Kontrollen ist aber nicht möglich[485].

Steuerung ist trotz des Fehlens eines organisatorischen Referenzsystems aus Sicht eines geschulten außenstehenden Beobachters zu verstehen. Das Risiko des Managers betrifft hier das Schadens-Risiko (ii)[486].
Steuerung betrifft grundsätzlich die Schaffung von

- Handlungsanweisungen,
- Regularien zur Ausgestaltung von Entscheidungs- und Anordnungskompetenzen,
- organisatorischen Grundlagen die sicherstellen, dass Organisationsmitglieder entsprechend ergangener Anweisungen handeln.[487]

3.4.3 Einrichtung eines Manager-Regelsystems als Leitungspflicht

Eine theoretisch-wissenschaftliche Konzeption, die beanspruchen könnte, ein Risikomanagement begründet zu haben, besteht nicht.
Die konzeptionellen Vorschläge zur Ausgestaltung eines Risikomanagements[488] im Schrifttum könnten missverständlich sein, denn:

---

[485] Vgl. Laux, Der Wert von Informationen für Kontrollentscheidungen, 1974, S. 441. Der Versuch einer Annäherung der Bestimmung von Kontrollerträgen durch vereinfachte Analysen kann aber praktisch relevante Zusammenhänge erhellen.

[486] Siehe S. 98.

[487] Diese Sichtweise steht der Judikatur nicht entgegen, siehe S. 81.

[488] Siehe S. 46-62.

a) zum einen sind mögliche Gefahren, die Unternehmungen betreffen, vielfältig benennbar. Soweit ein Risikomanagement auf alle möglicherweise vorkommenden Risiken ausgedehnt wird, kann dies zur Ratlosigkeit bei Organisationsmitgliedern führen und ist damit operativ nicht handhabbar.

b) zum anderen wird Risikomanagement erweitert auf eine Unsicherheiten ausdrücklich berücksichtigende Unternehmenspolitik. In diesem Sinne ist Risikomanagement eine Strategie der Unternehmensleitung, die sich auf alle Führungsaufgaben beziehen soll. Risikomanagement als Forschungsleitbild reduziert sich damit auf einen Inbegriff von Tätigkeiten, betrifft nicht mehr „Verringerung von Einkommensunsicherheiten durch Ausübung von Unternehmerfunktionen".[489]

Risikomanagement sollte originär verstanden werden als Suche nach und Auswertung von Informationen, die außerhalb und innerhalb der Unternehmung beschafft werden müssen und darauf abzielen, ein Schadens-Risiko[490] zu vermeiden. Ein Risikomanagement könnte wie folgt charakterisiert werden:

1) Risikomanagement, Inbegriff eines Manager-Regelsystems, ist Teil der Ausübung der Unternehmerfunktionen und originär auf die Erhaltung der Unternehmung nach außen und innen auszurichten durch:
   - Schaffung und Aufrechterhaltung der Bedingungen vernünftiger Erwartungsbildung und
   - Willenssicherung.
2) Ein Risikomanagement schließt den Akt der tatsächlichen Entscheidung für eine von mehreren Alternativen nicht ein. Es handelt sich um eine höchstpersönliche Aufgabe der Manager, deren Kontrolle den Eigentümern oder einem von diesen eingerichteten Organ obliegt.
3) Risikomanagement kann nicht die Aufgabe zugewiesen werden, das Ausscheiden des Unternehmens aus dem Erwerbsprozess generell zu verhindern.

---

489 Vgl. Schneider, Betriebswirtschaftslehre: Band III, Theorie der Unternehmung, 1997, S. 214.
490 Siehe S. 98.

Die Zuweisung einer derartigen Aufgabe würde mindestens die Bedingung Entscheidung unter Ungewissheit voraussetzen[491].

Eine ordentliche und gewissenhafte Geschäftleitung verlangt[492] und eine Exkulpationsmöglichkeit bedingt die Einrichtung eines Risikomanagements nach diesem Verständnis, das nicht darauf abzielt, sämtliche Tatbestände, die nicht der Sicherheit unterliegen, als Risiko zu klassifizieren, denn dadurch würde die Gefahr entstehten, dass sich die Organisation selbst lähmt.

Zur Verringerung bestehender Informationsrisiken ($R_{\bar{I}}$[493]) ist sowohl aus betriebswirtschaftlicher[494] als auch rechtlicher Sicht[495] eine Teilmenge von Handlungen innerhalb der Organisation zu bestimmen, die Synonym für angemessene Maßnahmen zur Sicherung des Erwerbsprozesses sind und die gleichzeitig als Obligat der Rechtsordnung gelten. Es handelt sich daher um Kernelemente eines Risikomanagements nach diesem Verständis, die eine Ermessensreduktion für das Leitungsorgan einer Gesellschaft darstellen. Diese Kernmaßnahmen sind permanent zu überwachen und auf Schwachstellen zu analysieren.

Risikomanagement als rechtlicher Verpflichtungsrahmen unter Zugrundelegung des Schadens-Risiko-Verständnisses[496] betrifft:

(1) organisatorische Grundelemente:

- organisatorische Sicherungsmaßnahmen (gemäß COSO)[497], insbesondere
  - Anweisungen und Richtlinien,
  - Überwachung und Kontrolle,
  - Entscheidungs- und Anordnungskompetenzen.
- Umsetzung gesetzlicher Anforderungen.

(2) Darauf basierend sind die nötigen Bestandteile eines Risikomanagements zu etablieren:

---

491 Siehe S. 91.
492 Siehe S. 85.
493 Siehe S. 92-94.
494 Siehe S. 46-62.
495 Siehe S. 72-86.
496 Siehe S. 98.
497 Siehe S. 56.

a) Manager-Informationssystem[498]

- internes Informationssystem (Berichtswesen i. w. S.)
- externes Informationssystem (Marktumfeldanalysen)

b) Risikomanagement-Prozess

- Planung
  - · Bestimmung des Umfangs an und der Suche nach Informationen sowie Auswertung der Informationen zur Schaffung der Bedingungen vernünftiger Erwartungsbildung zur Erhaltung der Unternehmung nach innen und außen,
  - · Festlegung bedingter Handlungsanweisungen.
- Steuerung
  - · Aufgabenzuweisung an Beauftragte aller Hierarchieebenen des Unternehmens,
  - · Zuweisung von Kompetenzen und Verantwortlichkeiten hinsichtlich der Informationserfassung, Informationsverarbeitung und des Informationstransfers in Organisationen,
  - · Schaffung von Regeln, die Vollzugskontrollen und Entscheidungsänderungen betreffen.

Die Einordnung der im klassischen Risikomanagement[499] verfolgten Risiken kann nun ebenfalls vorgenommen werden:

Risiken des klassischen Risikomanagements sind im Rahmen des Risikomanagement-Prozesses zu handhaben, da es sich um bewusst eingegangene Risiken handelt, die entweder nicht abgesichert oder aber abgesichert werden sollen (z. B. durch Abwälzen, Überwälzen, Versichern, Glattstellen).

Ein so eingeordneter Risikomanagement-Prozess hat die Sicherstellung aller für das revolvierende Durchschreiten der erforderlichen Planungsstufen[500] benötigten Informationen hinsichtlich Vollständigkeit, Genauigkeit und Glaubwürdigkeit zum Ziel und steht einem evolutorischen Theorieverständnis der Unternehmung nicht entgegen.

---

498 Siehe S. 57.

499 Betrifft originär Risiken, die sich durch Bewertbarkeit auf Märkten auszeichnen, also die auf Versicherungs- und Finanzmärkten ver- und absicherbaren Risiken.

500 Siehe S. 101.

Dieses Regelsystem ist nicht separat von der Aufbau- und Ablauforganisation einer Unternehmung zu sehen, sondern deren immanenter Bestandteil und daher fest darin integriert.

Das *Risikomanagement* betrifft eine Pflichteinrichtung des Leitungsorgans aufgrund §§ 76 I, 93 I, II AktG. Der Risikomanagement-Prozess beinhaltet die Planung, so dass deutlich wird, dass *Risikomanagement* nicht gleichgesetzt werden kann mit Maßnahmen des Leitungsorgans, die unter § 91 II AktG zu subsumieren sind und die nach § 317 IV AktG für börsennotierte Aktiengesellschaften einer gesetzlichen Beurteilungspflicht unterliegen. Kontrolle und Prüfung des *Risikomanagements* als Pflichteinrichtung, insbesondere der Bereich Entscheidungsvorbereitung, obliegt ausschließlich dem Aufsichtsrat[501].

3.5 Risikofrüherkennungssystem nach KonTraG

3.5.1 Fehlende Konkretisierung

Das durch § 91 II AktG erwähnte „System" zur Früherkennung bestandsgefährdender Entwicklungen wird durch das Gesetz weder konkretisiert noch durch Vorgabe einer sachlichen und personellen Unternehmensorganisation reglementiert.

Im Rahmen der Versuche einer Konkretisierung von § 91 II AktG und der Diskussionen zum KonTraG wird vor allem im juristischen Schrifttum Genugtuung darüber bekundet, dass zu Phantomen wie z. B. „Grundsätze ordnungsmäßiger Unternehmensführung, Unternehmenskontrolle und Informationsversorgung", die sich als angeblich wissenschaftlich fundierte und zur Anwendung parate Regelsysteme schon fest in die Köpfe der Betriebswirte eingenistet hätten und dabei seien, sich ein rechtsnormatives Dasein zu erschleichen, nirgendwo Bezug genommen wird[502]. Dies verdeutlicht bereits, dass im Gegensatz zur h. M. im betriebswirtschaftlichen Schrifttum mit weitreichenden Forderungen zu einem Risikomanagement aufgrund § 91 II AktG das juristische Schrifttum

[501] §§ 90, 111 I AktG, siehe S. 83.
[502] Vgl. Mertens, Aufsichtsrat und Organhaftung, 1997, S. 72.

überwiegend zu einer engeren Auffassung neigt. Danach soll der Vorstand angemessene, von der Größe, Branche und Struktur der Gesellschaft abhängige Maßnahmen zur internen Überwachung ergreifen, um Risikolagen so frühzeitig zu erkennen, dass angemessene Zeit verbleibt, eine geeignete Steuerung zu betreiben. Ausschließlich risikobehaftete Geschäfte, Unrichtigkeiten der Rechnungslegung sowie Verstöße gegen gesetzliche Vorschriften, die sich auf die Vermögens-, Finanz- und Ertragslage der Gesellschaft wesentlich auswirken können, sind durch organisatorische Maßnahmen einer frühzeitigen Erkennung zugänglich zu machen. Insoweit handele es sich nicht um ein umfassendes ganzheitliches Risikomanagement.[503]

Auch im betriebswirtschaftlichen Schrifttum wird vereinzelt die Meinung vertreten, § 91 II AktG fordere lediglich einfache organisatorische Maßnahmen, die durch Begründung unmissverständlicher Zuständigkeiten, eines engmaschigen Berichtswesens und einer Dokumentation konkretisiert werden können, so dass ein darauf basierendes Früherkennungssystem einschließlich dessen Überwachung durch die interne Revision die zu stellenden Anforderungen erfüllen kann. Ein Risikomanagement im betriebswirtschaftlichen und auf einem umfassenden Risikobegriff fußenden Sinne wird demnach nicht durch das KonTraG angesprochen, vielmehr ein kleiner aber wesentlicher Teil dessen[504]. Im Gegensatz dazu wird aber ebenfalls die Ansicht vertreten, die gesetzlichen Anforderungen gingen teilweise über den Umfang des betriebswirtschaftlichen Risikomanagements hinaus[505].

---

503 Vgl. Seibert, Kontrolle und Transparenz im Unternehmensbereich (KonTraG) - Der Referenten-Entwurf zur Aktienrechtsnovelle -, 1997, S. 2.; siehe S. 43-45; A. A. vgl. Drygala/Drygala, Wer braucht ein Frühwarnsystem - Zur Ausstrahlungswirkung des § 91 II AktG, 2000, S. 299.

504 Vgl. Bitz, Abgrenzung des Risiko-Frühwarnsystems i. e. S. nach KonTraG zu einem umfassenden Risiko-Managementsystem im betriebswirtschaftlichen Sinn, 2000, S. 234, 236-237; vgl. Theisen, Risikomanagement als Herausforderung für die Corporate Governance, 2003, S. 1428; A. A. im betriebswirtschaftlichen Schrifttum vgl. z. B. Weber/Weißenberger/Liekweg, Ausgestaltung eines unternehmerischen Chancen- und Risikomanagements nach dem KonTraG, 1999, S. 1716; vgl. Mikus, Zur Integration des Risikomanagements in den Führungsprozess, 1999, S. 86, 109; auch vgl. Baetge/Jerschensky, Frühwarnsysteme als Instrumente eines effizienten Risikomanagement und -Controlling, 1999, S. 171, 175.

505 Vgl. Wall, Betriebwirtschaftliches Risikomanagement und gesetzliche Anforderungen an das Risikomanagement, 2002, S. 397.

Auch wenn eine Konkretisierung des Begriffs „System" fehlt[506], ist das Verständnis zu richten auf z. B. eine planmäßige Aufbereitung, Zusammenstellung sowie eine einheitliche Zusammenfassung der im Unternehmen bestehenden Früherkennungsinstrumente, so etwa im Berichtswesen[507]. Dabei finden „Früherkennungsinstrumente" der Frühwarn- und Prognosemodelle[508] keine Basis[509], die neben der Schaffung eines Zeitvorsprungs originär der qualitativen Verbesserung der informationellen Basis der Unternehmensplanung, insbesondere der Entscheidungsvorbereitung dienen[510]. Letztlich sollen nicht risikoträchtige Entwicklungen überwacht werden, sondern die Einhaltung eingeleiteter Maßnahmen[511].

Eine Verletzung der sich aus § 91 II AktG ergebenen Organisationspflicht führt unstrittig zur Haftung nach § 93 II AktG, soweit ein Schaden kausal mit dem Versäumnis des Leitungsorgans in Zusammenhang gebracht werden kann[512].

---

506 Auch aus IDW PS 340, Rn. 4-5, ergibt sich keine Konkretisierung. Lediglich der Verweis auf „Die Gesamtheit aller organisatorischen Regelungen und Maßnahmen zur Risikoerkennung und zum Umgang mit Risiken unternehmerischer Betätigung kann als Risikomanagement bezeichnet werden." führt zu keinen Erkenntnissen, obgleich PS 340 Grundlage für eine Beurteilung gemäß § 317 IV HGB sein soll; IDW PS 340, in: WPg, 52. Jg., 1999, Heft 16, S. 658-662. Ebenso keine neuen Erkenntnisse durch den Arbeitskreis „Externe und Interne Überwachung der Unternehmung" der Schmalenbach-Gesellschaft für Betriebswirtschaft e.V., der auf IDW PS 340 verweist, vgl. AK „Externe und Interne Überwachung", Auswirkungen des KonTraG auf die Unternehmensüberwachung, 2000, S. 8, Rn. 125.

507 Vgl. Seibert, Die Entstehung des § 91 Abs. 2 AktG im KonTraG - „Risikomanagement" oder „Frühwarnsystem"?, FS Bezzenberger, 2000, S. 438.

508 Siehe S. 60.

509 A. A. z. B. vgl. Schäfer, Das Überwachungssystem nach § 91 II AktG unter Berücksichtigung der besonderen Pflichten des Vorstands, 2001, S. 185-186; vgl. Gleißner/Füser, Moderne Frühwarn- und Prognosesysteme für die Unternehmensplanung und Risikomanagement, 2000, S. 934; vgl. Krystek/Müller, Frühaufklärungsmodelle - Spezielle Informationssysteme zur Erfüllung der Risikokontrollpflichten nach KonTraG, 1999, S. 183.

510 Vgl. Hahn, Frühwarnsystem, 1981, S. 314.

511 Vgl. Hüffer, Komm. Aktiengesetz, 2002, § 91 Rn. 8; vgl. Seibert, Die Entstehung des § 91 Abs. 2 AktG im KonTraG - „Risikomanagement" oder „Frühwarnsystem"?, FS Bezzenberger, 2000, S. 437; vgl. IDW PS 340, Rn. 15, in: WPg, 52. Jg., 1999, Heft 16, S. 658-662; vgl. Theisen, Risikomanagement als Herausforderung für die Corporate Governance, 2003, S. 1428.

512 §§ 92 I, 93 I, II AktG sind aber keine Schutzgesetze zugunsten von Gesellschaftsgläubigern, BGH, Urt. vom 09.07.1979, II ZR 211/76, NJW 32. Jg. 1979, Heft 36, 1829-1832.

Vorgeschlagen wird daher eine Compliance-Organisation als wichtiger Bestandteil der Corporate Governance und als systematisches Konzept zur Sicherstellung regelkonformen Verhaltens[513].

Judikatur zu § 91 II AktG fehlt fast vollständig. Im Zusammenhang mit der Kündigung des Dienstverhältnisses eines Bankenvorstands aus wichtigem Grund wurde jedoch ein Fehlen geeigneter Maßnahmen zur Früherkennung bestandsgefährdender Entwicklungen als wichtiger Grund anerkannt. Dabei musste das Gericht beurteilen, ob eine Pflichtverletzung hinsichtlich der dem Vorstand obliegenden Kredit- und Risikoorganisation vorlag, demnach § 91 II AktG als auch §§ 18, 25a KWG als Rechtsnormen zugrunde gelegt wurden. Das Gericht bejaht im Ergebnis mit Berufung auf den Prüfungsbericht der KPMG zum betreffenden Jahresabschluss eine Pflichtverletzung. Diese beruhte darauf, dass insbesondere „Risikofrüherkennungssysteme" für Einzelkredite nur eingeschränkt funktionsfähig waren. Genannt werden in diesem Zusammenhang das Fehlen einer Risikoanalyse des Kreditnehmers sowie einer Dokumentation und Berichterstattung über nicht bewältigte und daher drohenden Risiken. Hinzu kam der Umstand veralteter und unvollständiger Daten für die Prüfung des Wertes von Immobilien bei Kreditvergaben, was für eine grundlegende Überwachung von Risiken und eine Reaktion auf drohende Risiken unerlässlich sei.[514]

Eine Ausstrahlungswirkung § 91 II AktG auf die Pflichten von GmbH-Geschäftsführern, wie von der Begründung zur Änderung § 91 AktG durch das KonTraG-E angenommen[515], wird bestritten. Gleichwohl habe ein Geschäftsführer für eine Organisation zu sorgen, die einen jederzeitigen Überblick über die finanzielle und wirtschaftliche Lage der Gesellschaft erlaubt und so Krisen- und Ausnahmesituationen zeitnah erkenn- und steuerbar sind. Obgleich aber

---

513 Vgl. Fleischer, Vorstandsverantwortlichkeit und Fehlverhalten von Unternehmensangehörigen - Von der Einzelüberwachung zur Errichtung einer Compliance-Organisation, 2003, S. 298-299.

514 Vgl. LG Berlin, Urt. vom 03.07.2002, 2. O. 358/01, n. rk. - B. KG Berlin - 24U232/02, Der Konzern 1/2003, 62-67 (64-65).

515 BT-Drucksache 13/9712, S. 15; BR-Drucksache 872/97, S. 36-37.

„Organisation" unpräzisiert bleibt, könne daraus nicht geschlussfolgert werden, Risikokontrolle sei als ein eigenständiges System zu institutionalisieren. Pflichterfüllung wird auch hier unterstellt, wenn Abläufe innerhalb der Gesellschaft so ausgestaltet sind, dass alle potentiellen risikoreichen Geschäfte vor der Entscheidung von der Geschäftsführung ausreichend gewürdigt werden. Ist eine GmbH jedoch zur Einrichtung eines Aufsichtsrates verpflichtet[516], wird eine Ausstrahlungswirkung des AktG bejaht.[517]
In diesem Zusammenhang unberührt bleiben Pflichten aufgrund der in einem Konzernverbund ergangenen Richtlinien[518].

3.5.2 Risikoverständnis

Die Änderungen § 91 AktG, § 317 HGB durch das KonTraG[519] führen nicht zu einer gesetzlichen Erwähnung des Begriffs „Risikomanagement". Die Bezeichnung „Risikomanagement" wird lediglich in der Begründung zur Änderung § 91 AktG, § 317 HGB durch das KonTraG-E[520] verwendet. In der Gesetzesbegründung wird klargestellt, dass § 91 II AktG die Verpflichtung des Vorstands verdeutlichen soll, sowohl für ein angemessenes Risikomanagement als auch für eine angemessene interne Revision zu sorgen[521]. Die Verwendung des Begriffs Risikomanagement im Zusammenhang mit der Änderung § 91 AktG ist irreführend, soweit damit ein Risikomanagement im Sinne eines generellen Risikomanagements[522] oder aber als Pflichteinrichtung[523] gemeint wäre[524], denn als Pflichteinrichtung nach §§ 76 I, 93 I, II AktG umfasst es ebenfalls grund-

[516] Insbesondere §§ 6 I i. V. m. 1 I MitBestG; § 77 I S. 1 BetrVG.
[517] Vgl. Homelhoff, Risikomanagement im GmbH-Recht: FS Sandrock, 2000, S. 378-379, mit Verweis auf BGH, Urt. vom 20.02.1995, II ZR 9/94, ZIP 1995, 560-563.
[518] Vgl. BT-Drucksache 13/9712, S. 15; BR-Drucksache 872/97, S. 36-37.
[519] BStBl I 1998, 786.
[520] Vgl. BT-Drucksache 13/9712, S. 15; 27.
[521] Vgl. BT-Drucksache 13/9712, S. 15; vgl. BR-Drucksache 872/97, S. 36-37.
[522] Siehe S. 43-45.
[523] Siehe S. 85.
[524] Gemeint als Pflichteinrichtung scheinbar aber nach Begründung zur Änderung des AktG, vgl. BT-Drucksache 13/9712, S. 15; BR-Drucksache 872/97, S. 36-37.

sätzlich den Bereich Planung bzw. Entscheidungsvorbereitung[525]. Da aber der Abschlussprüfer im Rahmen des gesetzlichen Auftrags nach § 317 IV HGB zu einem Urteil darüber gelangen soll, ob erforderliche Maßnahmen getroffen wurden, ob diese zweckentsprechend sind und ob ein wirksamer Vollzug im abgelaufen Geschäftsjahr erfolgte, ist eine teleologische Reduktion von § 91 II AktG auf bestimmte organisatorische Maßnahmen des Leitungsorgans, die nicht das gesamte Risikomanagement als Pflichteinrichtung nach §§ 76 I, 93 I, II AktG umfassen, notwendig, weil ansonsten eine ungewollte Überdehnung des gesetzlichen Prüfungsauftrags droht.
Die Einrichtung eines Risikofrüherkennungssystems im Sinne § 91 II AktG ist Bestandteil eines Risikomanagements als Leitungspflicht. Dieses soll aber nur dann bestehen, wenn „Risikofrüherkennungsmaßnahmen" im Sinne § 91 II AktG in die Aufbau- und Ablauforganisation des Unternehmens integriert sind und dort vollzogen werden.

Das Risikoverständnis der Vorschrift betrifft Risiken, die als „den Fortbestand der Gesellschaft gefährdende Entwicklungen" umschrieben werden und so frühzeitig erkannt werden sollen, dass Zeit verbleibt, um geeignete Steuerungsmaßnahmen zu ergreifen. Darunter zu verstehen sind insbesondere risikobehaftete Geschäfte, die sich wesentlich auf die Vermögens-, Finanz- und Ertragslage des Unternehmens auswirken[526]. § 91 II AktG stellt demnach auf *vermeidbare* Risiken im obigen Sinne ab, so dass dem Verständnis nach auf das Schadens-Risiko[527] zurückgegriffen werden kann.
Es ist zu untersuchen, ob „risikobehaftete Geschäfte" Sachverhalte betreffen, die einem entscheidungsvorgelagerten Risikoverständnis unterliegen oder ob ein entscheidungsnachgelagertes Verständnis zugrunde zu legen ist, wobei wie folgt zu präzisieren ist:

---

525 Siehe S. 155-159.

526 Zu fortbestandsgefährdenden „Entwicklungen" werden auch Unrichtigkeiten der Rechnungslegung und Verstöße gegen gesetzliche Vorschriften gezählt; vgl. BT-Drucksache 13/9712, S. 15.

527 Siehe S. 98.

(1) entscheidungsvorgelagertes Risikoverständnis

Ein entscheidungsvorgelagertes Risikoverständnis soll hier bezogen werden auf das Schadens-Risiko (i). Bereits die hypothetische Zugrundelegung dieses entscheidungsvorgelagerten Risikoverständnisses bei der Beurteilung nach § 317 IV HGB verdeutlicht, dass Kontroll- und Überwachungsaufgaben des Aufsichtsrates betroffen sind[528] und die Beurteilung der Vorstandsmaßnahmen in einer umfänglichen Geschäftsführungsprüfung münden würde, die nicht gewollt sein kann.

(2) entscheidungsnachgelagertes Risikoverständnis

Ein entscheidungsnachgelagertes Risikoverständnis ist zu beziehen auf „risikoauslösende" Handlungen aufgrund pflichtgemäß fundierter Entscheidungen des Leitungsorgans und betrifft das Schadens-Risiko (ii). Es sind nicht „abstrakte" Risiken gemeint, sondern solche, die an konkreten Entwicklungen ansetzen[529]. Dabei ist zu differenzieren zwischen:

(a) Risiken, die bei der Entscheidung für eine Handlungsalternative für möglich gehalten werden und sich bereits konkretisieren (hohe Glaubwürdigkeit) und

(b) Risiken, die bei der Entscheidung für eine Handlungsalternative für möglich gehalten werden, sich noch nicht konkretisieren, jedoch später konkretisieren können und mittels Informationen aufgrund pflichtgemäßer unternehmensinterner *organisatorischer* Vorkehrungen aufzudecken sind.

„Risikobehaftete Geschäfte" entfalten Relevanz, soweit Bestandsgefährdung aus ihnen erwächst. Es wird Bezug genommen auf *unechte* Überraschungsereignisse, denen ein materielles[530] Risikoverständnis zugrunde liegt.

Angelehnt an das Risikoverständnis, dass § 91 II AktG zugrunde zu legen ist, lassen sich bezüglich (a) und (b) z. B. folgende Risikoarten benennen, die einen überraschenden Überschuss der Ausgaben über die Einnahmen und/oder einen

---

528 Siehe S. 159.

529 Vgl. Hüffer, Komm. Aktiengesetz, 2002, § 91 Rn. 8.

530 Siehe S. 37.

überraschenden Vermögensverlust nach sich ziehen könnten:

(a) Währungs-, Kreditrisiken u.ä., Risiken aus bewussten „Verlustgeschäften" (Auftragsrisiken), Risiken aus Merger & Acquisition,

(b) Auftragsrisiken, Umweltrisiken, Kreditrisiken, Risiken aus Merger & Acquisition, Risiken aufgrund richtlinien- und anweisungsabweichender Handlungen von Organisationsmitgliedern (unerlaubte Handlungen von befugten oder unbefugten Organisationsmitgliedern).

Risikofrüherkennung entscheidungsnachgelagerter Risiken erfordert ein organisatorisches Anordnungs- und Ausführungssystem, ausreichende Informationsversorgung und Kontrollen. Diesem Risikoverständnis entsprechend ist eine organisatorische Gestaltung vorzunehmen, wobei lediglich Kernelemente als Pflichtmaßnahmen zu einer Ermessensreduktion für das Leitungsorgan führen können. Insoweit wird deutlich, dass § 91 II AktG lediglich eine Klarstellung von Pflichten betrifft, die im Zusammenhang mit der Ausübung von Unternehmerfunktionen auch rechtlich schon immer erforderlich waren[531], denn nicht zum Früherkennungssystem nach § 91 II AktG gehören die Reaktionen der Leitungsorgane auf erkannte Risiken[532]. Insoweit scheinen eine Vielzahl von Diskussionen im Schrifttum zum Pflichtrahmen eines Leitungsorgans mit Berufung auf die Regelung des durch das KonTraG eingeführten „Risikomanagements" weitgehend losgelöst vom Gesetzestext[533].

3.5.3 Organisatorische Kernelemente zur Risikofrüherkennung

Maßnahmen im Sinne § 91 II AktG betreffen eine Teilmenge von Handlungen innerhalb der Organisation[534], die als Ganzes ein „Überwachungssystem" im Sinne § 91 II AktG bilden[535]. Betroffen sind Teile des *Risikomanagements* als

[531] Bereits unmissverständlich vgl. BT-Drucksache 13/9712, S. 15; vgl. BR-Drucksache 872/97, S. 36-37.

[532] Vgl. IDW PS 340, Rn. 6, in: WPg, 52. Jg., 1999, Heft 16, S. 658-662; siehe S. 156.

[533] Vgl. Seibert, Die Entstehung des § 91 Abs. 2 AktG im KonTraG - „Risikomanagement" oder „Frühwarnsystem"?, FS Bezzenberger, 2000, S. 436.

[534] Vgl. Bitz, Abgrenzung des Risiko-Frühwarnsystems i. e. S. nach KonTraG zu einem umfassenden Risiko-Managementsystem im betriebswirtschaftlichen Sinn, 2000, S. 241.

[535] Vgl. BT-Drucksache 13/9712, S. 15.

rechtlicher Verpflichtungsrahmen unter Zugrundelegung des Schadens-Risiko-Verständnisses[536], die zwingend *dokumentiert*[537] werden müssen:

(1) Grundlegende organisatorische Maßnahmen:[538]

- klare Regelungen betreffs
  · Umsetzung gesetzlicher Anforderungen,
  · Entscheidungs- und Anordnungskompetenzen,
  · Anweisungen und Richtlinien,
  · Überwachung und Kontrolle,
  · Zahlungs- und Investitionsrichtlinien,
  · internes Belegwesen (Gestaltung der Belege, des Belegflusses, Sicherung der Belegablage)[539]
- Funktionstrennung - unvereinbare Tätigkeiten sollen nicht einer disziplinarischen Verantwortung übergegeben werden (z. B. Überwachung hinsichtlich Abwicklung und Kontrolle, Rechnungswesen und Revision),
- EDV - Zugriffsbeschränkung (Daten, Systemprogrammierung),
- Organisationspläne.

(2) Management-Informationssystem

a) Controlling:

Organisationselement ist ein Controlling, das sowohl im betriebswirtschaftlichen als auch juristischen Schrifttum gefordert wird.

Dabei ist zu unterscheiden:

aa) Controlling aus juristischer Sicht:

Der Begriff „Controlling" wird im juristischen Schrifttum nicht einheitlich verwendet, z. B. verstanden als:

---

[536] Siehe S. 157-159.

[537] Dies ergibt sich als Reflex der Prüfungspflicht durch Aufsichtsrat und Abschlussprüfer, vgl. Claussen/Korth, Anforderungen an ein Risikomanagementsystem aus der Sicht des Aufsichtsrates: FS Lutter, 2000, S. 334.

[538] In Anlehnung an Control Activities gemäß COSO, vgl. COSO, Internal Control - Integrated Framework, 1994, S. 49-54.

[539] So auch als Bestandteile des internen Überwachungssystems bei z. B. Neumann, Aufbau eins Risikomanagements - insbesondere Frühwarnsystems - als Anforderungen der neuen gesetzlichen Anforderungen (KonTraG), 1998, S. 723.

- zuverlässiges Informationsversorgungsinstrument[540],
- Instrument zur Sicherstellung einer zeitnahen Übermittlung gewonnener Erkenntnisse an den Vorstand[541],
- Instrument zur zweckmäßigen Vorbereitung und Durchführung insbesondere von Risikogeschäften, wobei ein betriebliches Planungs- und Controlling-System notwendig wird[542],
- Risikomanagement, ohne weitere Präzisierung[543],
- umfassendes Instrument im Sinne § 91 II AktG, bzw. ein der Vorschrift genügendes Instrument[544], obgleich ungeklärt sei, was hierunter zu verstehen ist und welche der bisherigen Vorkehrungen schon genügen[545].

ab) Controlling aus betriebswirtschaftlicher Sicht:

Aufgrund einer Befragung[546] wurde zwar festgestellt, dass Controlling als Teildisziplin der Betriebswirtschaftslehre anerkannt ist, sich jedoch ein einheitliches Controlling-Verständnis noch nicht etablieren konnte[547]. Unstrittig ist danach das Anerkenntnis des Controllings als Führungshilfe für die Koordinationsform der Dezentralisation.

Strittig[548] hingegen ist eine Ausdehnung der Koordinationsfunktion des Controllings als eigenständiges Führungsteilsystem auf das gesamte Zielsystem der Unternehmung unter Einschluss aller Führungsteilsysteme[549].

Controlling ist daher als Bereich, der wissenschaftlich bislang wenigstens

---

540 Vgl. Götz, Die Überwachung der Aktiengesellschaft im Lichte jüngerer Unternehmenskrisen 1995, S. 338.

541 Vgl. Hüffer, Komm. Aktiengesetz, 2002, § 91 Rn. 8.

542 Vgl. Lutter, Haftung und Haftungsfreiräume des GmbH-Geschäftführers, 2000, S. 305-306.

543 Vgl. Homelhoff, Risikomanagement im GmbH-Recht: FS Sandrock, 2000, S. 374.

544 Vgl. Endres, Organisation der Unternehmensleitung aus Sicht der Praxis, 1999, S. 542.

545 Vgl. Deilmann, Die Stellung des Aufsichtsrates der Aktiengesellschaft nach Inkrafttreten des KonTraG: FS Sandrock, 2000, S. 169.

546 Befragt wurden 667 Mitglieder des Verbandes der Hochschullehrer für Betriebswirtschaft e.V., von denen sich 411 beteiligten, durchgeführt von Ahn, 1999, vgl. Ossadnik, Controlling, 2003, S. 20.

547 Vgl. Ossadnik, Controlling, 2003, S. 20.

548 Vgl. z. B. Horváth, Controlling, 2002, S. 157; vgl. Schneider, Betriebswirtschaftlehre: Band II, Rechnungswesen, 1997, S. 458-459.

549 Vgl. z. B. Küpper, Controlling - Konzeption, Aufgaben und Instrumente, 2001, S. 10; vgl. Ossadnik, Controlling, 2003, S. 34.

ansatzweise Haltbares vorzuweisen hat, zu beschränken auf eine durch das Rechnungswesen gestützte Koordinations- und Kontrollhilfe. Es umfasst:

i) Koordination im Sinne einer Abstimmung bestehender Einzelpläne der dezentral Verantwortlichen mit den, soweit vorhandenen, strategischen Zielvorstellungen der Unternehmensleitung und im Sinne des Erarbeitens eines gemeinsamen Wirtschaftsplanes,

ii) Kontrolle der Plandurchführung durch ein internes Rechnungswesen, welches gleichzeitig Ausgangszahlen für künftige Planungstätigkeiten bereitstellt.[550]

Dabei ist der These zu folgen, Controllingaufgaben erst gar nicht aufkommen zu lassen, insoweit immer zu prüfen ist, ob eine Aktivität mit Controllingbedarf überhaupt erforderlich wird bzw. ob bereits etablierte Aktivitäten möglicherweise abgeschafft oder vereinfacht werden könnten[551].

Zwar ist die juristische Sichtweise zum Controlling eine andere als die betriebswirtschaftliche; das Ziel, zeitnahe Informationsversorgung zur Kontrolle von Geschäftsaktivitäten und Verhinderung der Realisation von Risiken aus Sicht des Leitungsorgans, ausgestaltet als Berichtssystem, stimmt jedoch überein. Das Früherkennungssystem umfasst daher die Controlling-Aufgabe ii).

b) ein internes Rechnungswesen, da ein Controlling darauf basiert, welches wiederum aufsetzt auf

c) ein ordnungsmäßiges externes Rechnungswesen[552],

d) eine Liquiditätsplanung.

(3) Risikomanagement-Prozess:

Steuerung:

- klare Aufgabenzuweisung und detaillierte Arbeitsanweisungen an Organi-

---

[550] Vgl. Schneider, Controlling im Zwiespalt zwischen Koordination und interner Mißerfolgs-Verschleierung, 1992, S. 20.

[551] Vgl. Horváth, Effektives und schlankes Controlling - Herausforderungen an den Controller, 1992, S. 7-8.

[552] Zimmer/Sonneborn halten bereits grundsätzlich das Instrument des Rechnungswesens, gefolgt vom Controlling für ausreichende Kernelemente, vgl. Zimmer/Sonneborn, § 91 Abs. 2 AktG - Anforderungen und gesetzgeberische Absicht, 2001, S. 51/Rn. 180, S. 53/Rn. 185.

sationsmitglieder auf allen Hierarchieeben des Unternehmens unter Vermeidung einer Trennung zwischen Kompetenz und Verantwortung,

- Festlegungen, wann nach Zugang neuer Informationen Entscheidungsänderungen notwendig sind,
- Festlegungen, ob und inwieweit Organisationsmitglieder Befugnisse ausüben dürfen,
- Festlegungen, wer als Beauftragter den angeordneten Vollzug von Entscheidungen kontrolliert; zu unterscheiden sind:
  1) prozessabhängige Überwachungsmaßnahmen - der Überwachungsträger ist in den Arbeitsablauf integriert und sowohl für das Ergebnis des überwachten Prozesses als auch für die Überwachung verantwortlich; zu den Kontrollen gehören manuelle Soll/Ist-Vergleiche, jedoch insbesondere elektronische Kontrollen und Plausibilitätsprüfungen,
  2) prozessunabhängige Überwachungsmaßnahmen - der Überwachungsträger ist nicht in den Arbeitsablauf integriert und daher nicht für das Ergebnis des Prozesses verantwortlich:
     - interne Revision[553],
     - jeweiliges Leitungsorgan der Hierarchieebene, das jedoch auch für die Überwachung des Prozesses und, als Vorstand, für die prozessunabhängigen Überwachungsmaßnahmen verantwortlich ist[554].

Es ist etwaigen zusätzlichen Anforderungen aufgrund von Branchenbesonderheiten, z. B. gemäß §§ 18, 25a KWG zu entsprechen.

Wichtige grundlegende Organisationselemente können auch in spezieller Form dokumentiert und implementiert sein:

- Risikomanagement-Handbuch,
- Balanced Scorecard. Zunächst als Praktikerinstrument aus Frankreich stam-

---

[553] Vgl. z. B. Hüffer, Komm. Aktiengesetz, 2002, § 91 Rn. 8.

[554] Vgl. z. B. Vogler/Gundert, Einführung von Risikomanagementsystemen, - Hinweise zur praktischen Ausgestaltung, 1998, S. 2382.

mend, dann aufgegriffen und publiziert[555], kann als wichtiges Kommunikationsinstrument in der Organisation im Sinne der Unternehmensführung fungieren, erlangt eigentlich jedoch seine Bedeutung aufgrund der von den Führungsinstanzen angestrebten Selbstverpflichtung von Organisationsmitgliedern, so dass Leistungsüberwachung und Kontrolle bis auf die untersten Hierarchieebenen des Unternehmens ermöglicht wird. Gerade die Schnittstelle zwischen strategischer Planung und deren operativer Umsetzung erweist sich nämlich aufgrund empirischer Studien als gravierendes Problem[556].

[555] Vgl. insbesondere Kaplan/Norton, Wie Sie die Geschäftsstrategie den Mitarbeitern verständlich machen, in: Harvard Business manager, 23. Jg., Heft 2, 2001, S. 60-70; dies. Balanced Scorecard-Strategien erfolgreich umsetzen, Stuttgart 1997; dies. Linking the Balanced Scorecard to Strategy, in: California Management Review, Vol. 39, No. 1, 1996, S. 53-79; dies. Using the Balanced Scorecard as a Strategic Management System, in: Harvard Business Review, Vol. 74, January-February 1996, S. 75-85; dies. Putting the Balanced Scorecard to Work, in: Harvard Business Review, Vol. 71, September-October 1993, S. 134-147; dies. The Balanced Scorecard - Measures That Drive Performance, in: Harvard Business Review, Vol. 70, January-February 1992, S. 71-79.

[556] Vgl. Horváth, Strategieumsetzung als Führungsaufgabe: FS Bühner, 2004, S. 359.

4 Risikofrüherkennungssystem als Prüfungsgegenstand des Jahresabschlussprüfers

4.1 Beurteilung des Risikofrüherkennungssystems als gesetzlicher Auftrag

4.1.1 Fehlende Konkretisierung des Prüfungsgegenstands

Der Prüfungsgegenstand ergibt sich aus § 317 IV HGB. Für börsennotierte Aktiengesellschaften erfährt die gesetzliche Jahresabschlussprüfung eine Erweiterung des Prüfungsauftrags um die Beurteilung,

1. ob der Vorstand die ihm nach § 91 II AktG obliegenden Maßnahmen in einer geeigneten Form getroffen hat,
2. ob das einzurichtende Überwachungssystem, welches ebenfalls zu den dem Vorstand obliegenden Maßnahmen zählt, seine Aufgaben erfüllen kann.

Es ergibt sich die Schwierigkeit, dass § 317 IV HGB bei der Verpflichtung des Abschlussprüfers zur Beurteilung der Vorstandsmaßnahmen lediglich auf das unbestimmte Beurteilungsobjekt gemäß § 91 II AktG verweist, so dass im Gegensatz zur gesetzlichen Jahresabschlussprüfung gemäß §§ 316, 317 I HGB keine konkreten gesetzlichen oder satzungsmäßigen Normen zugrunde gelegt werden können, anhand derer der Prüfer das interessierende Soll-Objekt ableiten kann[557]. Der Abschlussprüfer soll den gesetzlichen Auftrag daher aufgrund seiner betriebswirtschaftlichen Kenntnisse und seiner Erfahrungen unter Zugrundelegung der unternehmensindividuellen Besonderheiten erfüllen. Die auf Ermessen basierende subjektive Normfindung wird sowohl von der Sachlage des Unternehmens beeinflusst, als auch von der Qualifikation und den Erfahrungen des Prüfers abhängen.[558] Die fehlende Konkretisierung des Prüfungsgegenstandes darf jedoch nicht dazu führen, dass der Abschlussprüfer selbstständig „Soll-Frühwarn- und Controllingsysteme“ entwickelt, die als Messlatte der Beurtei-

[557] Zum Problem der fehlenden Konkretisierung siehe S. 159-163.

[558] Vgl. Wiechers, Die Prüfung des Internen Überwachungssystems im Sinne des § 91 Abs. 2 AktG, 1999, S. 352; vgl. bereits Jung, Erweiterung der Abschlußprüfung von Kapitalgesellschaften, 1996, S. 74.

lung zugrunde gelegt werden. Aus Sicht des zu prüfenden Unternehmens wäre durch den Prüfer lediglich zu beurteilen, ob angemessene organisatorische Vorkehrungen getroffen wurden, die eine zuverlässige Datenerfassung und Datenaufbereitung gewährleisten. Eine weite Auslegung des Prüfungsgegenstandes „Risikomanagement" durch den Wirtschaftsprüfer könnte aus Sicht des Unternehmens zu der Gefahr führen, dass die gesamte Geschäftsführung des Vorstands unter dem Gesichtspunkt der Risikostrategie Prüfungsgegenstand wird, denn die Geschäftsführung legt im Rahmen der individuellen Marktorientierung Akzeptanz, Verringerung, Vermeidung und Überwälzung von Risiken fest. Die Kontrolle dieser Maßnahmen obliegt aber grundsätzlich dem Aufsichtsrat, nicht dem Abschlussprüfer[559]. Insoweit ist gesetzlich auch lediglich die Pflicht des Prüfers verankert worden, die Existenz der nach § 91 II AktG vorgeschriebenen geeigneten Maßnahmen sowie deren Funktionsfähigkeit, die zur Erfüllung der vorgesehenen Aufgaben notwendig ist, zu beurteilen. Die Beurteilung des „Risikomanagements" muss daher zwar unternehmensindividuell erfolgen, ist jedoch auf Prozess- und Plausibilitätsprüfungen zu beschränken.[560]
Im juristischen Schrifttum wird die Meinung vertreten, dass § 317 IV HGB nicht nur zu einer quantitativen, sondern vor allem zu einer qualitativen Erweiterung der Prüfungstätigkeit des Abschlussprüfers führt, da die Organisationsprüfung im gewissen Sinne eine funktionale Prüfung der Geschäftsführung darstellt. Deutlich wird dies aufgrund der Vorgabe, der Abschlussprüfer habe gegebenenfalls den Aufsichtsrat auf notwendige Verbesserungen des „Controllings" gemäß § 321 IV S. 2 AktG hinzuweisen. Die Funktionsprüfung eines dem Vorstand zugeordneten Bereichs ist aber nicht grundsätzlich neu, denn in der bisherigen Prüfungspraxis betrifft dies bereits die Buchführung.[561]

Die Prüfung nach § 317 IV HGB stellt den Abschlussprüfer vor drei neue Aufgaben. Zunächst muss untersucht werden, ob und welche Maßnahmen, die dem Vorstand einer Aktiengesellschaft auferlegt sind, durchgeführt wurden. Es han-

---

559 Siehe S. 83, S. 159.

560 Vgl. Lehner, Risikomanagement - ein Gegenstand der Abschlußprüfung, 1999, S. 28, 34.

561 Vgl. Hommelhoff, Die neue Position des Abschlußprüfers im Kraftfeld der aktienrechtlichen Organisationsverfassung, 1999, S. 139-140.

delt sich dabei um das interessierende Ist-Objekt, denn die Vorstandsvorgaben bilden die Grundlage der Beurteilung, ob die Maßnahmen zur effizienten Schadensabwehr geeignet sind. Die Maßnahmen sind daher auf ihre grundsätzliche Eignung und Zweckmäßigkeit hin zu untersuchen, gefolgt von der Feststellung, inwieweit eine tatsächliche Umsetzung erfolgte.[562] Die Beurteilung beinhaltet daran anschließend eine Funktionsfähigkeitsprüfung des zu betrachtenden Überwachungssystems[563] und endet mit der Urteilsfindung.

4.1.2 Prüfungsgrundsatz

Nach überwiegender Auffassung handelt es sich um eine Systemprüfung[564]. Daher soll die Beurteilung der Vorstandspflicht nach § 91 II AktG weder eine „Optimalitätsprüfung“[565] noch eine Geschäftsführungsprüfung sein[566]. Die geforderte Abgrenzung ist jedoch nicht unproblematisch. Zum einen sind Geschäftsführungsprüfungen in der Regel überwiegend Systemprüfungen[567]. Zum anderen untergliedert sich eine Geschäftsführungsprüfung in mehrere Teilprüfungsansätze, die unterschiedliche Ziele verfolgen. So bezieht sich eine formelle Ordnungsmäßigkeitsprüfung auf die Einhaltung von Bestimmungen, die jeweils genau einen gewissen Handlungsraum für die Geschäftsführung definieren. Beispielweise kann die Prüfung der Ordnungsmäßigkeit der externen Rechnungslegung als erster Ansatzpunkt für die formelle Prüfung der Ordnungsmäßigkeit der Geschäftsführung angesehen werden. Eine materielle Ordnungsmäßigkeitsprüfung hingegen ist auf die Einhaltung von Normen gerichtet, deren Mehrdeutigkeit einen formell festgelegten Handlungsspielraum überschreiten und mehr als eine Handlungsmöglichkeit eröffnen.[568]

---

[562] Vgl. IDW PS 340, Rn. 24-31, WPg 52. Jg. 1999, Heft 16, S. 658-662.

[563] Vgl. Wiechers, Die Prüfung des Internen Überwachungssystems im Sinne des § 91 Abs. 2 AktG, 1999, S. 352.

[564] Vgl. z. B. IDW PS 340, Rn. 19, WPg 52. Jg. 1999, Heft 16, S. 658-662; vgl. Lehner, Risikomanagement - ein Gegenstand der Abschlußprüfung, 1999, S. 32; vgl. Wiechers, Die Prüfung des Internen Überwachungssystems im Sinne des § 91 Abs. 2 AktG, 1999, S. 352.

[565] Vgl. IDW/F.A.Z.-Institut, Wirtschaftsprüfung und Corporate Governance, 2002, S. 36.

[566] Vgl. IDW PS 340, Rn. 19, WPg 52. Jg. 1999, Heft 16, S. 658-662.

[567] Vgl. Leffson, Wirtschaftsprüfung, 1991, S. 229.

[568] Vgl. Jung, Erweiterung der Abschlußprüfung von Kapitalgesellschaften, 1996, S. 27, 30.

Das Ziel von Geschäftsführungsprüfungen, die originär öffentliche Unternehmen betreffen, liegt in der Feststellung, ob die Geschäftsführer das ihr anvertraute Vermögen sorgfältig verwaltet haben und ob die Funktionen der Unternehmen nachhaltig erfüllt werden können, was voraussetzt, dass Bestand und Funktionsfähigkeit erhalten bleiben[569]. Eine im Schrifttum[570] vorgeschlagene Systematisierung des Prüfungsgegenstandes der Geschäftsführung bezeichnet drei Bereiche, die nach den Maßstäben der formellen und materiellen Ordnungsmäßigkeit zu beurteilen sind:

- Geschäftsführungsorganisation,
- Geschäftsführungsinstrumentarium,
- Geschäftsführungstätigkeit.

Eine Untergliederung des Geschäftsführungsinstrumentariums in seine wesentlichen Bestandteile zeigt zugleich die verfeinerte Struktur dieses Prüfungsgegenstandes im Rahmen einer Geschäftsführungsprüfung und betrifft:

- Rechnungswesen,
- Planung,
- Überwachung,
- Organisation.

Dabei sollen unter Überwachung sämtliche Regelungen und Einrichtungen in einem Unternehmen verstanden werden, die darauf abzielen, das Vermögen der Gesellschaft zu sichern, die Genauigkeit und Zuverlässigkeit des Datenflusses sowie die Einhaltung der Geschäftspolitik zu gewährleisten[571], so dass hier grundsätzlich auch Maßnahmen zur Risikofrüherkennung einzuordnen sind. Das Geschäftsführungsprüfungen zugrunde liegende Überwachungssystem, welches angelehnt ist an den Vorgaben des „Ausschusses für wirtschaftliche Verwaltung", wird der von § 91 II AktG geforderten Pflichteinrichtung grundsätzlich gerecht.

---

569 Vgl. Bolsenkötter, Die Prüfung der Ordnungsmäßigkeit der Geschäftsführung, 1990, Rn. 16.
570 Vgl. Potthoff, Zur Durchführung der Geschäftsführungsprüfung, 1981, S. 2187.
571 Vgl. Bolsenkötter, Die Prüfung der Ordnungsmäßigkeit der Geschäftsführung, 1990, Rn. 86, 104.

Ein Geschäftsführungsprüfer muss als Ergebnis seines Tätigwerdens ein Werturteil abgeben[572]. Eine Prüfung erfordert daher Maßstäbe, weil die der Beurteilung zugrunde liegenden Sachverhalte einem Soll gegenüber gestellt werden müssen. Dieses Soll wäre die ordnungsmäßige Geschäftsführung, eine Geschäftsführung, die nach objektivierbaren Maßstäben arbeitet. Dabei ist aber weder die Geschäftspolitik noch der Erfolg des Managements zu prüfen, was auch regelmäßig eine Überforderung der Fähigkeiten des Prüfers darstellen würde. Prüfungsgegenstand ist das, was nach allgemeinen Maßstäben von der Geschäftsführung zu leisten war. Damit erhält auch die Ordnungsmäßigkeitsprüfung eine doppelte Bedeutung. Diese gibt den Maßstab für die (theoretische) Ableitung des Soll-Objektes vor und grenzt gleichzeitig den Prüfungsgegenstand ein, denn alle getroffenen oder unterlassenen Maßnahmen und Entscheidungen, die darüber hinausgehen, werden der Beurteilung entzogen.[573]
Die Formulierung von Prüfungsnormen stößt auf Schwierigkeiten. Bei der Beurteilung der Ordnungsmäßigkeit der Geschäftsführung könnte eine Ableitung von Normen nach Quelle und Verbindlichkeit unterschieden werden. Prüfungsnormen mit absolutem Verbindlichkeitscharakter ermöglichen danach die eindeutige Ableitung der Soll-Objekte sowie eine sich daran anschließende objektive Beurteilung des zugrunde liegenden Sachverhalts. Diese Normen betreffen alle formellen Ordnungsmäßigkeiten. Schwierigkeiten ergeben sich hingegen bei Ermessensnormen, da aus ihnen keine eindeutigen Merkmalsausprägungen der in ihren Gültigkeitsbereich fallenden Soll-Objekte abgeleitet werden können. Aus der daraus resultierenden Unbestimmtheit ergibt sich gleichzeitig ein großer Beurteilungsspielraum. Hiervon betroffen ist die materielle Ordnungsmäßigkeit[574], beispielsweise der Unternehmensorganisation.
Eine Geschäftsführungsprüfung ist vor allem mit Wirtschaftlichkeits- und Zweckmäßigkeitsbeurteilungen befasst. Während sich aber Wirtschaftlichkeitsüberlegungen mit den beiden aus dem Prinzip der Wirtschaftlichkeit ableitbaren

[572] Vgl. Saage, Die Durchführung der Geschäftsführungsprüfung, 1967, S. 225.
[573] Vgl. Bolsenkötter, Die Prüfung der Ordnungsmäßigkeit der Geschäftsführung, 1990, Rn. 9-10.
[574] Vgl. Jung, Erweiterung der Abschlußprüfung von Kapitalgesellschaften, 1996, S. 72-73.

Teilzielen:

a) „Erreichung eines bestimmten Zwecks mit geringstem Mittelverzehr“,

b) „Erreichung eines möglichst großen Erfolges mit gegebenen Mitteln“,

beschäftigen, sind Zweckmäßigkeitsüberlegungen auf die Unternehmensorganisation mit der Fragestellung gerichtet, wie leistungsfähig diese tatsächlich ist. Ziel des Organisierens ist die optimale Leistungsfähigkeit einer dem Unternehmen dienenden Aufbau- und Ablaufstruktur, wobei Organisation nicht nur ein System darstellt, sondern ein Beziehungsgeflecht ist, das durch die jeweilige Beziehungsintensität geprägt wird. Insbesondere bei der Beurteilung der Sachgerechtigkeit der Ablauforganisation geht es darum, ob den Mitarbeitern Betriebsmittel, Materialien und Informationen rechtzeitig zur Verfügung stehen und ob die Durchführung der Arbeiten überwacht wird. Im Rahmen einer Geschäftsführungsprüfung hinsichtlich der Aufbauorganisation stellt sich die Aufgabe einer Beurteilung von Normen und Regeln, welche die Unternehmensführung im Rahmen ihres Ermessens für die Aufgaben- und Abteilungsgliederung erlassen hat. Dazu zählen z. B. alle Organisationsrichtlinien, Führungsgrundsätze und Arbeitsanweisungen.[575]

Eine System- und Funktionsprüfung ist keine Geschäftsführungsprüfung in dem Sinne, dass diese eine, wie bei der Geschäftsführungsprüfung üblich, Wirtschaftlichkeitsprüfung einschließt. Eine nach § 317 IV HGB vorzunehmende Beurteilung beinhaltet jedoch eine Zweckmäßigkeitsprüfung[576]. Insoweit handelt es sich nicht um eine umfassende Geschäftsführungsprüfung im Sinne des originären Verständnisses[577]. Die Beurteilung der Maßnahmen nach § 91 II AktG befasst sich jedoch sehr wohl mit Geschäftsführungsmaßnahmen des Vorstands, so dass sich die Prüfung nach § 317 IV HGB zwangsläufig mit Bereichen und Aufgaben einer Geschäftsführungsprüfung überschneidet, soweit es um Fragen des materiellen Bestands, der Zweckmäßigkeit und Funktionsfähig-

575 Vgl. Potthoff, Prüfung der Ordnungsmäßigkeit der Geschäftsführung, 1982, S. 94, 95, 114, 117.

576 Ebenso vgl. ADS, Teilband 7, 6. Aufl. 2000, § 317, Rn. 231, 233.

577 Vgl. MünchKommHGB, Band IV 2001 - Ebke, § 317 RdNr. 59.

keit des Systems geht[578]. Die Beurteilung von Maßnahmen des Vorstands einer Aktiengesellschaft nach § 317 IV HGB beinhaltet demnach

(1) eine formelle Ordnungsmäßigkeitsprüfung, da festzustellen ist, ob Maßnahmen ergriffen und dokumentiert wurden,

(2) eine materielle Ordnungsmäßigkeitsprüfung, da festzustellen ist, welche Maßnahmen ergriffen und implementiert wurden und ob diese geeignet sind. Die materielle Ordnungsmäßigkeitsprüfung beinhaltet zwangsläufig

   (a) eine Zweckmäßigkeitsbeurteilung sowie

   (b) eine Funktionsprüfung.

Die Möglichkeit einer richterlichen Ermessensabwägung zwischen den Auffassungen von Vorstand und Abschlussprüfer im Rahmen § 324 I HGB scheidet jedoch aus, da § 91 II AktG keine gesetzliche Vorschrift über den Jahresabschluss ist.

4.2 Urteilsbildung über das Vorliegen von Maßnahmen geeigneter Form

4.2.1 Organisatorische Maßnahmen des Vorstands als Soll-Objekt

Die Gesamtheit aller organisatorischen Regelungen und Maßnahmen zur Risikoerkennung und zum Umgang mit Risiken unternehmerischer Betätigung ist als Risikomanagementeinrichtung des Vorstands aufzufassen[579], denn dem Vorstand einer Gesellschaft wird es schwer fallen, aus der Gesamtheit aller organisatorischen Maßnahmen diejenigen zu isolieren, die explizit auf eine Früherkennung bestandsgefährdender Entwicklungen ausgerichtet sind, welche aus Entscheidungen der Unternehmensleitung resultieren könnten. Beispielsweise verfolgen alle unternehmensinternen Kontrollen den Zweck, die Richtigkeit und Ordnungsmäßigkeit der Aktivitäten im Unternehmen durch Aufdeckung von Fehlern und Unzulänglichkeiten sicherzustellen, so dass prinzipiell die Mög-

---

[578] Ebenso im Ergebnis vgl. Künnemann/Brunke, Geschäftsführungsprüfung, 2002, Sp. 927, vgl. Böcking/Orth, Kann das KonTraG einen Beitrag zur Verringerung der Erwartungslücke leisten?, 1998, S. 359; vgl. Orth, Abschlussprüfung und Corporate Governance : vom Financial Audit zum Business Audit vor dem Hintergrund der Erwartungslücke, 2000, S. 334-335.

[579] Vgl. IDW PS 340, Rn. 4, WPg 52. Jg. 1999, Heft 16, S. 658-662.

lichkeit geschaffen wird, Risiken im Interesse der Unternehmensleitung zu verhindern oder zu beseitigen. Durch eine permanente Überwachung mittels interner Überwachungssysteme soll die Zwangsläufigkeit aller Arbeitsabläufe erreicht werden, so dass jede Störung durch Verlassen der festgelegten Zwangsläufigkeiten den Kontrollinstanzen nicht entgehen kann. Bei der Überwachung durch ein internes Überwachungssystem handelt es sich mithin um eine Überwachung der gesamten Aufbau- und Ablauforganisation aller im Unternehmen auszuübenden grundlegenden Funktionen.[580] Zwar zeigen sich bereits hier wichtige Elemente des Systems, so das IKS, welches als Teil des Controllings angesehen wird, sowie die Interne Revision, die eine (Stabs-)Stelle innerhalb des Unternehmens darstellt und die Überwachungsaufgaben für die Unternehmensleitung wahrnimmt[581], doch nur eine bestimmte Teilmenge dieser Ermessensmaßnahmen stellt letztlich das interessierende Beurteilungsobjekt dar. Die Dokumentation der Maßnahmen muss daher zur Erfüllung der formellen Ordnungsmäßigkeit zwingend vorliegen. Eine Dokumentation im Rahmen einer eigenen Risikomanagement-Organisation als selbstständige Abteilung im Unternehmen kann jedoch ebenso wenig gefordert werden[582], wie das Nachholen fehlender Dokumentation durch den Abschlussprüfer[583].

4.2.2 Abgrenzung von Maßnahmen als erforderliches Soll-Objekt und Vergleichsmaßstab

Die Art und Weise der Abgrenzung ergriffener Vorstandsmaßnahmen vom Risikomanagementsystem als erforderliches Soll-Objekt ist im Schrifttum nicht einheitlich. Kritisiert wird, dass hinsichtlich der Vorstellungen des IDW zum

580 Vgl. Schlömer, Das aktienrechtliche Überwachungssystem unter Berücksichtigung der Besonderheiten von Unternehmenskrisen, 1985, S. 134-135.

581 Vgl. Freidank, Das deutsche Prüfungswesen unter risikoorientierten und internationalen Reformeinflüssen, 2001, S. 248.

582 Ebenso vgl. Lehner, Risikomanagement - ein Gegenstand der Abschlußprüfung, 1999, S. 36.

583 Ebenso vgl. Pollanz, Offene Fragen der Prüfung von Risikomanagementsystemen nach KonTraG, 2001, S. 1323; vgl. Förschle/Küster, in: Beck Bil-Komm. 5. Aufl. 2003, § 317, Rn. 89; A. A. vgl. IDW PS 340 Rn. 25, WPg 52. Jg. 1999, Heft 16, S. 658-662.

Risikomanagement[584] Ergänzungen durch Prüfungsgesellschaften mittels interner Rundschreiben vorgenommen werden müssen[585] und letztlich unklar bleibt, aus welchen Bestandteilen sich das zu prüfende Risikofrüherkennungssystem zusammensetzen soll. Hinzu tritt der Umstand, dass dieser Prüfungsbereich als besonders schwierig erachtet wird, da vergleichsweise wenig Routinearbeit anfällt, so dass in der Praxis weitgehend nur erfahrene Wirtschaftprüfer Risikomanagementprüfungen durchführen können. Bei der Analyse der als relevant für das Risikomanagement erachteten Bereiche sind die gesamten bisherigen Kenntnisse des Abschlussprüfers über das Unternehmen, das Umfeld und die Branche erforderlich.[586] Gefragt ist gebündeltes Fachwissen, das in kompakter Form aber selten vorliegt, insoweit der Einsatz sogenannter Risikoprüfungsteams erforderlich wird, bestehend aus Wirtschaftsprüfern und Spezialisten[587]. Eine Prüfung oder Beurteilung der Vorstandsmaßnahmen erfordert die Bestimmung eines Vergleichsmaßstabes, weil Werturteile stets auf Vergleichen basieren[588]. Ausgangspunkt der Bestimmung des Vergleichsmaßstabs ist ein grundlegendes Verständnis des beim Mandanten eingerichteten Risikomanagementsystems und dessen Einbettung in die Unternehmensorganisation. Es ist Bezug zu nehmen auf die Aufbau- und Ablauforganisation des Unternehmens. Gefordert wird außerdem, nicht nur die Steuerungsinstrumentarien zu berücksichtigen, sondern ebenfalls Planungsinstrumente einzubeziehen.[589]

Die Ableitung eines Vergleichsmaßstabs für die Beurteilung des Risikomanagementsystems als Zweckmäßigkeitsprüfung wird im Schrifttum auch als deduktiver Vorgang verstanden, der auf dem Zielsystem des Unternehmens basiert.

---

584 Vgl. IDW PS 340 Rn. 4-5, WPg 52. Jg. 1999, Heft 16, S. 658-662.

585 Vgl. Eggemann/Konradt, Risikomanagement nach KonTraG aus dem Blickwinkel des Wirtschaftsprüfers, 2000, S. 506.

586 Vgl. Eggemann/Konradt, Risikomanagement nach KonTraG aus dem Blickwinkel des Wirtschaftsprüfers, 2000, S. 508; vgl. Böcking/Orth, Risikomanagement und das Testat des Abschlußprüfers, 2000, S. 251.

587 Vgl. Wiechers, Die Prüfung des Internen Überwachungssystems im Sinne des § 91 Abs. 2 AktG, 1999, S. 353.

588 Vgl. Pollanz, Offene Fragen der Prüfung von Risikomanagementsystemen nach KonTraG, 2001, S. 1321.

589 Vgl. Eggemann/Konradt, Risikomanagement nach KonTraG aus dem Blickwinkel des Wirtschaftsprüfers, 2000, S. 507.

Die Deduktion führt zur notwendigen konzeptionellen Grundlage, da Systeme bestimmte Erfordernisse aufweisen, zu denen Systemelemente positive und negative Beiträge liefern, was wiederum Voraussetzung für die Anpassungs- und Überlebensfähigkeit des Systems ist. Schwierigkeiten bestehen aber vor allem aufgrund der Besonderheit einer erheblichen Informationsasymmetrie zu Lasten des Prüfers. Der Prüfer ist daher gezwungen, solche Instrumente zur Informationsbeschaffung und Auswertung zu wählen, die zum einen eine Entschärfung des Problems der Informationsasymmetrie ermöglichen, zum anderen aber gleichzeitig komplexitätsreduzierend wirken und die Qualität sowie den Sicherheitsgrad des Prüfungsergebnisses nicht negativ beeinflussen. Vorgeschlagen wird die Due Diligence, auf deren Grundlage Informationen über wirtschaftliche Verhältnisse, Geschäftstätigkeiten, Branchentrends, Branchenrisiken, Entwicklungen bezüglich Kunden, Lieferanten, Wettbewerbern, Zielen und Steuerungssystemen sowie die Risikophilosophie des Unternehmens gewonnen und ausgewertet werden können.[590]

Die Ansichten zur Vorgehensweise einer Bestimmung des für die Beurteilung nach § 317 IV HGB nötigen Vergleichsmaßstabs sind angelehnt an das jeweilige Risikomanagementverständnis zu sehen. Soweit den obigen Ansichten ein ganzheitliches Risikomanagementverständnis[591] zugrunde liegt, besteht die Gefahr, dass Informationsgewinnung als auch die Beurteilung von als erforderlich erachteten Maßnahmen über den gesetzlichen Prüfungsauftrag hinausgehen. So betreffen z. B. Informationen zur strategischen und operativen Planung des Unternehmens den Bereich eines Risikomanagement aufgrund des Pflichtenrahmens nach §§ 76 I, 93 I, II AktG. Die Kontrolle und Prüfung der sich auf diesen Pflichtenrahmen beziehenden Informationen obliegt aber einzig dem Aufsichtsrat.[592] Um Schwierigkeiten zu vermeiden, sollte die Ableitung zu beurteilender Mindestmaßnahmen strikt an § 91 II AktG orientiert werden. Zur

---

590 Vgl. Pollanz, Offene Fragen der Prüfung von Risikomanagementsystemen nach KonTraG, 2001, S. 1321-1323.

591 Siehe S. 47.

592 Siehe S. 159; a. A. vgl. Eggemann/Konradt, Risikomanagement nach KonTraG aus dem Blickwinkel des Wirtschaftsprüfers, 2000, S. 507.

Bestimmung von Mindestmaßnahmen des Vorstands nach § 91 II AktG könnte daher auf die obigen grundlegenden Organisationselemente sowie die Bestandteile des Management-Informationssystems und des Risikomanagement-Prozesses zurückgegriffen werden[593]. Auch im Schrifttum wird vereinzelt explizit von Mindestanforderungen gesprochen, die bezüglich § 317 IV HGB einen Beurteilungsmaßstab liefern sollen und auf der Grundlage der jeweiligen Risikosituation des Unternehmens und der Risikoneigung der Geschäftsführung abzuleiten sind[594]. Ebenso werden Kernstrukturen angeregt, denen ein verbindlicher Charakter zugesprochen werden könnte, denn empirische Studien hinsichtlich COSO zeigen, dass sich Meta-Strukturen, hier hinsichtlich eines Überwachungssystems, in der anglo-amerikanischen Praxis bisher bewähren konnten.[595] Letztlich lassen sich Anhaltspunkte dafür finden, dass das IDW eine ähnliche Ansicht vertritt, denn das Risikomanagementsystem eines Unternehmens soll Teilbereich des internen Kontrollsystems sein[596], wobei das interne Kontrollsystem nach Auffassung des IDW wie folgt zu verstehen ist:[597]

„Begriff und Aufgaben des internen Kontrollsystems

(5) Unter einem internen Kontrollsystem werden die von der Unternehmensleitung im Unternehmen eingeführten Grundsätze, Verfahren und Maßnahmen (Regelungen) verstanden, die gerichtet sind auf die organisatorische Umsetzung der Entscheidungen der Unternehmensleitung

- zur Sicherung der Wirksamkeit und Wirtschaftlichkeit der Geschäftstätigkeit (hierzu gehört auch der Schutz des Vermögens, einschließlich der Verhinderung und Aufdeckung von Vermögensschädigungen),
- zur Ordnungsmäßigkeit und Verlässlichkeit der internen und externen Rechnungslegung sowie

[593] Siehe S. 166-171.

[594] Vgl. KPMG, Prüfung von Risikomanagementsystemen gemäß § 317 Abs. 4 HGB, 1999, S. 8.

[595] Vgl. Pollanz, Offene Fragen der Prüfung von Risikomanagementsystemen nach KonTraG, 2001, S. 1312.

[596] Vgl. IDW PS 260 Rn. 10, WPg 52. Jg. 1999, Heft 16, S. 658-662.

[597] IDW PS 260 Rn. 5-6, WPg 52. Jg. 1999, Heft 16, S. 658-662.

• zur Einhaltung der für das Unternehmen maßgeblichen rechtlichen Vorschriften.

(6) Das interne Kontrollsystem besteht aus Regelungen zur Steuerung der Unternehmensaktivitäten (internes Steuerungssystem) und Regelungen zur Überwachung der Einhaltung dieser Regelungen (internes Überwachungssystem). Das interne Überwachungssystem beinhaltet prozessintegrierte (organisatorische Sicherungsmaßnahmen, Kontrollen) und prozessunabhängige Überwachungsmaßnahmen, die vor allem von der Internen Revision durchgeführt werden.

Organisatorische Sicherungsmaßnahmen werden durch laufende, automatische Einrichtungen wahrgenommen. Sie umfassen fehlerverhindernde Maßnahmen, die sowohl in die Aufbau- als auch die Ablauforganisation eines Unternehmens integriert sind und ein vorgegebenes Sicherheitsniveau gewährleisten sollen (z. B. Funktionstrennung, Zugriffsbeschränkungen im EDV-Bereich, Zahlungsrichtlinien).

Kontrollen erfolgen durch Maßnahmen, die in den Arbeitsablauf integriert sind. Erfolgen die Kontrollen durch Überwachungsträger, so können diese sowohl für das Ergebnis des überwachten Prozesses als auch für das Ergebnis der Überwachung verantwortlich sein. Kontrollen sollen die Wahrscheinlichkeit für das Auftreten von Fehlern in den Arbeitsabläufen vermindern bzw. aufgetretene Fehler aufdecken (z. B. Überprüfung der Vollständigkeit und Richtigkeit von erhaltenen oder weitergegebenen Daten, manuelle Soll/Ist-Vergleiche, programmierte Plausibilitätsprüfungen in der Software).

Die *Interne Revision* ist eine prozessunabhängige Institution, die innerhalb eines Unternehmens Strukturen und Aktivitäten prüft und beurteilt. Dieser unternehmensinterne Überwachungsträger darf weder in den Arbeitsablauf integriert noch für das Ergebnis des überwachten Prozesses verantwortlich sein. Daneben können *sonstige* prozessunabhängige Überwachungsmaßnahmen festgelegt sein, z. B. in Form von High-level-controls, die im besonderen Auftrag der gesetzlichen Vertreter oder durch diese selbst vorgenommen werden.“

Der Umstand, dass die Beurteilung eines Risikofrüherkennungssystems teilweise Überschneidungen zu einer Geschäftsführungsprüfung aufweist, führt dazu, dass punktuell auf IDW PS 720 (Fragenkatalog zur Prüfung der Ordnungsmäßigkeit der Geschäftsführung und der wirtschaftlichen Verhältnisse nach § 53 HGrG[598]) Bezug genommen werden kann. Auch hier wird explizit auf das Erkennen von Risiken abgestellt, wobei darauf verwiesen wird, „daß das Erkennen von Risiken, die sich auf das Unternehmen auswirken können, nicht erst durch das KonTraG zu den Pflichten der Geschäftsführung gehört. Neu ist jedoch, daß die entsprechende Verpflichtung durch eine besondere organisatorische Herausstellung („System" zur Risikofrüherkennung) aufgewertet worden ist. Ein solches System einzurichten bedeutet daher, die bereits bisher vorhandenen Organisationsregeln und getroffenen Maßnahmen systematisch zu ordnen, ihre Funktionsfähigkeit kritisch zu hinterfragen, sie ggf. anzupassen bzw. sie zu ergänzen und angemessen zu dokumentieren. Dabei ist zu berücksichtigen, daß sowohl im Hinblick auf die formelle (Dokumentationsumfang) als auch im Hinblick auf die materielle Ausgestaltung (Art und Umfang der entsprechenden Aufbau- und Ablauforganisation) in Abhängigkeit von Größe und Komplexität der Unternehmen unterschiedliche Anforderungen zu stellen sind."[599] Einschlägig im Hinblick auf eine Feststellung von als einzuhaltende Mindestmaßnahmen geltende Regelungen sind diejenigen Fragenkreise, die sich mit der Ordnungsmäßigkeit des Geschäftsführungsinstrumentariums beschäftigen und den oben aufgeführten Maßnahmen nach § 91 II AktG[600] nicht widersprechen[601].

[598] IDW PS 720, WPg 53. Jg. 2000, Heft 7, S. 326-331.

[599] IDW PS 720 Rn. 8, WPg 53. Jg. 2000, Heft 7, S. 326-331.

[600] Siehe S. 166-171.

[601] Dazu zählen: Fragenkreis 3: Aufbau- und ablauforganisatorische Grundlagen; Fragenkreis 5: Rechnungswesen, Informationssystem, Controlling; Fragenkreis 7: Finanzinstrumente, andere Termingeschäfte, Optionen, Derivate und Fragenkreis 8: Interne Revision sowie für die Wirksamkeitsprüfung Fragenkreis 12: Berichterstattung an das Überwachungsorgan.

4.2.3 Beurteilungsprozess

Die Wirksamkeit des Risikofrüherkennungssystems nach § 91 II AktG ist gegeben, wenn sowohl[602]

(1) formelle Ordnungsmäßigkeit

als auch

(2) materielle Ordnungsmäßigkeit

vorliegen.

Die materielle Ordnungsmäßigkeit (2) ist dann zu bejahen, wenn

(a) Zweckmäßigkeit und

(b) Funktion

gegeben sind.

Es sind die Grundsätze der Systemprüfung zugrunde zu legen[603].

4.2.3.1 Ableitung des Soll-Objektes durch Anwendung der Systemprüfungsgrundsätze

Eine Systemprüfung ist die Bezeichnung für einen Vergleichs- und Beurteilungsprozess, der sich auf ein bestimmtes System bezieht[604]. Maßnahmen zur Risikofrüherkennung können als System verstanden werden[605]. Systemprüfungen sind von Einzelprüfungen zu unterscheiden:[606]

- Einzelprüfungen:
  Bei Einzelprüfungen wird in der Regel vom Zustand einer Anzahl gleichartiger Sachverhalte auf die Ordnungsmäßigkeit des Beurteilungsobjektes geschlossen.
- Systemprüfungen:
  Systemprüfungen verfolgen das Ziel festzustellen, ob die aus dem Systemzweck abgeleiteten Grundsätze eingehalten werden. Aufgrund der Ergebnisse

[602] Siehe S. 179.

[603] Vgl. IDW PS 340 Rn. 31, WPg 52. Jg. 1999, Heft 16, S. 658-662.

[604] Vgl. Wittmann, Systemprüfung und ergebnisorientierte Prüfung, 1980, S. 60.

[605] Siehe S. 164.

[606] Vgl. Leffson, Wirtschaftsprüfung, 1991, S. 229-230.

von Systemprüfungen sollen dann Vermutungen darüber gerechtfertigt sein, dass eine zielgerichtete Erfassung und Verarbeitung zugrunde liegender Sachverhalte innerhalb interessierender Betrachtungszeiträume tatsächlich erfolgte. Das der Rechtfertigung zugrunde liegende Schlussverfahren basiert auf der Hypothese, dass jedes System in einem festen organisatorischen Gefüge abläuft und sich insoweit eine gewisse Kontinuität und Zwangsläufigkeit der Abläufe begründet. Je deterministischer die Systemabläufe sind, um so sicherer soll dann ausgehend von den Ergebnissen einer Systemprüfung auf die Richtigkeit und Zuverlässigkeit des Systemoutputs geschlossen werden dürfen.

Systemprüfungen, originär im IT-Bereich angewendet[607], erfordern zunächst die Ableitung eines Vergleichobjektes (Soll-Objekt). Für die Ableitung des Soll-Objektes bei einer Systemprüfung können grundsätzlich folgende Vorgehensweisen in Betracht gezogen werden:[608]

a) Verwendung des vom Unternehmen konzipierten Systems,
b) Verwendung eines allgemein gütigen „Ideal-Systems", das allen Anforderungen in allen denkbaren Situationen gerecht werden kann,
c) Zugrundelegung des um Schwachstellen und Fehler bereinigten konzipierten Systems des Unternehmens.

Alternative a) scheidet aus, da der Abschlussprüfer gemäß § 43 I WPO eigenverantwortlich handeln und somit das Soll-Objekt selbst festlegen muss. Im Rahmen § 317 IV HGB kann insoweit nichts anderes gelten.

Alternative b) ist ebenso problematisch, denn ähnlich wie bei einer materiellen Ordnungsmäßigkeitsprüfung, die auf die Einhaltung von Normen gerichtet ist, deren Mehrdeutigkeit einen formell festgelegten Handlungsspielraum überschreiten, sind mehrere mögliche Ist-Systeme denkbar, so dass eine Vielzahl von ordnungsmäßigen Handlungsmöglichkeiten vorliegen könnte. Wird ein sol-

[607] Vgl. IDW PS 330 Rn. 30-41, WPg 55. Jg. 2002, Heft 21, S. 1167-1179, betreffen aber auch Ausgestaltung und Wirksamkeit des auf die Rechnungslegung bezogenen internen Kontrollsystems (IKS), vgl. IDW PS 300 Rn. 15, WPg 54. Jg. 2001, Heft 16, S. 898-903; vgl. IDW PS 260 Rn. 41-73, WPg 54. Jg. 2001, Heft 16, S. 821-831.

[608] Vgl. Göbel, Prüfung von EDV-Programmen im Rahmen der Jahresabschlußprüfung, 1990, S. 36-37.

ches Ist-System dem idealen System gegenübergestellt, entfällt die Feststellung von Abweichungen, da die ermittelten Soll-Ist-Abweichungen wenig aussagekräftig wären.

Es verbleibt Alternative c), wobei sich folgende Schritte einer Systemprüfung ergeben:

1. Feststellung des konzipierten Objektes des Unternehmens,
2. Analyse des konzipierten Objektes des Unternehmens hinsichtlich Schwachstellen und Fehler,
3. Schaffung des Soll-Objektes des Prüfers durch die Bereinigung der Schwachstelle und Fehler des konzipierten Objektes des Unternehmens,
4. Überprüfung des tatsächlichen Vollzugs des konzipierten Objektes des Unternehmens i. S. der organisatorischen Implementierung,
5. Prüfung des konzipierten Objektes des Unternehmens auf Funktion, Wirksamkeit und kontinuierliche Anwendung.

Abweichungen könnten sich im 2. und 4. Schritt bezüglich des festgestellten konzipierten Objekts des Unternehmens ergeben. Abweichungen aus dem 2. Schritt basieren auf einem indirekten Vergleich des „beabsichtigten Ist-Systems" mit dem vom Prüfer abgeleiteten Soll-System. Abweichungen aus dem 4. Schritt resultieren aus einem fehlenden oder fehlerhaften Vollzug. Auch im 5. Schritt können Abweichungen auftreten, wobei es sich um den schwierigsten Prüfungsabschnitt handelt. Es geht um die Frage, ob es sich beim vorliegenden Ist-System um ein tatsächlich intaktes und funktionsfähiges System handelt. Gezielte Prüfungshandlungen sollen Anhaltspunkte dafür liefern, inwieweit die tatsächlichen Ausprägungen des Systems den Vorgaben (Abläufe und Wirkungen) entsprechen.

Zwischen einer originären Systemprüfung und einer Beurteilung nach § 317 IV HGB ergeben sich Unterschiede bezüglich der Ableitung des Vergleichsobjekts (i) und der jeweiligen Zielsetzung (ii):

(i) Ableitung des Vergleichsobjekts

Die Angemessenheitsbeurteilung des Prüfers bezieht sich auf den gesetzlichen Pflichtenrahmen des Vorstands einer Aktiengesellschaft, für den sich kein eindeutiges Soll-Objekt ableiten lässt. Das Soll-Objekt kann lediglich in Kernbestandteilen bzw. Grobstrukturen vorgezeichnet werden[609]. Der Prüfer muss alle unternehmensspezifischen Gegebenheiten analysieren, um den Umfang von Mindestmaßnahmen zu erweitern, die sowohl notwendig als auch hinreichend sind, um den spezifischen Gegebenheiten zu genügen.

Die Schritte der Vorgehensweise gemäß Alternative c) sind anzupassen:

1. Feststellung des konzipierten Objektes des Unternehmens („Entwurf").
2. Analyse der Besonderheiten des Unternehmens und Schaffung des Soll-Objektes des Abschlussprüfers, welches notwendig und hinreichend zur Risikofrüherkennung ist.
3. Feststellung, ob der „Entwurf" die Elemente des Soll-Objekts des Abschlussprüfers enthält.
4. Bestimmung der Elemente des Soll-Objektes des Abschlussprüfers, die nicht im „Entwurf" enthalten sind.
5. Beurteilung der Zweckmäßigkeit der gemäß Schritt 3 abgegrenzten Elemente des „Entwurfs".
6. Beurteilung der Funktion der Elemente gemäß Schritt 3 im Sinne des tatsächlichen Vollzugs (organisatorische Implementierung) und der kontinuierlichen Anwendung.
7. Urteilsbildung auf der Grundlage der Schritte 3-6.

(ii) Zielsetzung:

Originäre Systemprüfungen haben Systeme zum Gegenstand, die nach bestimmten Regeln arbeiten, fest in organisatorische Gefüge eingebettet sind und die Erfassung und Verarbeitung von Geschäftsvorfällen zum Gegenstand haben. Ziel ist ein Rückschluss auf die Ordnungsmäßigkeit der Buchführung[610] verbunden

---

609 Siehe S. 166-171.

610 Vgl. Sperl, Prüfungsplanung, 1978, S. 97.

mit der Erlangung von Prüfungsnachweisen[611] zur Verringerung des Ausmaßes aussagenbezogener Prüfungshandlungen[612]. Im Gegensatz dazu stehen gemäß § 317 IV HGB Angemessenheit und Wirksamkeit der Maßnahmen gemäß § 91 II AktG und damit das System selbst im Vordergrund der Prüfung, ohne dass daraus explizit Rückschlüsse auf jahresabschlussrelevante Daten zu ziehen wären. Während die Prüfung des internen Kontrollsystems gesetzlich nicht vorgeschrieben ist, darf die Prüfung nach § 317 IV HGB nicht unterbleiben.[613] Obwohl internes Kontrollsystem und Risikofrüherkennungssystem Überschneidungen aufweisen, geht eine Systemprüfung über die Prüfung des IKS insoweit hinaus, als auch nicht rechnungslegungsbezogene Feststellungen betroffen sind[614].

4.2.3.2 Systemtest

Im Rahmen der Konkretisierung eines Risikofrüherkennungssystems hat sich gezeigt, dass ein ordnungsmäßiges Rechnungswesen wichtiger Bestandteil des Pflichtenrahmens nach § 91 II AktG ist. Es ergibt sich daher die Besonderheit, dass die Ordnungsmäßigkeit grundlegender Bestandteile des Risikofrüherkennungssystems (externes, internes Rechnungswesen[615]) Gegenstand der Jahresabschlussprüfung sind (§§ 316 I, 317 I HGB), so dass auf diese Ergebnisse zurückgegriffen werden kann. Ein Systemtest für die verbleibenden Bestandteile des Risikofrüherkennungssystems im Rahmen der Wirksamkeitsbeurteilung beinhaltet eine Zweckmäßigkeits- und eine Funktionsprüfung.

Die Zweckmäßigkeitsprüfung (Schritt 5) könnte angelehnt an die Testgrundsätze für EDV-Programme erfolgen. Testen als Prozess bedeutet nach originärem Verständnis die Ausführung von Programmen mit der Absicht, Fehler zu finden. Zweckmäßigkeitsprüfungen von Risikofrüherkennungssystemen sind ebenfalls

---

[611] Vgl. IDW PS 300 Rn. 15, WPg 54. Jg. 2001, Heft 16, S. 898-903.
[612] Vgl. IDW PS 300 Rn. 17, 19, WPg 54. Jg. 2001, Heft 16, S. 898-903.
[613] Vgl. Neubeck, Prüfung von Risikomanagementsystemen, 2003, S. 207.
[614] Vgl. IDW PS 260 Rn. 10, WPg 54. Jg. 2001, Heft 16, S. 821-831.
[615] Siehe S. 169.

Tests mit der Zielsetzung, Fehler aufzudecken, da eine Verifikation des Systems nicht möglich ist.

Eine denkbare Testmöglichkeit besteht darin, das Risikofrüherkennungssystem als Blackbox zu betrachten, indem lediglich Systeminput, Schnittstellen und Systemoutput betrachtet und analysiert werden. Nicht relevant wäre daher das Systeminnere, das wie ein Element und daher nur in seiner Funktion für ein übergeordnetes System betrachtet wird. Eine derartige alleinige „Daten-Output-Prüfung" scheidet jedoch bei Prüfungen nach § 317 IV HGB aus.[616] Die Beurteilung formeller und materieller Ordnungsmäßigkeit macht es gerade notwendig, dass das Systeminnere bekannt ist.

Eine andere Möglichkeit besteht darin, die Überprüfung der Zweckmäßigkeit der Maßnahmen nach § 91 II AktG in Anlehnung an Whitebox-Test-Verfahren durchzuführen.

Im Gegensatz zum Blackbox-Verfahren müssen beim Whitebox-Testverfahren Informationen über den internen Aufbau und die Struktur des zu beurteilenden Objektes zur Verfügung stehen. Bei originären Programmtests handelt es sich in der Regel um Codedokumente, so dass ein Whitebox-Test auch als „codebasierter Test" bezeichnet wird. Das Ergebnis am Ende der Testung besteht in einer Bestätigung oder Ablehnung der Funktionen und wird in Form eines „Verdammungsurteils" (Verdikts) formuliert.

Bei üblichen Whitebox-Test-Anwendungsfällen von Systemen wird unterstellt, dass nach Abbildung des Systems durch einen Programmablaufplan und nach Durchführung von Testfällen aller systemimmanenten Pfade eine sichere Aussage über das Ablaufverhalten des Ist-Objektes möglich ist. In normalen Anwendungsfällen ergibt sich aber die Schwierigkeit, dass auf der Ebene der verwendeten Programmiersprache und Schleifen im Programmablauf die notwendige Anzahl von Testfällen gegen unendlich geht, so dass insbesondere für umfangreiche Programme mittels Whitebox-Tests sichere Aussagen über das Systemverhalten des Ist-Objektes nicht möglich sind. Um dennoch Aussagen

616 Vgl. Neubeck, Prüfung von Risikomanagementsystemen, 2003, S. 196-197.

zum Verhalten des Systems treffen zu können, wird versucht, eine hinreichende Menge von Testfällen zu bestimmen, um zu einem Verdikt zu gelangen. Von einer hinreichenden Testmenge wird daher dann gesprochen, wenn neben der Pfad- und Zweigüberdeckung auch alle möglichen Kombinationen von Bedingungen, die zu Entscheidungen über den Kontrollfluss im Programmsystem führen, durch die Testfälle angesprochen werden.[617]

Zunächst ist die Ablaufstruktur anhand vorliegender Dokumentation zu erstellen. Üblicherweise werden in der Darstellung einzelne Anweisungen oder Blöcke von (sequenziellen) Anweisungen als Knoten und der Kontrollfluss zwischen den Anweisungen als Kanten dargestellt. Zur Lösung des Problems, dass möglichst viele Programmteile durch die Menge zu bestimmender Testfälle abzudecken sind, existieren bei zu betrachtenden kontrollflussorientierten Tests verschiedene Methoden:

a) Anweisungsüberdeckung

Die Anweisungsüberdeckung betrifft Testfälle einzelner Anweisungen des Testobjekts. Anweisungen sind notwendig, damit Systeme auf einen Informationsinput in vorgesehenen Weise reagieren können. Je nach Ziel ist lediglich ein Anteil oder es sind alle Anweisungen des Testobjekts abzuarbeiten, soweit diese dokumentiert sind.

b) Zweigüberdeckung

Eine Zweigüberdeckung zielt darauf ab, Testfälle zu ermitteln, die je nach Ziel lediglich einen gewissen Anteil oder alle Zweige der Ablaufstruktur des Testobjekts durchlaufen. Zweige betreffen „bedingte Systemreaktionen", die je nach Informationsinput ausgelöst werden. In der Regel sind nur einzelne Zweige des Systems relevant.

c) Pfadüberdeckung

Pfadüberdeckungen beschäftigen sich mit der Ermittlung der Testfälle, die konzentriert auf bestimmten Pfaden des Testobjekts ablaufen sollen. Pfade betreffen sowohl die relevanten Anweisungen als auch die jeweiligen Zweige.

617 Vgl. Göbel, Prüfung von EDV-Programmen im Rahmen der Jahresabschlußprüfung, 1990, S. 153-154.

Auch hier sind entweder lediglich gewisse Anteile oder aber alle Pfade zu testen. Das Durchlaufen sämtlicher Pfade ist bei größeren Programmen aber in der Regel nicht möglich.

Die Testfälle können noch einmal wie folgt veranschaulicht werden:

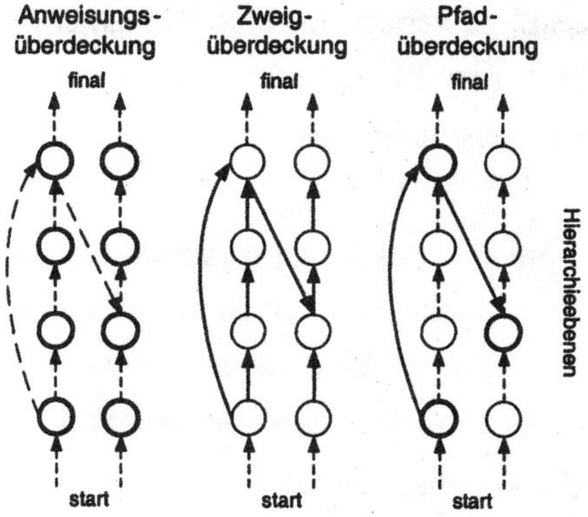

Ziel der kontrollflussorientierten Vorgehensweise ist es, das „Programm“ gegen die eigene Struktur zu testen. Im Gegensatz zu Programmanwendungsfällen ergeben sich beim Testen von Risikofrüherkennungssystemen insbesondere zwei Unterschiede, die bei der Festlegung und Auswertung von Testfällen zu beachten sind:

- Bei Programmtests wird die Schnittstelle zwischen der Programmebene (Anweisungsebene in Quellsprache) und der Maschinenebene (Maschinensprache, Assemblersprache oder Bytecode) als deterministisch betrachtet, so dass die Testung des Compilers entfällt.

  Im Gegensatz dazu sind Schnittstellen und Ausführung von Anweisungen und Regularien innerhalb von Risikofrüherkennungssystemen nicht deterministisch, sondern, soweit nicht EDV einsetzbar ist, stochastisch, da die Transformation von Anweisungen in „semantisch äquivalente Handhabung“ durch Menschen erfolgt. Gleichzeitig muss der Kompilierer als „Black-Box“ betrachtet werden.
- Zur Testung von Programmen ist es grundsätzlich möglich, Testfälle zu konstruieren und durch das Programm verarbeiten zu lassen.

Bei der Wirksamkeitsprüfung eines Risikofrüherkennungssystems ist es nicht möglich, Testfälle zu konstruieren, die in das System einzugeben und durch das System zu verarbeiten sind, da neben der Organisation kein „Testsystem" existiert und daher fiktive Informationen neben den tatsächlichen Informationen im „Ist-System" zu verarbeiten sind. Neben einer ungewollten Belastung des „Ist-Systems" besteht die Gefahr, dass Tests schnell erkannt werden und eine bewusste Verarbeitung hinsichtlich des erwarteten Testergebnisses erfolgt.

Die Zweckmäßigkeitsprüfung des Risikofrüherkennungssystems kann, soweit nicht bereits ein Mangel im Rahmen der Schritte 3 und 4 zum Verwerfen des Risikofrüherkennungssystems des Unternehmens führt, hinsichtlich Schritt 5 an den Grundsätzen des Whitebox-Tests orientiert werden.

Es ergibt sich folgende Vorgehensweise:

(1) Erfassung aller Anordnungen, Bedingungen und Regularien

Die Erfassung der Anordnungen, Bedingungen und Regularien auf den zu betrachtenden Hierarchieebenen, die Bestandteil des Risikofrüherkennungssystems sind, erfolgt auf der Grundlage der interessierenden „Aufbau- und Ablaufstruktur" dieses Systems.

(2) Konstruktion einer manuellen Testsequenz.

Ziel ist ein „Walkthrough", der mit Hilfe von Prüferteams durchzuführen ist. Jedes Mitglied des Teams muss daher zunächst vollständig über die Gegebenheiten gemäß (1) aufgeklärt sein. Ein erfahrener Prüfer hat anschließend in der Funktion eines „Testers" Testfälle zu konstruieren, die denkbare Zustände widerspiegeln. Dabei sind aufgrund der Eigenart des Systems nicht nur Input-Konstellationen zu entwerfen, sondern es sind auch die jeweilig erwarteten Output-Ausprägungen (Soll-Output) der angesprochenen Systemelemente und Systemabschnitte festzulegen.

Die Tests sind auf der Grundlage der Dokumentation im Team auszuführen. Der dabei jeweils erzeugte Output aufgrund der Abläufe des dokumentierten Systems (Soll-Ist-Output) ist festzustellen.

Die Tests sollten
- alle Zweige des Systems und damit auch alle Anordnungen überdecken.
- zumindest eine gewisse Anzahl von Pfaden überdecken.

(3) Urteilsfindung über die Zweckmäßigkeit
Die Urteilsfindung über die Zweckmäßigkeit des Risikofrüherkennungssystems erfolgt auf der Grundlage der Abweichungen zwischen Soll- und Ist-Output des Systems.

Soweit die Zweckmäßigkeitsbeurteilung nicht bereits zur Ablehnung der materiellen Ordnungsmäßigkeit führt, muss der Abschlussprüfer die kontinuierliche Funktionsausübung (Schritt 6) über den gesamten interessierenden Zeitraum beurteilen. Der Abschlussprüfer kann den tatsächliche Vollzug sowie die tatsächliche Anwendung aufgrund des In- und Outputs, der von Menschen erzeugt wurde, aber lediglich in Stichproben[618] prüfen. Weil das tatsächliche Verhalten des Systems über einen längeren Zeitraum durch den Prüfer nicht beobachtbar ist, müssen die Tests über mehrere Perioden des Prüfungszeitraumes verteilt werden. Informationen über das Funktionieren des Systems sind aus dokumentierten Verarbeitungsergebnissen, die während des interessierenden Zeitraumes angefallen sind oder aber Befragungen abzuleiten. Im Schrifttum wird dazu z. B. folgendes vorgeschlagen:[619]

- Einsichtnahme in den entsprechenden Output-Prozess:
  • Berichte des Risiko-Reportings,
  • Protokolle von Risikomanagement-Workshops,
  • Berichte des Risikomanagers.
- Prüfung der Beachtung von Anweisungen und Richtlinien, z. B. festgelegter Wesentlichkeitsgrenzen von Risikogrößen,

---

[618] H. M. vgl. Förschle/Küster, in: Beck Bil-Komm. 5. Aufl. 2003, § 317, Rn. 93; vgl. Böcking/Orth, Risikomanagement und das Testat des Abschlußprüfers, 2000, S. 251; vgl. Wiechers, Die Prüfung des Internen Überwachungssystems im Sinne des § 91 Abs. 2 AktG, 1999, S. 353; vgl. Eggemann/Konradt, Risikomanagement nach KonTraG aus dem Blickwinkel des Wirtschaftsprüfers, 2000, S. 508; vgl. IDW PS 340, WPg 52. Jg. 1999, Heft 16, S. 658-662, Rn. 31.

[619] Vgl. KPMG, Prüfung von Risikomanagementsystemen gemäß § 317 Abs. 4 HGB, 1999, S. 11.

- Hinzuziehung der Ergebnisse der Internen Revision,
- Befragungen von Prozessbevollmächtigten.

Die Stichprobenprüfung im Rahmen von Schritt 6 kann als Kombination von Prüfungshandlungen erfolgen. Die Prüfungshandlungen könnten wie folgt unterteilt werden:

(i) Punktuelle Prüfungen

Die Prüfungshandlungen beziehen sich hier auf die Einhaltung grundlegender organisatorischer Regelungen und daher auf zufällig ausgewählte Elemente des Risikofrüherkennungssystems. Darunter fallen Regelungen zur Funktionstrennung, dem Vieraugenprinzip, vor allem aber einzelfallspezifische organisatorische Regularien zu Aufgabenfeldern, Kompetenzen, Befolgung bedingter Handlungsanweisungen und vorgesehener Rückmeldungen. Es interessiert der Vollzug von prozessabhängigen und prozessunabhängigen Kontrollen sowie die vorgesehene Integration von Informationen des betrachteten Elementes in das Berichtswesen.

(ii) Teilabschnitts-Prüfungen

Hier betreffen Prüfungshandlungen die Vorgänge innerhalb eines bestimmten abgegrenzten Systemabschnitts. Es geht um die Frage des regelkonformen Vollzugs von Teilprozessen des Risikofrüherkennungssystems und schließt daher die betroffenen organisatorischen Elemente gemäß (i) ein (z. B. Controlling wesentlicher Aufträge, Verfolgung eines sich anbahnenden oder entstandenen „Verlustauftrags", Bearbeitung eines Exportauftrags hinsichtlich Anstoß zur Währungssicherung oder rechtlicher Prüfung, Versicherungs- und andere Absicherungsvorgänge, Einbezug von Informationen über ein wesentliches Forschungsprojekt in das Reporting, Zusammenstellung von Informationen für das Berichtswesen).

(iii) Abschnitts-Prüfungen

Die Prüfung bezieht sich auf die Vorgänge eines gesamten betrachteten Systemabschnitts. Im Gegensatz zu den Prüfungshandlungen gemäß (ii) unterliegen ganze Vorgänge innerhalb des Risikofrüherkennungssystems der Prüfung. Neben der Beurteilung eines regelkonformen Vollzugs von Prozessen (z. B. Vorgang der Abwicklung kompletter Aufträge, Vorstands-Reporting) geht es insbesondere um den Informationsaustausch zwischen den untersten und der obersten Hierarchieebenen aufgrund der Regularien zu Reporting und Feedback, betrifft aber nur solche Reporting-Instrumente, die tatsächlich vom Management genutzt werden, so dass eine Beurteilung von „Dummy-Reports" entfällt.

Ähnlich wie IDW PS 720 einen Fragenkatalog für die Prüfung der Ordnungsmäßigkeit der Geschäftsführung und der wirtschaftlichen Verhältnisse definiert, könnte auch für den Prüfungsschritt 6 eine Prüfroutine vorgegeben werden. Die drei Stichprobenbereiche (i), (ii) und (iii) bilden dabei Prüfungsblöcke, für die jeweils ein „Prüfpfad" mittels spezieller nacheinander zu beantwortender Fragen entworfen wird. Pfadstrukturen könnten beispielsweise auf folgenden Fragen beruhen, die aber grundsätzlich vom Abschlussprüfer festzulegen sind:

- Prüfungsblock (i):
  a) Sind dem Organisationsmitglied Aufgabenfeld/Kompetenz bekannt?
  b) Wurden Vorgänge gemäß den Anweisungen bearbeitet?
  c) Haben nicht Befugte die Möglichkeit, diese Vorgänge zu bearbeiten?
  d) Wurden die Vorgänge unter Berücksichtigung aller vorgesehenen prozessabhängigen Kontrollen bearbeitet?
  e) Wurden die Vorgänge aufgrund vorgesehener prozessunabhängiger Kontrollen überwacht?
  f) War sichergestellt, dass die Ergebnisse der Bearbeitungsvorgänge Bestandteil eines vorgesehenen Reporting (oder Feedback) waren?
- Prüfungsblock (ii):
  a) Ist dem für die Auslösung des Teilprozesses verantwortlichen Organisationsmitglied Aufgabenfeld/Kompetenz bekannt?
  b) Hatten nicht Befugte die Möglichkeit, Einfluss auf den Vorgang zu nehmen?
  c) Erfolgte der den Teilprozess auslösende Impuls (die zugrunde liegende In-

formation) entsprechend den Regularien zeitnah und von der zuständigen Organisationseinheit?

d) Wurde der Vorgang auf den einzelnen Prozessstufen gemäß Anweisungen bearbeitet?

e) Hatten nicht Befugte die Möglichkeit, diesen Vorgang zu bearbeiten?

f) Wurde der jeweilige Prozessvorgang unter Berücksichtigung aller vorgesehenen prozessabhängigen Kontrollen bearbeitet?

g) Wurde der jeweilige Prozessvorgang unter Berücksichtigung aller vorgesehenen prozessunabhängigen Kontrollen überwacht?

h) War sichergestellt, dass das jeweilige Ergebnis eines Bearbeitungsvorgangs Bestandteil eines vorgesehenen Reportings (oder Feedback) wurde?

- Prüfungsblock (iii):

1) Betrifft die Fragen unter (ii) für einen ganzen Vorgang.

2) Betrifft Fragen zum Management-Reporting:

i) War sichergestellt, dass das Ergebnis der Organisationseinheit korrekt und zeitnah in das Management-Informationssystem (z. B. EDV-Abbildung) oder ein Feedback zur verantwortlichen Hierarchieebene gelangte?

k) Hatten nicht Befugte die Möglichkeit, Einfluss auf den Vorgang zu nehmen?

l) War sichergestellt, dass die Information entsprechend beizumessendem Gewicht und Gehalt auf der verantwortlichen Hierarchieebene korrekt berücksichtigt wurde?

m) War sichergestellt, dass die Information entsprechend beizumessendem Gewicht und Gehalt auf der jeweils nächst höheren Hierarchieebene korrekt berücksichtigt wurde?

n) Hatten nicht Befugte die Möglichkeit, Einfluss auf den Informationsfluss zur nächst höheren Hierarchieebene zu nehmen?

Eine Möglichkeit, die Anzahl von Stichproben innerhalb der Prüfungsblöcke objektiviert festlegen zu können, so dass eine ausreichende Urteilssicherheit über die tatsächliche Funktion des Risikofrüherkennungssystems ermöglicht wird, besteht nicht. Jedoch sollten die Stichproben gleichmäßig über den Beurteilungszeitraum verteilt werden. Die Auswahl der Stichproben sollte grund-

sätzlich zufällig erfolgen, wobei hinsichtlich des Prüfungsblocks (iii) dann eine bewusste Auswahl angemessen sein könnte, wenn wesentliche Vorgänge bekannt werden, die zwingend beurteilt werden sollten.
Da Auswahl und Anzahl der Stichproben letztlich nicht objektiviert bestimmt werden können, muss die Stichprobenauswahl eigenverantwortlich vom Prüfer vorgenommen werden, wobei je nach Testobjekt variiert werden könnte, denn je größer die Repetitivität individueller Aktivitäten ist, desto größer ist deren Programmierbarkeit. Je größer aber die Programmierbarkeit individueller Aktivitäten in Organisationen ist, desto größer ist die Prognostizierbarkeit dieser Aktivitäten[620], was experimentell bestätigt wurde[621].

Die Stichproben, die im Rahmen des Systemtests vorgenommen werden müssen, sind nach homograden oder heterograden Fragestellungen auszuwerten. Homograde Fragestellungen betreffen das Problem, ob Funktionen im Prüfungszeitraum tatsächlich ausgeführt wurden oder eine Ausführung unterblieb. Da es mitunter nicht ausreicht abzuschätzen, wie häufig Systemabweichungen während des Prüfungszeitraumes vermutlich auftraten, sondern wichtig ist festzustellen, ob Abweichungen aufgrund des Vergleichs von Soll- und Ist-Objekt nach Richtung und Umfang[622] wesentliche Auswirkungen auf die Funktionsfähigkeit des Systems haben, beziehen sich heterograde Fragestellungen auf das Problem der Schätzung des Ausmaßes des Fehleroutputs.[623]

Eine Beurteilung nach § 317 IV HGB im Rahmen von Abschlussprüfungen deutscher Konzernunternehmen mit Börsenzulassung in Deutschland und den USA kann Überschneidungen zu Prüfungstätigkeiten aufgrund des Sarbanes-Oxley Act[624] aufweisen, soweit die Prüfungsdurchführung durch eine Prüfungsgesellschaft erfolgt, die in den USA zugelassen ist. Section 404 (a1) verlangt die Einrichtung von „adequate internal control structures and procedures for finan-

[620] Vgl. March/Simon, Organisation und Individuum, 1976, S. 134-135.
[621] Empirische Erhebung von Guetzkow/Simon, 1955, vgl. March/Simon, Organisation und Individuum, 1976, S. 135.
[622] Vgl. von Wysocki, Wirtschaftliches Prüfungswesen, Band III, 2003, S. 3.
[623] Vgl. Leffson, Wirtschaftsprüfung, 1991, S. 235.
[624] Änderungsgesetz zum US-Wertpapiergesetze vom 23.01.2002.

cial reporting", die zu dokumentieren sind. Das Management muss im Rahmen der Berichterstattung die Effektivität dieses Kontrollsystems einschätzen und bewerten sowie diese Einschätzungen und Bewertungen veröffentlichen. Im Zusammenhang mit der Abschlussprüfung wurde durch Section 404 (b) geregelt, dass „each registered public accounting firm that prepares or issues the audit report for the issuer shall attest to, and report on, the assessment made by the management of the issuer. An attestation made under this subsection shall be made in accordance with standards for attestation engagements issued or adopted by the Board. Any such attestation shall not be the subject of a separate engagement".

4.2.4 Urteilsfindung

4.2.4.1 Zulässigkeit des Prüferurteils als unscharfes Urteil und Mangel auslösende Pflichtverletzung

Die Berichtspflicht erfordert vom Abschlussprüfer die Darlegung des Ergebnisses der Beurteilung, ob der Vorstand geeignete Maßnahmen ergriffen hat und ob das Gesamtsystem zur Risikofrüherkennung seine Aufgaben erfüllen kann (§ 321 IV S. 1 HGB). Wesentliche Mängel des Systems sind in den Prüfungsbericht über den Jahresabschluss aufzunehmen (§ 321 IV S. 2 HGB).

Trotz der Anwendung von *dual-purpose-tests*, die Vereinigung von Elementen der Systemprüfung mit denen der Einzelprüfung zur Ermittlung der Anzahl von Fehlern und Systemverstößen, auf deren Basis ein Urteil über die Zuverlässigkeit und Wirksamkeit eines Systems für Fragen der Jahresabschlussprüfung grundsätzlich für möglich gehalten wird[625], besteht im Rahmen der Prüfung des Risikofrüherkennungssystems die Besonderheit, dass Systemfunktionen überwiegend von Menschen wahrgenommen werden. Die Wahrnehmung von Systemfunktionen durch Menschen bedingt jedoch, dass der Prüfer stets von Abweichungen im Systemverhalten ausgehen muss, weil das Systemverhalten sto-

---

[625] Vgl. Sperl, Prüfungsplanung, 1978, S. 157; vgl. Leffson, Wirtschaftsprüfung, 1991, S. 234-235.

chastisch ist[626]. Daher ist das Urteil des Prüfers letztlich nur dann scharf, wenn das System als *unzweifelhaft* „nicht wirksam“[627] ($\{\overline{w}\}$) eingestuft werden muss, wobei gilt, dass ein Soll-System des Unternehmens, das zwar geeignet ist, tatsächlich jedoch nicht funktioniert, ebenso ungeeignet ist, wie ein System, das im Unternehmen angewandt wird, sich aber als ungeeignet erweist[628].

Das Urteil „wirksam“ ($\{w\}$) stützt sich auf eine vom Prüfer für erforderlich gehaltene Anzahl von Evidenzen[629], die nicht ausreicht, die bei der Prüfung zugrunde zu legende Hypothese „Das Risikofrüherkennungssystem war wirksam“, zu falsifizieren. Das Urteil ist unscharf, denn es wird auf Evidenzen gestützt, die hinsichtlich der Besonderheiten und der Mächtigkeit der „Prüfungsgesamtheit“ lediglich Indizien darstellen. Die Evidenzen können letztlich bloß Hinweise auf den tatsächlichen Zustand des Systems während des gesamten vergangenen Prüfungszeitraums liefern. Ein Urteil als Unschärfeurteil ist daher nicht nur zulässig, sondern tatsächlich auch die einzig mögliche Urteilsform.

Die Urteilskategorien des Abschlussprüfers über die Wirksamkeit des Risikofrüherkennungssystems und damit dessen Zustand in der Vergangenheit könnte drei Ausprägungen betreffen. Das System war:

a) voll wirksam (mangelfrei),

b) teilweise wirksam (mangelhaft),

c) unwirksam (untauglich).

Auch wenn das Urteil des Prüfers über die Wirksamkeit des Risikofrüherkennungssystems lediglich unscharf sein kann, ist im Schrifttum ungeklärt, ob eine möglicherweise fehlerhafte Beurteilung der Maßnahmen nach § 91 II AktG eine Mangel auslösende Pflichtverletzung durch den Abschlussprüfer darstellt.

Ein Maßstab, nach dem zu entscheiden wäre, ob eine Mangel auslösende Pflichtverletzung des Prüfers vorliegt, bietet dabei §§ 631 I i. V. m. 633 I BGB. Danach liegt eine ordnungsgemäße Vertragserfüllung dann vor, wenn das herzustellende

---

626 Vgl. Leffson, Wirtschaftsprüfung, 1991, S. 234.

627 Siehe S. 186.

628 Vgl. Neubeck, Prüfung von Risikomanagementsystemen, 2003, S. 206.

629 Jegliche Art Nachweise, die Prüfungsnachweise i. S. IDW PS 300 Rn. 1, WPg 54. Jg. 2001, Heft 16, S. 898-903, sind.

Werk keinen Fehler aufweist, der dessen Wert und Tauglichkeit nach dem gewöhnlichen oder nach dem im Vertrag vorausgesetzten Gebrauch aufhebt oder mindert. Da eine Leistungsbeschreibung im Prüfungsvertrag auch hier regelmäßig nicht erfolgt, kommt es nicht auf einen subjektiven, sondern auf einen objektiven Fehlerbegriff an. Dieser bestimmt die Anforderungen an die gewöhnliche Beschaffenheit des Werkes, wobei der Maßstab der Verkehrserwartung zugrunde zu legen ist. Der Vertrag über die gesetzliche Abschlussprüfung ist gleichzeitig ein Rechtsgeschäft, das sich seinem Inhalt entsprechend auf einen speziellen Verkehrskreis bezieht, dessen berufliche Tätigkeit besondere Kenntnisse und Erfahrungen erfordert. Die hier entwickelten Verhaltensregeln und Sorgfaltspflichten stellen auf ein Maß von Umsicht und Sorgfalt ab, das, unabhängig von einem bestimmten Berufsstand, jedoch nach dem Urteil eines besonnenen und gewissenhaften Mitglieds einer dieser Gruppe, von jedem anderen Mitglied dieser Gruppe erwartet wird.[630] Es gilt ein berufsbezogener Sorgfaltsmaßstab, so dass prüferisches Verhalten dem Maßstab eines nach Treu und Glauben fachkundigen und sorgfältig handelnden Berufsangehörigen unterworfen ist. Der geforderte Sorgfaltsmaßstab soll an den einschlägigen Veröffentlichungen des IDW für Berufsangehörige (Prüfungsstandards, Standards, Stellungnahmen und Fachgutachten) orientiert werden, weil diese das Ausmaß an Umsicht und Sorgfalt besonnener und gewissenhafter Berufsangehöriger widerspiegeln und, soweit sich eine zu bearbeitende Angelegenheit so darstellt, dass die Grundsätze von Prüfungsstandards oder Stellungnahmen zur Rechnungslegung beachtet werden können, zudem wichtige Entscheidungshilfen bei Fragen ordnungsmäßiger Prüfungsdurchführung für Gerichte sein könnten[631]. Grundsätzlich gilt jedoch, dass IDW-Veröffentlichungen für den Prüfer lediglich Orientierung im Rahmen eigenverantwortlicher Entscheidungsfindung bieten und verlässliche Richtschnur sein können, rechtsverbindlichen Charakter aber nicht entfalten[632].

[630] Vgl. Heukamp, Abschlußprüfer und Haftung, 2000, S. 99, 101.
[631] Vgl. ADS, Teilband 7, 6. Aufl. 2000, § 323, Rn. 21, 23.
[632] Vgl. LG Stuttgart, Urt. vom 08.12.1975, 14 O 504/73, vgl. Nann, Werner, Wirtschaftsprüferhaftung : geltendes Recht und Reformüberlegungen, Frankfurt a. M. et. al, 1985, S. 33.

Der BGH verfolgt bei der Beurteilung einer möglicherweise gebotenen Haftung des Abschlussprüfers für eine fehlerhafte Urteilsfindung gewöhnlich eine Rechtsprechung, die zwar § 254 BGB hinsichtlich der Anspruchskürzungen seitens der Gesellschaft bei Pflichtverstößen geschäftsführender Organe bei prüfungsvertraglichen Rechtsverhältnissen für anwendbar erachtet. Ausgeschlossen ist dies aber immer dann, wenn sachverhaltsbezogen eine mangelhafte Prüfungsdurchführung mit einem entsprechenden Pflichtverstoß des Leitungsorgans der Gesellschaft korrespondiert.[633] Nur wenn der Jahresabschluss von den Organen oder Angestellten des Unternehmens bewusst und vorsätzlich gefälscht wurde, kann sich der Prüfer auf ein mitwirkendes Verschulden der Gesellschaft berufen, da der Abschlussprüfer grundsätzlich nicht die Aufgabe hat, bisher unentdeckte Unregelmäßigkeiten und Unterschlagungen festzustellen. Der Prüfer darf sich daher mit Erfolg auf Fehler des internen Kontrollsystems immer dann berufen, wenn Unregelmäßigkeiten auf Organisationsmängel zurückzuführen sind, die der Prüfer nicht hätte feststellen müssen.[634] Sind aber Teilbereiche des Risikofrüherkennungssystems betroffen, wird sich der Spielraum der Berufung auf Organisationsmängel erheblich verengen. Ein Mitverschulden der Gesellschaft darf folglich nur dann noch angenommen werden, wenn es die Organe der Gesellschaft unterlassen haben, einen Schaden zu mindern, nachdem Unregelmäßigkeiten bekannt geworden sind[635].

Wie auch bei der Jahresabschlussprüfung steht bei der Beurteilung gemäß § 317 IV HGB und bei der Berichterstattung nach § 321 IV HGB an erster Stelle die Pflicht zur Wahrheit. Daraus erwächst die Verpflichtung, vorgelegte Tatsachenbehauptungen auf ihre Richtigkeit mittels fachspezifischer Plausibilitätskriterien zu überprüfen[636]. Der Prüfer darf nicht, wie auch hinsichtlich der Buchführung und des vorlegten Abschlusses[637], darauf vertrauen, dass Ordnungsmäßigkeit gegeben ist. Ein fehlerhaft berichtetes Ergebnis gemäß § 321 IV S.

---

[633] Vgl. BGH, Urt. vom 27.02.1975, III ZR 245/96, BGHZ 64, 52-, 56, 62.
[634] Vgl. ADS, Teilband 7, 6. Aufl. 2000, § 323, Rn. 86.
[635] Vgl. Heukamp, Abschlußprüfer und Haftung, 2000, S. 255-256.
[636] Vgl. Heukamp, Abschlußprüfer und Haftung, 2000, S. 150.
[637] Vgl. Leffson, Wirtschaftsprüfung, 1991, S. 327.

1 HGB kann daher eine Mangel auslösende Pflichtverletzung durch den Abschlussprüfer darstellen. Die Feststellung jedoch, ob eine Pflichtverletzung bei der Beurteilung tatsächlich besteht, muss im Zweifel das Gericht durch Ermittlung eines Sorgfaltsmaßstabs treffen, der im betrachteten Fall zugrunde zu legen war. Dabei geht es auch um die Frage, ob der Abschlussprüfer auf der Grundlage vorliegender Evidenzen sein für richtig erachtetes Urteil *fällen durfte.*

Es bestehen gewisse Parallelen zwischen der Tätigkeit von Richtern und Abschlussprüfern insofern, als der Richter am Ende eines Prozesses ebenso wie der Abschlussprüfer am Ende einer Prüfung zu einem Urteil darüber gelangen muss, wie sich ein Sachverhalt tatsächlich darstellt, wobei die Wahrheit aufgrund bestehender Restriktionen oft nicht mit Sicherheit feststellbar ist. Zu diesem Problem werden im juristischen Schrifttum Beweismaße und Probleme der Glaubhaftmachung diskutiert, die Möglichkeiten und Grenzen aufzeigen, unter denen ein Urteil *gefällt werden darf.* Möglicherweise könnten sich daraus Anhaltspunkte für eine Beurteilung nach § 317 IV HGB ergeben.

4.2.4.2 Glaubhaftmachung und juristische Beweismaßdiskussion

Die Frage, wann ein Richter zu einem Urteil über einen Sachverhalt gelangen sollte, ist im juristischen Schrifttum strittig. Die Wahrheitsüberzeugungstheorie stellt dabei maßgeblich auf die persönliche Gewissheit des Richters von der Wahrheit des zugrunde liegenden Sachverhalts ab, versteht darunter aber nicht ein bloßes Meinen, Glauben oder Belieben des Richters. Vielmehr sollen gerade objektive Elemente, die objektive Gewissheit repräsentieren, korrigierend und kontrollierend eingreifen. Daher ergeben objektive und subjektive Gewissheit zusammen die Überzeugung von der Wahrheit. Ungeklärt ist aber die Gewichtung beider Elemente zueinander. Der BGH hält an sich zwar unmissverständlich die persönliche Gewissheit des Richters für erforderlich, denn die (bloß) objektive Gewissheit sei nicht hinreichend. Gleichwohl muss der Richter nicht nach absoluter Wahrheit suchen, sondern er hat eine Hypothese über die Beschaffenheit des ihn interessierenden Sachverhaltes zu bilden, die objektiv fundiert sein und mit einem bestimmten Wahrscheinlichkeitsgrad die Richtigkeit seiner Annahmen begründen sollte. Die so verstandene Hypothese über die Wahrheit einer Tatsachenbehauptung stellt ein Wahrscheinlichkeitsurteil dar. Da das Urteil des Richters ein Wahrscheinlichkeitsurteil ist, kann sich die Überzeugung des Richters unter bestimmten Bedingungen (Fehlen triftiger Gründe) auch auf einen minderen Wahrscheinlichkeitsgrad beziehen.[638]

Hat der Richter die persönliche Überzeugung von der Richtigkeit einer Tatsachenbehauptung erlangt, so ist der erforderliche Beweis in einem Prozess über die vermeintliche Tatsächlichkeit eines Sachverhalts erbracht. Überzeugung ist folglich das Bewusstsein davon, dass der für die Tatsachenfeststellung erforderliche Wahrscheinlichkeitsgrad erreicht wurde. Die verwendete Wahrscheinlichkeitsformel steht dabei synonym für die Überzeugung von der Wahrheit und soll verdeutlichen, dass Überzeugung nichts anderes sein kann als das Bewusstsein höchster Wahrscheinlichkeit, weil menschliche Erkenntnis nicht über Wahrscheinlichkeit hinauskommt, so dass die Wahrscheinlichkeit wichtigste Grundlage und Hilfsmittel bei der Überzeugungsbildung ist.[639]

Seit der Einführung der freien richterlichen Beweiswürdigung ist aber nicht mehr auf bestimmte Beweisregeln abzustellen. Der Richter darf und muss sich in tatsächlich zweifelhaften Fällen der Überzeugungsbildung, also in den Fällen, in denen die Überzeugung weder mit absoluter oder unumstößlicher Gewissheit, noch mit einer „an Sicherheit grenzenden Wahrscheinlichkeit" erfolgen kann, mit einem für das praktische Leben brauchbaren Grad von Gewissheit begnügen, der Zweifeln Schweigen gebietet, ohne diese aber völlig auszuschließen[640]. Ein letztlich notwendiges Abstellen auf die richterliche Überzeugungsbildung bedeutet jedoch, wie bei der Wahrheitsüberzeugungstheorie auch, keine völlige Beliebigkeit oder Willkür der richterlichen Entscheidungsfindung. Bei der Einschätzung erreichter Beweisstärke und bei Vorliegen objektiver Bezugsgrößen des Beweismaßes hat der Richter Naturgesetze, Erfahrungssätze und

---

[638] Vgl. Huber, Das Beweismaß im Zivilprozeß, 1983, S. 82, 102.
[639] Vgl. Huber, Das Beweismaß im Zivilprozeß, 1983, S. 70-71, 116.
[640] Vgl. BGH, Urt. vom 17.02.1970, III ZR 139/67, BGHZ 53, 245-262, 256.

Denksätze zu beachten. Die Zugrundelegung objektiver Gegebenheiten, die sowohl die Beweisergebnisse als auch den Verhandlungsinhalt betreffen, zwingen den Richter, mittels objektiver und logisch nachvollziehbarer Erwägungen darzulegen, weshalb er seine Entscheidung in dieser Weise getroffen hat, insoweit eine reine subjektiv-gefühlsmäßige Überzeugungsbildung ausscheidet.[641]

Im juristischen Schrifttum besteht eine Kontroverse zwischen Judikatur, h. M. sowie M. M. bei der Bestimmung der Beweismaßstärke sowohl beim Vollbeweis als auch bei der Einbeziehung subjektiver Elemente in die Feststellung, ob den Anforderungen des Beweismaßes Genüge getan wurde.

Die subjektive Beweismaßtheorie geht davon aus, dass es nur auf die subjektive Überzeugung des Richters vom Vorliegen der durch das Beweismaß bestimmten Anforderungen ankommt. So bezieht sich Glaubhaftmachung auf das Vorhandensein einer zu verlangenden notwendigen Beweisstärke der richterlichen Überzeugung. Diese Überzeugung ist in jedem Fall die volle Überzeugung vom Vorliegen der objektiven Bezugsgröße des Beweismaßes, wobei gleichgültig ist, wie diese bestimmt werden mag. Ein Mindergrad an Überzeugung oder bloßer Glaube reicht hier nicht aus. Jedoch wird auch darauf verwiesen, dass der subjektive Überzeugungsprozess immer in Anlehnung an die objektive Bezugsgröße des Beweismaßes erfolgen muss, die Überzeugung selbst aber keine Gradeinteilung kenne, da der Versuch der Zweifelsüberwindung entweder in der Überzeugung mündet oder diese nicht zustande kommt.[642]

Die objektive Beweismaßtheorie verzichtet im Gegensatz dazu gänzlich auf die persönliche richterliche Überzeugung bei der Rechtsfindung, bindet den Richter vielmehr an ein objektives Beweismaß, getragen von objektiven Wahrscheinlichkeitserwägungen.

Für eine Wahrscheinlichkeitsüberzeugung im juristischen Sinne soll es nun aber genügen, dass ein Grad an Gewissheit erreicht wird, der für einen besonnenen, verständigen und lebenserfahrenen Menschen eine tragfähige Grundlage für ge-

---

641 Vgl. Leipold, Beweismaß und Beweislast im Zivilprozeß, 1985, S. 11.

642 Vgl. Scherer, Das Beweismaß bei der Glaubhaftmachung, 1996, S. 74 mit Verweis auf Koussoulis.

wichtige Entscheidungen gibt. Soweit sich die richterliche Überzeugung vom Vorliegen einer Tatsache auf einen derartigen Grad gründet, soll von „Wahrscheinlichkeitsüberzeugung“ gesprochen werden dürfen, denn es sollte insbesondere im juristischen Bereich nicht aus den Augen verloren werden, dass überzogene Anforderungen dem Recht nicht dienlich sind und daher lebensnahen Betrachtungen der Vorzug zu geben ist.

Eine h. M. im juristischen Schrifttum, welche die Relevanz des Beweismaßes bei der Glaubhaftmachung als eine eigenständige Frage begreift, sieht eine überwiegende Wahrscheinlichkeit der behaupteten Tatsache als ausreichendes Kriterium an. Während der Vollbeweis vom Richter verlangt, dass dieser von der Wahrheit einer Tatsachenbehauptung überzeugt sein muss oder die Behauptung zumindest mit einer sehr hohen Wahrscheinlichkeit belegt ist, so dass in diesem Fall keine andere ernsthafte Möglichkeit mehr übrig bleibt[643], besteht Einigkeit darüber, dass unter überwiegender Wahrscheinlichkeit ein geringerer Grad an richterlicher Überzeugung von der Wahrheit der behaupteten Tatsache vorliegen muss. Das Überzeugungsmaß der überwiegenden Wahrscheinlichkeit macht es erforderlich, dass ein Richter das Gegenteil einer behaupteten Tatsache für wahrscheinlich erachtet und daher die Behauptung über die Tatsache als unglaubwürdig einstuft, da mehr für als gegen das Vorliegen der behaupteten Tatsachen spricht[644].

Das Ausreichen der überwiegenden Wahrscheinlichkeit findet im Zivilprozess seinen Grund in der Herabsetzung des Regelbeweismaßes durch § 294 I ZPO gegenüber § 286 ZPO (Vollbeweis). Die weniger strengen Anforderungen bei Glaubhaftmachung als volle Überzeugungsbildung werden damit gerechtfertigt, dass aufgrund begrenzten Beweismaterials jede Art von Beweisantizipation ein spekulatives Verfahren ohne sicheren Erkenntniswert darstellt. Damit verbunden ist zwar auch die Schwierigkeit, dass die objektive Gewissheit des mittels beschränkter Beweismittel gewonnenen Urteils im Hinblick auf die Sicherheit

---

643 Vgl. Bender, Das Beweismaß: FS Baur, 1981, S. 262.

644 Vgl. Scherer, Das Beweismaß bei der Glaubhaftmachung, 1996, S. 39-40 mit weiteren Nachweisen, S. 66.

des Ergebnisses gering zu veranschlagen ist. Doch wird letztlich weder die subjektive Gewissheit des Urteils ausgeschlossen, noch die objektive Gewissheit und damit die Sicherheit des Schlusses bezogen auf die vorliegenden Evidenzen.[645]

Die Verwendung von Wahrscheinlichkeiten zur Bestimmung einer erforderlichen Beweismaßstärke wird im juristischen Schrifttum aber auch als problematisch angesehen. So wird gegen die Wahrscheinlichkeit als objektives Beweismaß zur Bestimmung eines Beweiswertes außerhalb des statistischen Beweises beispielsweise folgendes eingewandt:[646]

- Es besteht die irrige Annahme, jede Wahrscheinlichkeitsaussage müsse notwendigerweise in Zahlen- und Prozentangaben erfolgen.
- Der Begriff der Wahrscheinlichkeit wird in seiner Bedeutung sowohl in Rechtsprechung als auch im juristischen Schrifttum nicht einheitlich gebraucht.
- Die Formel von der vollen richterlichen Überzeugung (persönliche Gewissheit des Richters) führt zur völligen Verschwommenheit des Wahrscheinlichkeitsbegriffes.

Insbesondere mit der Formel von der vollen richterlichen Überzeugung wird praktisch zugedeckt, was an Rationalität eigentlich in die Beweiswürdigung einfließen sollte. Darin wird die Ursache vermutet, dass bedeutsame Lebenssachverhalte als einer Wahrscheinlichkeitsbewertung nicht zugänglich angesehen werden, obgleich mathematisch ermittelte Beweiswerte vorgebrachter Evidenzen, verstanden als ein Grad der Bewährung bzw. der Bestätigung[647], naturgemäß etwas bestechendes hätten. Die Versuche vor allem des amerikanischen und schwedischen Schrifttums, ganz allgemeine mathematische Formeln der Wahrscheinlichkeitsmultiplikation zur Bestimmung des Beweiswertes zu entwickeln, um die Beweiswürdigung in Beweisketten zu erleichtern und das Be-

---

645 Vgl. Gottwald, Schadenszurechnung und Schadensschätzung, 1979, S. 217.

646 Vgl. Huber, Das Beweismaß im Zivilprozeß, 1983, S. 104.

647 Vgl. Ekelöf, Beweiswert: FS Baur, 1981, S. 358.

weisergebnis berechenbar zu machen, sind bisher jedoch widersprüchlich und wenig überzeugend.[648]

Beweismaßdiskussionen sind Belege dafür, dass es im Prozess nicht um die Feststellung geht, ob sich der betreffende Sachverhalt tatsächlich zugetragen hat. Die Frage nach dem Beweismaß kann im Ausgangspunkt nur als Folge einer anderen Frage verstanden werden, nämlich welche Irrtumsquote bei der prozessualen Sachverhaltsfeststellung in Kauf genommen werden soll. Der Streit zeigt, dass es im Kern um einen prozessualen Wahrheitsbegriff geht. Der Feststellung, ob sich ein Sachverhalt tatsächlich zugetragen hat, wird eine prozessuale Bedeutung beigemessen. Es wird daher zutreffend darauf verwiesen, dass die Wahrscheinlichkeit gegenüber der Wahrheit kein minus, sondern ein aliud darstellt. Da es aber nicht mehr um Wahrheit, sondern vielmehr um Wahrscheinlichkeit geht, kann nicht behauptet werden, ein Prozess führe zu einer Klärung, wie es wirklich war. Insoweit ändert daran auch die Forderung nichts, dass der Richter subjektiv von der Wahrheit überzeugt sein muss, solange die Wahrscheinlichkeit diese Überzeugung konstituiert und ihr Bezugsobjekt bleibt. Jedoch: Wahrheitsfindung wird nicht dadurch erreicht, dass man glaubt, man habe sie gefunden.[649]

Abgesehen von den Problemen der Beweismaßtheorie ergeben sich immer dann besondere Schwierigkeiten bei Glaubhaftmachung im Rahmen der richterlichen Urteilsfindung, wenn der Richter seine Überzeugung von der Wahrheit lediglich auf Indizien als Hilfstatsachen eines Beweises gründen muss, um auf die Haupttatsache schließen zu können. Indizien sind bewiesene Tatsachen, die gleichzeitige das beweisen sollen, was aus ihnen gefolgert wird, so dass die Denkgesetze immer dann verletzt sind, soweit lediglich Mögliches und Unbewiesenes als Indiz Verwendung findet. Grundsätzlich aber darf nach h. M. im Rahmen einer Indizienbeweisführung nicht nur bei direktem Schluss von der Hilfstatsache auf die Haupttatsache geschlossen werden, sondern auch über mehrere

[648] Vgl. Huber, Das Beweismaß im Zivilprozeß, 1983, S. 107-112.

[649] Vgl. Rommé, Der Anscheinsbeweis im Gefüge von Beweiswürdigung, Beweismaß und Beweislast, 1989, S. 96-97.

Hilfstatsachen auf die Haupttatsache.[650] Indizienketten liegen vor, wenn nach „Durchschreiten" voneinander abhängiger Indizien auf eine beweiserhebliche Tatsache geschlossen wird. Indizienreihen hingegen liegen vor, wenn mehrere von einander unabhängige Indizien darauf hinweisen, dass ein sonst nicht zu beweisender Sachverhalt zutrifft. Der Indizienbeweis entwickelt immer dann Überzeugungskraft, wenn andere Schlüsse aus den Indizientatsachen ernstlich nicht in Betracht kommen. Insoweit entfaltet dieser oft eine hohe Wahrscheinlichkeit für das Vorliegen eines untersuchten Geschehens. Im Gegensatz dazu vermittelt der bei der Rechtsfindung zulässige Anscheinsbeweis eine geringere Wahrscheinlichkeit, weil dieser lediglich auf regelmäßig zutreffende Annahmen, also auf abstrakten Gründen beruht. Der Anscheinsbeweis kann daher wegen der Unkenntnis um ein konkretes Geschehen nur zu einem minderen Gewissheitsgrad führen.[651]

Bei der Urteilsfindung von Abschlussprüfern bestehen ähnliche Probleme wie bei der richterlichen Urteilsfindung. Der Abschlussprüfer, der unabhängig, gewissenhaft, verschwiegen und eigenverantwortlich tätig ist (§ 43 I S. 1 WPO), soll im Rahmen des Prüfungsprozesses zu solchen begründeten Schlussfolgerungen gelangen, auf deren Grundlage mit hinreichender Sicherheit ein Urteil getroffen werden kann[652]. Das Konzept der hinreichenden Sicherheit beruht dabei auf der Gewinnung von ausreichenden und angemessenen Prüfungsnachweisen[653]. Hinreichende Sicherheit bedeutet hier ebenfalls nicht absolute Sicherheit, die bei Abschlussprüfungen nicht zu erreichen ist. Aufgrund der beschränkten Erkenntnis- und Feststellungsmöglichkeiten besteht auch bei ordnungsmäßiger Planung und Prüfungsdurchführung ein unvermeidbares Risiko dahingehend, dass wesentliche Fehler nicht aufgedeckt werden[654]. So wie im juristischen Schrifttum das Beweismaß anzeigen soll, welche Irrtumsquote bei der prozessualen Sachverhaltsfeststellung in Kauf genommen werden soll

[650] Vgl. Bender, Merkmalskombinationen in Aussagen, 1987, S. 106, 109.
[651] Vgl. Schneider, Beweis und Beweiswürdigung, 1994, S. 100.
[652] Vgl. IDW PS 300 Rn. 6, WPg 54. Jg. 2001, Heft 16, S. 898-903.
[653] Vgl. IDW PS 200 Rn. 24, WPg 53. Jg. 2000, Heft 15, S. 706-710.
[654] Vgl. IDW PS 200 Rn. 25, WPg 53. Jg. 2000, Heft 15, S. 706-710.

und insoweit ein prozessualer Wahrheitsbegriff vorliegt, soll der Abschlussprüfer seiner Tätigkeit einen risikoorientierten Prüfungsansatz zugrunde legen[655]. Auch hier richtet sich die Beantwortung der Frage, wann der „Beweis“ für das Vorliegen des als wahr erachteten Zustands der Prüfungsgesamtheit erbracht ist, einzig nach der persönlichen Überzeugung des Prüfers von der Richtigkeit der Tatsachenbehauptung „Ordnungsmäßigkeit liegt vor“. Da das Prüfungsrisiko (PR) bzw. Irrtumsrisiko jedoch anhand eines multiplikativen Modells ermittelt werden soll[656], ist es mit Hilfe von Logarithmen möglich, die multiplikative Form in eine Addition zu überführen[657], so dass im Gegensatz zum juristischen Beweismaß das „Ausmaß“ erforderlicher Einzelprüfungen, wenn auch nur modelltheoretisch, bestimmt werden kann[658], aufgrund derer der Prüfer zur persönlichen Überzeugung gelangen „darf“. Die Überzeugung vom wahren Zustand der Prüfungsgesamtheit ist aber auch hier letztlich, ebenso wie beim Richter, das Bewusstsein davon, dass der für die Tatsachenfeststellung erforderliche „Wahrscheinlichkeitsgrad“ erreicht ist. Die zugrunde liegende Wahrscheinlichkeitsformel kann aufgrund der Probleme der Anwendbarkeit der Wahrscheinlichkeitsrechnung ebenso wie bei der Rechtsfindung lediglich Synonym für die Überzeugung bzw. die persönliche Gewissheit des Prüfers vom wahren Zustand der Prüfungsgesamtheit sein, doch stellt auch hier die Wahrheitsüberzeugungstheorie nicht auf bloßes subjektives Meinen, Glauben oder Belieben ab, sondern verlangt, dass objektive Elemente, welche objektive Gewissheit repräsentieren, die Überzeugung korrigierend und kontrollierend lenken.

---

655 Vgl. IDW PS 260, WPg 52. Jg. 1999, Heft 16, S. 658-662, Rn. 27-37; dieser basiert auf SAS No. 47 des AICPA, vgl. AICPA, Statement on Auditing Standard No. 47, Audit Risk and Materiality in Conducting an Audit, 1983, in: AICPA, Codification of Statements on Auditing Standards, New York 1998, AU Section 312.

656 $PR = (IR \times KR) \times (AP \times SR)$, mit IR = Inhärentes Risiko, KR = Risiko, dass Fehler nicht durch interne Kontrollen des Unternehmens verhindert und/oder aufgedeckt werden können, AP = Risiko, dass Fehler nicht durch analytische Prüfungshandlungen aufgedeckt werden können, SR = Risiko, dass Fehler nicht durch Stichprobenprüfungen aufgedeckt werden können.

657 $\log PR = \log IR + \log KR + \log AP + \log SR$ und Auflösung nach SR.

658 Vgl. Wiedmann, Der risikoorientierte Prüfungsansatz, 1993, S. 18.

Ein Beurteilungsprozess nach § 317 IV HGB kann nicht darauf abzielen, den wahren Zustand des Risikofrüherkennungssystems zu ermitteln, sondern der Prüfer ist angehalten, sein Urteil über die Beschaffenheit des ihn interessierenden Sachverhalts unter Berücksichtigung des Grundsatzes der Wirtschaftlichkeit[659] objektiv zu fundieren, so dass ein bestimmter „Wahrscheinlichkeitsgrad“ für die Richtigkeit des Urteils nicht willkürlich zustande kommt. Da die Entscheidung zur Annahme der Hypothese „Das Risikofrüherkennungssystem war wirksam“ ein „Wahrscheinlichkeitsurteil“ ist, muss es genügen, dass ein Grad an Gewissheit erreicht wird, der eine tragfähige Grundlage für das Urteil bietet, denn überzogene Anforderungen werden der Aufgabe des Prüfers nicht gerecht und decken sich nicht mit dem gesetzlichen Auftrag. Die zu beantwortende Frage lauten: 'Was spricht dafür, dass der behauptete Sachverhalt vorliegt/nicht vorliegt?' bzw. 'Warum soll angenommen werden, dass der behauptete Sachverhalt vorliegt/nicht vorliegt?' Die jeweilige Frage ist durch die Angabe von Gründen, aufgrund derer es vernünftig ist anzunehmen, dass der Sachverhalt tatsächlich eingetreten ist, adäquat zu beantworten.

Bei der Prüfung des Risikofrüherkennungssystems geht es um Glaubhaftmachung auf der Grundlage von Indizien, da der Prüfer auf den Zustand des Systems lediglich mittels Stichproben schließen kann. Dabei sind die Elemente der Stichproben bezüglich ihres tatsächlichen Zustands durch ausreichende Prüfungsnachweise zu belegen.

Soweit auf ein einzelnes zu prüfendes Element fokussiert wird, bildet der zugrunde zu legende jeweilige Prüfpfad[660] eine Indizienkette besonderer Art, denn wie sich zeigen wird hängt die Glaubwürdigkeit einer Antwort auf die jeweilig nacheinander zu beantwortenden Fragen eines Prüfpfads davon ab, wie die vorhergehende Frage beantwortet wurde (bedingt abhängige Glaubwürdigkeiten).

Mehrere beurteilte Elemente des Risikofrüherkennungssystems können als unabhängige Indizien angesehen werden, die zusammen eine Indizienreihe bilden, soweit es um ein Urteil über die Funktion des Risikofrüherkennungssystems

---

[659] Vgl. IDW PS 200 Rn. 25, WPg 53. Jg. 2000, Heft 15, S. 706-710.

[660] Siehe S. 197-198.

insgesamt geht. Diese sind zusammen dann beweiserheblich, wenn die Indizientatsachen einen ganz bestimmten Schluss erzwingen, weil aufgrund der Evidenzen ernstlich kein anderer in Betracht kommen kann.

Im Gegensatz dazu ist es schwierig, der Urteilsfindung eine Art Anscheinsbeweis zugrunde zu legen. Zwar wird der prima facie-Beweis in Situationen verwendet, in denen Unkenntnis über ein konkretes Geschehen herrscht, doch beruht dieser nach allgemeinem Verständnis auf regelmäßig zutreffende Annahmen, also auf abstrakten Gründen. Derartige aus Erfahrungssätzen abgeleitete Gründe liegen hier nicht vor. Jedoch wird, ähnlich dem prima facie-Beweis, der Urteilsfindung über das Risikofrüherkennungssystem von vornherein die Hypothese „Das Risikofrüherkennungssystem war wirksam" zugrunde gelegt.

4.2.4.3 Objektivierte Bestimmung unscharfer Urteilskategorien

4.2.4.3.1 Grenzen und Möglichkeiten der Bildung von „Wahrscheinlichkeitsurteilen"

Das Urteil des Abschlussprüfers am Ende des Prüfungsprozesses ist ein „Wahrscheinlichkeitsurteil", da dieses nicht mit Sicherheit abgegeben werden kann. Gegen die Verwendung des klassischen Wahrscheinlichkeitskonzeptes bei der Urteilsbildung lässt sich jedoch grundsätzliches einwenden:

- Die Anwendung des Konzeptes setzt quantifizierte Wahrscheinlichkeiten voraus. Der Abschlussprüfer wird jedoch lediglich Angaben in Form von subjektiven Werturteilen und qualitativen Größen machen können.[661]
- Für tatsächliche Wahrscheinlichkeitsschätzungen in realen Unsicherheitssituationen wäre es vorteilhaft zu wissen, ob „gute" Schätzungen vorliegen. „Gut" in diesem Sinne setzt voraus, dass die Wahrscheinlichkeitsschätzungen mit den Wahrscheinlichkeitsaxiomen konsistent sind und die wahre Beurteilung der Unsicherheitssituation durch den Befragten widerspiegeln. Dies bedingt, dass der Befragte die Situation aufgrund seiner Kenntnisse unter

[661] Vgl. Diehl, Strukturiertes Prüfungsvorgehen durch risikoorientierte Abschlußprüfung: FS Luik, 1991, S. 200.

Berücksichtigung aller relevanten Aspekte beurteilen kann, dass dieser die für die zu prognostizierenden Ergebnisse notwendigen fachlichen Kenntnisse mitbringt, mit dem Wahrscheinlichkeitskonzept vertraut ist und die Bedeutung der Angaben für die in der Wahrscheinlichkeitsrechnung vorzunehmenden Rechenoperationen kennt.[662]

- Die Schwierigkeiten bei der Konstruktion von Wahrscheinlichkeiten sind aufgezeigt worden[663]. Zudem kommt in realen Prüfungssituationen die Besonderheit hinzu, dass der Prüfer über die Struktur der Sachverhalte, die das Prüferurteil determinieren, erst während des Prüfungsprozesses Kenntnis erlangt. Die Verfeinerung des notwendigen Möglichkeitsraums während der Prüfung verlangt, dass das neu zugegangene Wissen über die betrachtete Problemstruktur so umfangreich sein muss, dass wiederum eine Abgrenzung von Ereignissen aufgrund neuer Informationen zum bekannten Ereignisraum vorgenommen werden kann. Die Anwendung von Wahrscheinlichkeiten zur Risikomessung im Rahmen der Abschlussprüfung erscheint daher nicht angemessen.[664]

Obwohl die (technischen) Probleme der Verwendung von Punktwahrscheinlichkeiten (*P*(.)) zur Bestimmung des Fehlerrisikos im Rahmen der Abschlussprüfung bekannt sind, wird der Ansatz vor allem wegen der damit verbunden systematisierten Prüfung und aufgrund des Verständnisses als integrierter Prozess i. V. m. mathematisch-statistischen Techniken als in Haftungsfällen gut vertretbare Vorgehensweise verteidigt[665]. Da sich der Abschlussprüfer aber des Problems der Angabe von Fehlerwahrscheinlichkeiten bewusst sein wird und daher eher groben Schätzungen vertraut, besteht hier die Gefahr, dass Wahrscheinlichkeitsangaben nur dokumentarischen Zwecken dienen und nicht die tatsächliche Überzeugung des Prüfers widerspiegeln.

---

[662] Vgl. Pfohl, Messung subjektiver Wahrscheinlichkeiten, 1977, S. 29.

[663] Siehe S. 114 - 116.

[664] Vgl. Göbel, Risikoorientierte Abschlußprüfung, 1997, S. 51.

[665] Vgl. z. B. Zaeh, Prüfungsrisikomodelle - Eine systematische Analyse unter besonderer Würdigung des *Bayes*schen Theorems, 2000, S. 212.

Eine Möglichkeit, Einschätzungen des Abschlussprüfers mit bestimmten wahrscheinlichkeitstheoretischen Grundsätzen in Einklang zu bringen, bietet sich auf der Basis des Konzeptes einer allgemeineren Wahrscheinlichkeitsrechnung. Grundlage bilden theoretische Überlegungen zu nichtadditiven Wahrscheinlichkeitsmaßen (Kapazitäten), deren Abbildungsfunktion $\eta : \mathcal{A} \rightarrow \mathbb{R}$ über Ω folgende Eigenschaften besitzt, wobei das Tripel $(\Omega, \mathcal{A}, \eta)$ den Kapazitätsraum bildet:[666]

(i) $\eta(\emptyset) = 0$

(j) $\eta(\Omega) = 1$

(k) $\eta(A) \leq \eta(B)$, wenn $A \subset B \; \forall A, B \in \mathcal{A}$.

· η heißt für den Fall $A \cap B = \emptyset \, (\forall A, B \in \mathcal{A})$:[667]

- superadditiv, wenn $\eta(A \cup B) \geq \eta(A) + \eta(B)$
- subadditiv, wenn $\eta(A \cup B) \leq \eta(A) + \eta(B)$

· η heißt $\forall A, B \in \mathcal{A}$:

- stark superadditiv, wenn $\eta(A \cup B) + \eta(A \cap B) \geq \eta(A) + \eta(B)$
- stark subadditiv, wenn $\eta(A \cup B) + \eta(A \cap B) \leq \eta(A) + \eta(B)$

Ist die Eigenschaft „stark superadditiv" erfüllt, so ist η konkav; ist hingegen „stark subadditiv" erfüllt, so ist η konvex. In der Regel erfüllen Kapazitäten diese Eigenschaften jedoch nicht. Eigenschaft (k) wird als Monotonie der Kapazitäten bezeichnet. Wahrscheinlichkeitsmaße sind offene Kapazitäten, umgekehrt gilt dies jedoch nicht.[668]

Es sollen nun zwei Räume ($\mathcal{S}$, S) sowie eine mengenwertige Zufallsvariable Γ, die den Zufallsereignissen jeweils eine Menge von möglichen Resultaten (Ergebnissen) x ($\Gamma_x \subset S, \forall x \in \mathcal{S}$) zuordnet[669], betrachtet werden. Ist η ein Wahrscheinlichkeitsmaß, das den Elementen einer Teilklasse $\mathcal{F}$ von Teilmengen des Raumes $\mathcal{S}$ Wahrscheinlichkeiten zuordnet, so können den möglichen Ergebnis-

[666] Vgl. Choquet, Theory of Capacities, 1953, S. 146-148.

[667] Vgl. Holz, Entscheidungen bei Unsicherheit - Axiome für das Π-Maximin-Prinzip und verwandte Ansätze, 1995, S. 26.

[668] Vgl. Lindstädt, Das modifizierte Hurwicz-Kriterium für untere und obere Wahrscheinlichkeiten - Ein Spezialfall des Choquet-Erwartungsnutzens, 2002, S. 6.

[669] Vgl. Kruse/Gebhardt/Klawoon, Fuzzy-Systeme, 1995, S. 45.

sen keine Punktwahrscheinlichkeiten zugeordnet werden. Es sind jedoch untere und obere Wahrscheinlichkeiten (lower (l) and upper (u) probabilities) über den Teilmengen von S bestimmbar:[670]

- $\forall T \subset S$
- $T^* = \{x \in X, \Gamma_x \cap T \neq \emptyset\}$
- $T_* = \{x \in X, \Gamma_x \neq \emptyset, \Gamma_x \subset T\}$

Stelle S den Bereich von Γ dar, wobei $S^* = S_*$. Sei zudem ε die Klasse der Teilmengen T von S unter der Bedingung, dass T^*, T_* zu $\mathcal{F}$ gehören. Gilt $S \in \varepsilon$, so kann für $T \in \varepsilon$ und $\eta(S^*) \neq 0$ wie folgt definiert werden:

- upper probability: $P^u(T) = \eta(T^*)/\eta(S^*)$.
- lower probability: $P_l(T) = \eta(T_*)/\eta(S^*)$

Gilt $A, B \in \varepsilon$, dann können folgende Eigenschaften abgeleitet werden:[671]

(l) $P^u(A) \geq P_l(A)$

(m) $A \supset B \Rightarrow P_l(A) \geq P_l(B)$ sowie $P^u(A) \geq P^u(B)$

(n) $A \cap B = \emptyset \Rightarrow P^u(A \cup B) \geq P^u(A) + P_l(B) \geq P_l(A \cup B)$

(o) $P_l(A) + P_l(B) \leq P^u(A \cup B) + P_l(A \cap B) \leq 1 + P_l(A \cap B)$

In Erweiterung der *Kolmogoroff*schen Axiomatik der Wahrscheinlichkeit (f) - (h)[672] und unter der Bedingung der Existenz von Mengenfunktionen $P(.)$ auf $(\Omega, \mathcal{A})$, die der *Kolmogoroff*-Axiomatik genügen ($\mathfrak{P}(\Omega, \mathcal{A})$), kann die Intervallwahrscheinlichkeit wie folgt axiomatisiert werden:[673]

Sei I die Menge abgeschlossener Intervalle in $[0;1]$: $I_0 := \{[L,U] \mid 0 \leq L \leq U \leq 1\}$. Ist $I' \subseteq I_0$ und gibt es mindestens ein $U, L \in [0;1]$, so dass $[0;U], [L;1] \in I'$ als minimale Voraussetzung an einen Bildraum für die Abbildung von Intervallwahrscheinlichkeiten erfüllt ist, folgt:

(p) $[L(A); U(A)] \in I', \forall A \in \mathcal{A}$

(q) $\mathfrak{P} \neq \emptyset$ mit $\mathrm{L(A)} \leq p(A) \leq U(A), \forall p(.) \in \mathfrak{P}, \forall A \in \mathcal{A}$

---

[670] Vgl. Dempster, Upper and Lower Probabilities induced by a multivalued Mapping, 1967, S. 325-326.

[671] Vgl. Walley/Fine, Towards a Frequentist Theory of Upper and Lower Probability, 1982, S. 744.

[672] Siehe S. 113.

[673] Vgl. Weichselberger, Elementare Grundbegriffe einer allgemeineren Wahrscheinlichkeitsrechnung I, 2001, S. 142-143, 145-146.

(r) $\inf_{p \in \mathfrak{P}} p(A) = L(A), \forall A \in \mathcal{A}$

$\sup_{p \in \mathfrak{P}} p(A) = U(A), \forall A \in \mathcal{A}$

Betrachtet wird eine Funktion Γ und die Ereignisse A, B, C, D, die ein oder mehrere Elemente von S als Bild haben können und für deren jeweiliges Urbild T in Ω die Wahrscheinlichkeit bestimmt ist. Gilt P(A) = 0,15, P(B) = 0,27, P(C) = 0,32, P(D) = 0,26, $S = \{1,2,3,4\}$ sowie $T_A = \{1\}$, $T_B = \{1,2\}$, $T_C = \{2,3\}$ und $T_D = \{3,4\}$, so ist es vernünftig, lediglich das Ereignis $\{1\}$ mit einer Wahrscheinlichkeit von 0,15 zu erwarten. Die Ereignisse $\{2\}$, $\{3\}$, $\{4\}$ hingegen haben keine Wahrscheinlichkeitsmassen, treten nur als Elemente von Ergebnismengen auf. Da alle Elemente von S nicht nur Bestandteil *einer* zufälligen Menge sind, ist es vernünftig, das Auftreten des jeweiligen Elementes der Menge S in einem Maße für möglich zu halten, das sich danach bestimmt, ob das interessierende Element von S als Ergebnisbestandteil einer Menge auftritt, für die das jeweilige Urbild T mit einer Wahrscheinlichkeitsmasse belegt ist.

Sei nun Θ die Menge von Objekten, die Elemente einer zufälligen Menge sein können. Θ wird als *frame of discernment* bezeichnet[674]. Insoweit wird klar, dass im Gegensatz zu Zufallsvariablen, die lediglich ein Resultat liefern, der Wertebereich bei zufälligen Mengen beliebige Teilmengen (T) von Θ sind.

Die Objekte, deren jeweiliges mögliches Resultat eine zufällige Menge darstellt und die zudem eine „positive Wahrscheinlichkeit" aufweisen, werden als fokale Elemente bezeichnet[675]. Die Wahrscheinlichkeiten, mit denen fokale Elemente auftreten, werden Massezahlen (m) genannt, wobei m auch als Basismaß (*basic probability assignment*) oder Evidenz bezeichnet wird. Es gilt:[676]

(s) $m : 2^{\Theta} \rightarrow [0;1]$

(t) $m(\emptyset) = 0$

---

674 Vgl. Shafer, A Mathematical Theory of Evidence, 1976, S. 36; Shafers Überlegungen zu *Belief Function* finden ihre Grundlage bei Georg Hooper (1689), Jakob Bernoulli (Ars Conjectandi, 1713), Johann Heinrich Lamberts, Neues Organon - Gedanken über die Erforschung und Bezeichnung des Wahren und dessen Unterscheidung vom Irrtum und Schein, Zweiter Band, 1764, S. 318-421.

675 Vgl. Shafer, A Mathematical Theory of Evidence, 1976, S. 40.

676 Vgl. Shafer, A Mathematical Theory of Evidence, 1976, S. 38.

(u) $\sum_{A \subseteq \Theta} m(A) = 1$

m ist in der Regel weder ein Wahrscheinlichkeitsmaß noch eine Kapazität, da m regelmäßig weder monoton noch additiv ist. Die Shafer-Theorie wird auch als „*Nonprobabilistic Approach*" einer Evidenztheorie aufgefasst. *Basic probability assignment* ist zu verstehen als *measure of belief*, die einer interessierenden Hypothese exakt zugewiesen werden kann[677] bzw. als „degree of evidential support"[678], dass ein Element von Θ zu A gehört. Das Verständnis als „*Nonprobabilistic Approach*" ist jedoch strittig[679].

(v) $\text{Bel}(A) = \sum_{B \subseteq A} m(B)$

Bel (*degree of belief* bzw. Glaubens- oder Gewissheitsgrad) ist synonym für die vernünftige Erwartung (Gewissheit aufgrund der relativen Häufigkeit des Auftretens eines Ereignisses), dass das Ergebnis einer mehrwertigen Zufallsvariablen *genau* innerhalb einer bestimmten Teilmenge von Θ liegt.

Gleichzeitig gilt: $m(A) = \sum_{B \subseteq A} (-1)^{|A-B|} \text{Bel}(B)$ (Möbius-Inversion)[680].

Mit Hilfe der Möbius-Inversion können die Massezahlen für alle Teilmengen aus den Bel-Werten herausgelöst werden. In den Bel-Werten können Massezahlen der in ihnen enthaltenen fokalen Elemente mehrmals enthalten sein. Die Massezahlen der einzelnen in der Menge enthaltenen fokalen Elemente können zur Bestimmung der Massezahl der „Obermenge" jedoch jeweils nur einmal Berücksichtigung finden. Sind z. B. $m(T_a\{1,2\}) = 0{,}05$, $m(T_b\{1,2,3\}) = 0{,}07$, $m(T_c\{2,3,4\}) = 0{,}1$, so ergibt sich:

677 Vgl. Kohlas/Monney, Theory of Evidence - A Survey of its Mathematical Foundations, Application and Computational Aspects, 1994, S. 45-46; vgl. Shafer, A Mathematical Theory of Evidence, 1976, S. 38; Schwierigkeiten ergeben sich insbesondere durch Dempsters Rule of Combination (S. 225), vgl. Smets, The transferable belief model for quantified belief representation, 1998, S. 272-273.

678 Vgl. Klir, Measures of uncertainty in the Dempster-Shafer theory of evidence, 1994, S. 37.

679 Vgl. z. B. Liu, Propositional, Probabilistic and Evidential Reasoning: Integrating Numerical and Symbolic Approaches, 2001, S. 123; vgl. Smets, What is Dempster-Shafer's model?, 1994, S. 32; vgl. Smets, Resolving Misunderstandings About Belief Functions, 1992, S. 322-325.

680 Vgl. Shafer, A Mathematical Theory of Evidence, 1976, S. 48.

$\mathrm{Bel}(T_a) = 0{,}05$, $\mathrm{Bel}(T_b) = 0{,}12$, $\mathrm{Bel}(T_c) = 0{,}1$. Gibt es ein $T_A = \{1,2,3,4\}$, so ist $\mathrm{Bel}(T_A) = 0{,}22$ und nicht 0,27.

(w) $\mathrm{Pl}(A) = \sum_{B \cap A \neq \emptyset} m(B)$

Pl (plausibility) gibt an, wie oft zu erwarten ist, dass sich ein Element von Θ als Bestandteil einer zufälligen Menge realisiert.

(x) $\mathrm{Bel}(A) \leq \mathrm{Pl}(A)$

Pl muss den Wert von Bel mindestens erreichen, da Pl auch die Evidenz beinhaltet, auf die sich Bel begründet.

- Die Funktionen Bel, Pl sind Kapazitäten. Für Bel gilt:

(xa) $\mathrm{Bel} : 2^{\Theta} \rightarrow [0;1]$

Abweichend zu Wahrscheinlichkeitsräumen mit Borelkörpern liegt hier die Algebra 2^{Θ} zugrunde. m, Bel und Pl sind Abbildungen auf dem Raum $(\Theta, 2^{\Theta})$.

(xb) $\mathrm{Bel}(\emptyset) = 0$

(xc) $\mathrm{Bel}(\Theta) = 1$

(xd) Bel ist eine ∞-monotone Kapazität[681]; Bel ist superadditiv[682]:

$\mathrm{Bel}(\bigcup_{i=1}^{k} A_i) \geq \sum_{\emptyset \neq I \subset \{1,\ldots,k\}} (-1)^{|I|+1} \mathrm{Bel}(\bigcap_{i \in I} A_i)$, mit | I | als Anzahl der Elemente in I.[683]

Für den Fall k = 3 mit F1 $(A \cup B \cup C)$, F2 (A), F3 (B), F4 (C), F5 $(A \cap B)$, F6 $(A \cap C)$, F7 $(B \cap C)$, F8 $(A \cap B \cap C)$

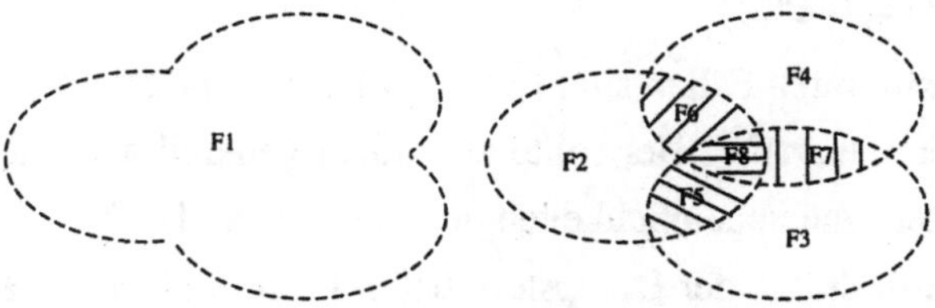

ergibt sich:

[681] Vgl. Kohlas/Monney, Theory of Evidence - A Survey of its Mathematical Foundations, Application and Computational Aspects, 1994, S. 39.

[682] Unter dieser Bedingung wird Bel „a belief function over Θ" genannt, vgl. Shafer, A Mathematical Theory of Evidence, 1976, S. 5, 39.

[683] Vgl. Nguyen, On Random Sets and Belief Functions, 1978, S. 535.

$\text{Bel}(A \cup B \cup C) \geq \text{Bel}(A) + \text{Bel}(B) + \text{Bel}(C) - \text{Bel}(A \cap B) - \text{Bel}(A \cap C) - \text{Bel}(B \cap C) - \text{Bel}(A \cap B \cap C)$.

Für Pl gilt:

$\text{Pl}(\bigcap_{i=1}^{k} A_i) \leq \sum_{\emptyset \neq I \subset \{1,...,k\}} (-1)^{|I|+1} \text{Pl}(\bigcup_{i \in I} A_i)$, mit | I | als Anzahl der Elemente in I.[684]

(y) $I_U(A) = [Bel(A); Pl(A)]$

$I_U \subseteq I_0$ kann als Unsicherheitsintervall bezeichnet werden, wobei für die Unsicherheit (U) bezüglich A gilt: $U(A) = Pl(A) - Bel(A)$.

Ist $S = \{1,2,3,4\}$, dann ist $\Theta = 2^4$, so dass neben z. B. $T_{\{1\}}$ (m=0,15), $T_{\{1,2\}}$ (m=0,27), $T_{\{2,3\}}$ (m=0,32), $T_{\{34\}}$ (m=0,26) weitere 12 Teilmengen von S im *frame of discernment* liegen, so z. B. $T_{\{2\}}$, $T_{\{3\}}$, $T_{\{4\}}$, $T_{\{1,4\}}$, $T_{\{2,3,4\}}$, $T_{\{\emptyset\}}$, $T_{\{S\}}$. Daraus folgt:

- $I_U(T_{\{1\}}) = [0,15; 0,42]$; $I_U(T_{\{1,2\}}) = [0,42; 0,74]$ $I_U(T_{\{2,3\}}) = [0,32; 0,85]$; $I_U(T_{\{3,4\}}) = [0,26; 0,58]$
- $I_U(T_{\{2\}}) = [0; 0,59]$; $I_U(T_{\{3\}}) = [0; 0,58]$; $I_U(T_{\{4\}}) = [0; 0,26]$
- $I_U(T_{\{1,4\}}) = [0,15; 0,68]$
- $I_U(T_{\{2,3,4\}}) = [0,26; 0,85]$
- $I_U(T_{\{\emptyset\}}) = [0; 0]$
- $I_U(T_{\{S\}}) = [1; 1]$

Es folgt weiter:

(z) $\text{Bel}(\overline{A}) = 1 - \text{Pl}(A)$

In bestimmten Fällen sind Bel und Pl Wahrscheinlichkeitsschranken (spezieller Bauart)[685]. Bel sollte aber nicht generell als untere Grenze unbekannter Wahrscheinlichkeiten interpretiert werden[686].

Um die Grundsätze der Dempster/Shafer-Theorie jedoch bezüglich einer Beurteilung der tatsächlichen Funktion des Risikofrüherkennungssystems anwenden zu können, ist zu klären, wie deren Anwendung grundsätzlich gerechtfertigt

---

[684] Vgl. Kruse/Gebhardt/Klawoon, Fuzzy-Systeme, 1995, S. 150.

[685] Vgl. Klir/Wierman, Uncertainty-Based Information : Elements of Generalized Information Theory, 1998, S. 30-31.

[686] Vgl. Shafer, Perspectives on the Theory and Practice of Belief Functions, 1990, S. 336-337.

werden kann und welche Möglichkeiten bestehen, erforderliche Evidenzen zu ermitteln sowie entsprechende Massezahlen zuzuweisen.

4.2.4.3.2 Plausibilitätsmaß als Risikoabbild

Die mögliche Verwendung eines mittels Dempster/Shafer-Theorie ableitbaren Maßes als Risikomaß in einer Situation, in der vom Abschlussprüfer ein Urteil über die Annahme oder Ablehnung einer der Abschlussprüfung zugrunde liegenden Hypothese verlangt wird, muss zunächst begründet werden.

Grundsätzlich kann der Abschlussprüfer aufgrund eigenverantwortlicher Tätigkeit nicht verpflichtet werden, die Verdichtung der gewonnenen Evidenzen zu seinem Urteil mittels eines Risikomaßes offen zu legen. Gleichwohl soll der Prüfer aber gemäß IDW seiner Tätigkeit einen risikoorientierten Prüfungsansatz zugrunde legen[687], der Einschätzungen darüber verlangt, welche Ausprägungen den Risikokomponenten des Prüfungsrisikos zuzuweisen sind. Anhand des Prüfungsrisikos soll der Berufsträger die Gefahr abschätzen, den Bestätigungsvermerk nicht eingeschränkt oder versagt zu haben, obwohl der Jahresabschluss einen wesentlichen Fehler enthält.

Neben den prinzipiellen Schwierigkeiten der Anwendung des klassischen Wahrscheinlichkeitskonzepts insbesondere bei Abschlussprüfungen besteht zudem das schwerwiegende Problem, dass die „Wahrscheinlichkeitseinschätzungen" des Prüfers über den wahren Zustand einer Prüfungsgesamtheit nur auf eine begrenzte Anzahl von Prüfungshandlungen gestützt werden können. Aus einer begrenzten Anzahl von Prüfungshandlungen aber folgt, hier bezüglich der Prüfung des Risikofrüherkennungssystems, letztlich aber allgemein:

- Aus Informationen, die mit einer „Wahrscheinlichkeit" von z. B. 0,6 auf den Zustand $\{w\}$[688] eines Testobjektes hindeuten, kann nicht mit einer „Wahrscheinlichkeit" von 1 - 0,6 geschlossen werden, dass der wahre Zustand $\{\overline{w}\}$[689]

[687] Vgl. IDW PS 260, WPg 52. Jg. 1999, Heft 16, S. 658-662.
[688] $\{w\}$ = Zustand „wirksam".
[689] $\{\overline{w}\}$ = Zustand „nicht wirksam".

ist, denn darüber liegen gerade keine Informationen vor[690]. Die klassische Wahrscheinlichkeitsrechnung kann daher die wahren Schlussfolgerungen und Einschätzungen des Prüfers während des Prüfungsprozesses nicht abbilden.

- Für das Vorliegen der möglichen Zustände $\{w\}, \{\overline{w}\}$ können Evidenzen jeweils direkt gefunden werden. Insoweit liegt ein „positiver Verdacht" bestimmten „Wahrscheinlichkeits"-Grades vor, der darauf hindeutet, dass $\{w\}$ bzw. $\{\overline{w}\}$ der wahre Zustand ist, wobei der jeweilige „Wahrscheinlichkeits"-Grad vom Gewicht des Indizes (der Indizienkette) oder Beweises (Beweiskette) abhängt.
- Intuitiv einsichtig ist jedoch, dass aus einem „positiven Verdacht" bestimmten „Wahrscheinlichkeits"-Grades für $\{w\}$ ($\{\overline{w}\}$) folgt, dass ein möglicher *Verdacht* über das Vorliegen von $\{\overline{w}\}$ ($\{w\}$) in Höhe dieses „Wahrscheinlichkeits"-Grades abnimmt.
- Es folgt:[691]
  - positiver Verdacht($\{w\}$) = Beweiskraft (Indiz für das Vorliegen von $\{w\}$)
  - möglicher Verdacht($\{w\}$) = 1 - Beweiskraft($\{\overline{w}\}$)
  - positiver Verdacht($\{w\}$) $\leq$ möglicher Verdacht($\{w\}$)

  und
  - positiver Verdacht($\{\overline{w}\}$) = Beweiskraft (Indiz für das Vorliegen von $\{\overline{w}\}$)
  - möglicher Verdacht($\{\overline{w}\}$) = 1 - Beweiskraft($\{w\}$)
  - positiver Verdacht($\{\overline{w}\}$) $\leq$ möglicher Verdacht($\{\overline{w}\}$)

Wie sich zeigt, stimmen die Bedingungen, denen Abschlussprüfungen unterliegen, prinzipiell mit den Bedingungen überein, unter denen die Evidenztheorie anwendbar ist. Es stellt sich jedoch die Frage, warum die Verwendung eines Risikomaßes unter den gegebenen Bedingungen für den Prüfer überhaupt vorteilhaft sein sollte.

Der erste Aspekt betrifft die Prüfungssicherheit. Danach wäre die Verwendung eines Risikomaßes dann vorteilhaft, wenn der Aussagegehalt des Risikomaßes

---

690 Vgl. Göbel, Neuere Prüfungsmethoden und die Aggregation von Prüfungsrisiken bei der Jahresabschlussprüfung, 2004, S. 415.

691 Vgl. Spies, Unsicheres Wissen, Wahrscheinlichkeit, Fuzzy-Logik, neuronale Netze und menschliches Denken, 1993, S. 171-172.

durch bestimmte einzuhaltende Prüfungsgrundsätze derart gewichtig wäre, dass nach Erreichen einer festzulegenden Prüfungssicherheit hinsichtlich $\{\overline{w}\}$ bzw. allgemeiner $\{\overline{o}\}$[692] für ein Prüffeld ein dennoch nachträglich bekannt werdender wesentlicher Fehler, der in Anlehnung an den Zweck der Abschlussprüfung mit Sicherheit nicht ausschließbar ist, keinen Haftungsfall für den Abschlussprüfer auslösen kann, da ein Dritter zum Zeitpunkt der Prüfungsdurchführung nach anerkannten Grundsätzen über Art und Umfang der Prüfungshandlungen zum gleichen Ergebnis gelangen musste.

Der zweite Aspekt betrifft die Prüfungsqualität, die im ersten Aspekt zwar implizit enthalten ist, doch auch dann als Argument herangezogen werden kann, wenn eine allgemeine Akzeptanz des Risikomaßes nicht erfolgt. Denn abgesehen von einer allgemeinen Akzeptanz eines derartigen Maßes als Risikomaß könnten Wirtschaftsprüfungsgesellschaften intern sicherstellen, dass eine erforderliche Prüfungsqualität, die eine Prüfungsgesellschaft ihrer Dienstleitung zugrunde legen will, über eine Transformation der zu erlangenden Informationen während des Prüfungsprozesses in ein Risikomaß gewährleistet wird.

Ob ein mittels der Evidenztheorie ableitbares Risikomaß bei der Beurteilung der tatsächlichen Funktion des Risikofrüherkennungssystems Anwendung finden könnte, soll im Folgenden untersucht werden.

Der Beurteilung des Risikofrüherkennungssystems ist die Hypothese „Das Risikofrüherkennungssystem war wirksam“ ($\{w\}$) zugrunde zu legen. Der Urteilsprozess bezieht sich auf Schritt 6 nach obiger Vorgehensweise[693]. Am Ende des Urteilsprozesses beruht das Urteil des Prüfers auf seiner Überzeugung, dass es aufgrund der gewonnenen Evidenzen nicht unvernünftig (plausibel) ist anzunehmen, dass das Risikofrüherkennungssystem während des Betrachtungszeitraums tatsächlich wirksam war. Das Urteil kann eine der möglichen Ausprägungen $\{w\}$ bzw. $\{\overline{w}\}$ annehmen, so dass den Grundsätzen der Evidenztheorie entsprechend $\{w, \overline{w}\}$ den *frame of discernment* (Θ) bildet. Da die Prüfung

[692] $\{\overline{o}\}$ = Zustand „nicht ordnungsgemäß“.
[693] Siehe S. 189.

nicht dazu geeignet ist, die Hypothese „Das Risikofrüherkennungssystem war wirksam“ zu verifizieren, interessieren bei der Plausibilisierung vor allem solche Evidenzen, die auf eine Falsifizierung hindeuten. Dennoch haben auch die Evidenzen, die auf $\{w\}$ hindeuten, Einfluss auf die Urteilsfindung, denn nach obiger Darlegung gilt: möglicher Verdacht($\{\overline{w}\}$) = 1 - Beweiskraft($\{w\}$).

Die Anwendung der Evidenztheorie verlangt zunächst zwei grundlegende Schritte:

1. Es sind solche Prüfungshandlungen festzulegen, deren Ergebnisse für den Abschlussprüfer nach anerkannten Grundsätzen Evidenzen darstellen[694].

   Besteht das Ziel in der Sicherstellung einer für erforderlich gehaltenen Prüfungsqualität, so muss eine Prüfungsgesellschaft intern einerseits solche Prüfungshandlungen festlegen, die grundsätzlich durchzuführen sind, weil diese einer Prüfungssituation immer gerecht werden sowie andererseits solche Prüfungshandlungen, die den einzelfallspezifischen Gegebenheiten eines Prüffeldes angemessen sind. Für einzelfallspezifische Gegebenheiten eines Prüffeldes könnten beispielsweise „*wenn, dann*“ - Beziehungen definiert werden. Neben Arten von Prüfungshandlungen ist auch die Anzahl von Prüfungshandlungen (z. B. Anzahl von zufälligen Stichproben) festzulegen, die prüffeldsspezifisch *mindestens* durchzuführen sind.

2. Für die aus anerkannten Prüfungshandlungen gewonnenen Evidenzen sind jeweils Massezahlen (m[695]) abzuleiten, die direkt auf $\{w\}$ und/oder $\{\overline{w}\}$ hindeuten. Soweit ihr „Gewicht“ nicht ausreicht, den jeweiligen Zuständen insgesamt einen Wert von 1 zuzuweisen, ist der Wert „1 - direkte Massezahlen der Evidenz“ dem *frame* (Θ) zuzuordnen[696], da dieser Wert Nichtwissen über die Zustände $\{w\}$ oder $\{\overline{w}\}$ ausdrückt und daher beide Zustände betreffen könnte.

   Die Ableitung der Massenzahlen für die zu betrachtenden Zustände stellt ein schwerwiegendes Problem dar, denn obgleich der Abschlussprüfer bei der

---

694 Vgl. IDW PS 300 Rn. 1, WPg 54. Jg. 2001, Heft 16, S. 898-903.

695 Siehe (s) S. 217.

696 Wegen (u), siehe S. 218.

Bewertung der Ergebnisse aus Prüfungshandlungen auch abwägt, inwieweit die Resultate der Prüfung für oder gegen das Vorliegen eines der Zustände $\{w\}$ oder $\{\overline{w}\}$ bzw. allgemeiner $\{o\}$ bzw. $\{\overline{o}\}$ sprechen, handelt es sich hierbei um einen höchstpersönlichen und subjektiven Vorgang. Diesen mittels der Zuweisung von Massezahlen zu objektivieren, würde aber gerade für eine Wirtschaftsprüfungsgesellschaft den Vorteil ergeben, dass letztlich nach den Anforderungen der Prüfungsgesellschaft zu entscheiden wäre, ob die bisherigen Evidenzen für ein sicheres Urteil tatsächlich ausreichen, da dann auch eine objektive Aggregation der Ergebnisse zu einem Urteil erfolgen kann.

Zur Veranschaulichung der Aggregation von Massezahlen aus Evidenzen zu einem Urteil und als Grundlage zur weiteren Diskussion zum Risikomaß soll unterstellt werden, dass im Rahmen der Beurteilung des Risikofrüherkennungssystems zwei unabhängige Evidenzen[697] mittels der Testobjekte TO_1 und TO_2 innerhalb eines Prüfungsblocks ermittelt wurden. Die abgeleiteten Evidenzmassen verteilen sich dabei wie folgt auf die zu betrachtenden Zustände:

- $m_1(TO_1(\{w\})) = 0{,}250; m_1(TO_1(\{\overline{w}\})) = 0{,}375; m_1(TO_1(\{w,\overline{w}\})) = 0{,}375$
- $m_2(TO_2(\{w\})) = 0{,}625; m_2(TO_2(\{\overline{w}\})) = 0{,}188; m_2(TO_2(\{w,\overline{w}\})) = 0{,}187$

Für die Kombination von unabhängigen Evidenzen ist *Dempsters Rule of Combination* zugrunde zu legen:[698]

(za) $m(A) = m_1 \oplus m_2(A) = k \cdot \sum_{B_1 \cap B_2 = A} m_1(B_1) \cdot m_2(B_2).$

Da die Summe der jeweiligen Massen m_1, m_2 immer 1 beträgt, müssen die Produkte der Massen, die auf leere Durchschnitte entfallen ($B_1 \cap B_2 = \emptyset$), auf die nicht leeren Durchschnitte verteilt werden, damit sich die Massezahlen nach Kombination weiterhin zu 1 addieren. Daher gilt:

$$k = \frac{1}{1 - \sum_{B_1 \cap B_2 = \emptyset} m_1(B_1) \cdot m_2(B_2)}$$

Für die Kombination der Evidenzen TO_1, TO_2 könnte dies aufgrund der folgen-

[697] Das Problem der Unabhängigkeit der Evidenzen ist die wohl am meisten diskutierte Frage der Dempster/Shafer-Theorie, vgl. Zhang, Representation, independence, and combination of evidence in the Dempster-Shafer theory, 1994, S. 60-62, mit Diskussion.

[698] Vgl. Dempster, Upper and Lower Probabilities induced by a multivalued Mapping, 1967, S. 335-337.

den Übersicht veranschaulicht werden:

	A = {w}	B = $\{\overline{w}\}$	C = $\{w, \overline{w}\}$
	A	B	C
	m_1 = 0,250	m_1 = 0,375	m_1 = 0,375
D	AD	{ø}	DC
m_2 = 0,625	m = 0,156	m = 0,234	m = 0,234
E	{ø}	BE	CE
m_2 = 0,188	m = 0,047	m = 0,071	m = 0,071
F	AF	BF	CF
m_2 = 0,187	m = 0,047	m = 0,070	m = 0,070

Es zeigt sich, dass die Kombination folgender Massen unabhängiger Evidenzen zum leeren Durchschnitt führt: $m_1(\mathrm{A}) \cdot m_2(\mathrm{E})$; $m_1(\mathrm{B}) \cdot m_2(\mathrm{D})$.
Dies ist nachvollziehbar, denn augenscheinlich liegt deshalb ein Paradoxon vor, weil es unlogisch erscheint, dass eine kombinierte Evidenz gleichzeitig z. B. sowohl auf $\{w\}$ als auch auf $\{\overline{w}\}$ hindeutet. Dieser Widerspruch ist vergleichbar mit zwei unabhängigen Zeugenaussagen bestimmter Glaubwürdigkeit, die jeweils nur einen von zwei in Frage kommenden Verdächtigen belasten, dies jedoch gänzlich gegensätzlich. Soweit derartige Widersprüche in keiner möglichen Welt auftreten können, ist die Normierung nach Dempster mittels k unproblematisch.
Prüfungshandlungen können zu widersprüchlichen Evidenzen über den wahren Zustand der Prüfungsgesamtheit führen. Es handelt sich daher um Widersprüche, die tatsächlich auftreten können. Insoweit erscheint die Anwendung der Normierung nach Dempster hier zunächst problematisch, weil etwaige möglicherweise zutreffende Evidenzen über den vorliegenden Zustand der Prüfungsgesamtheit verloren gehen können.
Bezüglich des Beispiels ergeben sich durch Normierung nach Dempster folgende Unsicherheitsintervalle:[699]
$I_{\mathrm{U}}(\{w\}) = [0,609;0,706]$; $I_{\mathrm{U}}(\{\overline{w}\}) = [0,294;0,391]$.

[699] Siehe (y) S. 220.

Wird auf Anwendung der Normierung nach Dempster verzichtet, führt dies zu folgenden Ergebnissen:

$I_U(\{w\}) = [0{,}437; 0{,}508]$; $I_U(\{\overline{w}\}) = [0{,}211; 0{,}281]$.

Ein Verzicht auf die Normierung führt zu einem Problem, denn die Summe der Massen, die nichtleere Durchschnitte betreffen, ist ungleich 1. Nach Dempster/Shafer ist es jedoch gar nicht möglich, dass Massen widersprüchlicher Evidenzen durch unterlassene Normierung keine Berücksichtigung finden, so dass insoweit ungeklärt ist, wie mit diesen weiter verfahren werden müsste.

Es zeigt sich aber, dass auf eine Normierung nach Dempster hinsichtlich der Prüfungssicherheit nicht zu verzichten ist:

Die *objektivierte* Bestimmung einer Urteilskategorie am Ende des Beurteilungsprozesses des Risikofrüherkennungssystems kann nicht auf einer intuitiven Plausibilität bezüglich $\{\overline{w}\}$ beruhen, sondern sollte sich auf das Plausibilitätsmaß nach Dempster/Shafer[700] stützen[701]. Bezüglich der Methode der Normierung nach Dempster ergibt sich nun gerade, dass, soweit $\mathrm{Pl}(\{\overline{w}\})$ als Risikomaß akzeptiert wird, im Falle eines Widerspruchs unabhängiger Evidenzen der Wert von $\mathrm{Pl}(\{\overline{w}\})$ steigt. Daher führt die Normierung nach Dempster also dazu, dass sich die Massen der leeren Mengen („Störgröße“) zugunsten der *Urteilssicherheit* auswirken, da zusätzliche Stichproben notwendig werden.

Der Wert $\mathrm{Pl}(\{\overline{w}\})$ sollte interpretiert werden als „verbleibende Gefahr“, dass in den Prüfungsblöcken nicht geprüfte Elemente enthalten sind, deren tatsächlicher Zustand eigentlich zur Falsifizierung der Hypothese „Das Risikofrüherkennungssystem war wirksam“ führen muss. Bei einer erneuten repräsentativen Zufallsstichprobe sollte Pl verstanden werden als „beste Möglichkeit“, wesentliche unwirksame Elemente aufzudecken. Die Absicht aus gewonnen Informationen der Abschlussprüfung ein klassisches Wahrscheinlichkeitsmaß abzulei-

---

[700] Siehe (w) S. 219.

[701] Ebenso ist im Rahmen der Abschlussprüfung der Wert von $\mathrm{Pl}(\{\overline{o}\})$ von Bedeutung, vgl. Göbel, Risikoorientierte Datenprüfung bei unscharfen Informationen, 1998, S. 117.

ten, ist nach obiger Diskussion weder notwendig noch überzeugend durchführbar[702].

4.2.4.3.3 Gewinnung von Evidenzmassen und Urteilsaggregation

Die Bestimmung einer der möglichen Urteilskategorien[703], die der Prüfung des Risikofrüherkennungssystems zugrunde liegen, soll mittels Plausibilität hinsichtlich $\{\overline{w}\}$ nach Dempster/Shafer objektiviert vorgenommen werden. Eine Verfeinerung und „Gradeinteilung" bezüglich der Zuweisung zu einer der möglichen unscharfen Urteilskategorien könnte insbesondere aufgrund der notwendigen Berichterstattung (§ 321 IV HGB) wie folgt erfolgen:

a)	$\mathrm{Pl}(\{\overline{w}\})$	$\rightarrow$	0,00 - 0,09	$\Rightarrow$	voll wirksam	
	$\mathrm{Pl}(\{\overline{w}\})$	$\rightarrow$	0,10 - 0,29	$\Rightarrow$	ausreichend wirksam	teilweise wirksam
b)	$\mathrm{Pl}(\{\overline{w}\})$	$\rightarrow$	0,30 - 0,69	$\Rightarrow$	mäßig wirksam	
	$\mathrm{Pl}(\{\overline{w}\})$	$\rightarrow$	0,70 - 0,89	$\Rightarrow$	schwach wirksam	
c)	$\mathrm{Pl}(\{\overline{w}\})$	$\rightarrow$	0,90 - 1,00	$\Rightarrow$	unwirksam	

Zur Beantwortung der Frage, wie Evidenzen und Massezahlen für die möglichen Zustände $\{w\}$ und/oder $\{\overline{w}\}$ im Rahmen von Schritt 6 nach obiger Vorgehensweise[704] ermittelt werden können, wird vorgeschlagen, die Prüfung innerhalb der Prüfungsblöcke (i) - (iii) an einer speziellen Baum- bzw. Pfadstruktur zu orientieren. Diese basiert auf den Prüfpfaden, die für die einzelnen Prüfungsblöcke beispielhaft definiert wurden[705]. Die danach zu beantwortenden Fragen zielen darauf ab festzustellen, ob es plausibel ist anzunehmen, dass die Funktion des jeweilig ausgewählten Prüfungsobjekts gegeben war. Grundlage dafür bildet eine bestimmte Anzahl von Prüfungsnachweisen, die den gesamten Prüfungszeitraum betreffen müssen.

Folgende Annahmen liegenden dem Vorschlag zugrunde:

[702] Vgl. Göbel, Neuere Prüfungsmethoden und die Aggregation von Prüfungsrisiken bei der Jahresabschlussprüfung, 2004, S. 417 und anschließender Diskussion.

[703] Vgl. S. 201.

[704] Siehe S. 189.

[705] Siehe S. 197-198.

1. Werden sämtliche Fragen eines Prüfpfades bejaht, so kann der Prüfer die Hypothese „Das Risikofrüherkennungssystem war an der Stelle dieser Organisationseinheit wirksam" annehmen.
   Müssen Fragen verneint werden, so ist die Glaubwürdigkeit der nachfolgenden, aber bejahten Antworten hinsichtlich der Hypothese „Das Risikofrüherkennungssystem war an der Stelle dieser Organisationseinheit wirksam" nicht mehr in dem Maße gerechtfertigt, wie in dem Fall einer positiven Antwort auf die vorherige(n) Frage(n). Die lässt sich wie folgt erläutern:
   Sind einem Organisationsmitglied z. B. Aufgabenfeld/Kompetenz nicht bekannt, ergeben sich bereits prinzipiell ernsthafte Zweifel an der Wirksamkeit des Risikofrüherkennungssystems an der Stelle dieser Organisationseinheit, denn ist dem Organisationsmitglied nicht bekannt, welche Aufgaben diesem zugewiesen sind, ist beispielsweise sehr zweifelhaft, ob prozessabhängige Kontrollen überhaupt erfolgen konnten. Ebenso wird die Überzeugung von der Wirksamkeit des Risikofrüherkennungssystems beeinträchtigt, wenn zwar prozessunabhängige Kontrollen erfolgten, dennoch nicht Befugte die Möglichkeit hatten, Vorgänge zu bearbeiten. Erfolgten keine vorgesehenen prozessabhängigen Kontrollen und ist die Durchführung prozessunabhängiger Kontrollen zweifelhaft, so ist es unglaubwürdig anzunehmen, dass ein vorgesehenes Reporting oder ein Feedback gewünschte Informationen vermitteln konnte.
2. Im Vorfeld der Prüfung sind nicht nur die Prüfpfade festzulegen, sondern auch, welches Gewicht der Antwort einer Frage innerhalb eines Prüfpfades zukommen soll. Dabei ist ein Prüfpfad so zu gestalten, dass die Glaubwürdigkeit einer bejahten Frage von der/(n) Antwort(en) der vorherigen Frage(n) abhängt. Soweit auf ein einzelnes zu prüfendes Element fokussiert wird, bildet der zugrunde zu legende jeweilige Prüfpfad eine Indizienkette besonderer Art. Mehrere beurteilte Elemente des Risikofrüherkennungssystems können als unabhängige Indizien angesehen werden[706], die zusammen eine In-

[706] Betrachtet werden überwiegend stochastische Organisationseinheiten und die von ihnen selbst geschaffenen Informationen.

dizienreihe bilden, so dass ein Urteil über die Funktion des Risikofrüherkennungssystems insgesamt möglicht wird. Eine Indizienreihe ist dann beweiserheblich, wenn die Indizientatsachen einen ganz bestimmten Schluss erzwingen, weil aufgrund der Evidenzen ernstlich kein anderer in Betracht kommen kann[707]. Die Entscheidung aber, welche Anzahl von Prüfungshandlungen mindestens notwendig sind, um von Beweiserheblichkeit ausgehen zu dürfen, hängt von der Prüfungsqualität ab, die eine Wirtschaftsprüfungsgesellschaft hierbei für erforderlich erachtet.

3. Die Schaffung einer Indizienkette verlangt, dass die einzelnen Fragen eines Prüfpfades spezielle Knotenpunkte („Entscheidungspunkte" bzw. „Teilurteilspunkte") bilden, die so zu konstruieren sind, dass vom Prüfer jeweils ein scharfes Urteil verlangt wird (ja/1 bzw. nein/0). Da nun die einem Knotenpunkt nachfolgenden Fragen hinsichtlich Relevanz und Gewichtung bedingt abhängig sind von den Antworten vorausgehender Fragen, gelingt es nach „Durchschreiten" des Antwortpfads zu einem Testobjekt eine bestimmte Plausibilität über die Wirksamkeit des Testobjektes während des Beurteilungszeitraumes objektiviert festzulegen.

Zur Veranschaulichung wird lediglich ein kurzer Prüfpfad mit den Fragen a) bis d) betrachtet. Dem Beispiel liegen dabei folgende Restriktionen zugrunde, die letztlich von einer Wirtschaftsprüfungsgesellschaft festzulegen wären:

1) Jede der vier Antworten ($A_{1,\ldots,4}$) ist für die Gewinnung von Evidenzgewichten über die Wirksamkeit des Testobjektes während des Beurteilungszeitraumes zunächst mit einem bestimmten grundlegenden Evidenzwert auszustatten. Im Beispiel wird eine Gleichgewichtung von jeweils $\frac{1}{4}$ unterstellt.
2) Wird eine Frage bejaht (ja/1), ist das Gewicht von $\frac{1}{4}$ für $\{w\}$ zuzuweisen. Muss hingegen die Frage mit nein/0 beantwortet werden, reduziert sich das Gewicht hinsichtlich $\{w\}$ auf $\frac{1}{4} \cdot 0 = 0$.
3) Lautet eine Antwort (A_x) ja/1, die vorhergehende Antwort (A_{x-1}) (oder vorhergehenden Antworten) aber nein/0, so soll die Antwort auf die anstehende Frage (F_x) mit einem der Pfadspalte zugewiesenen geringeren Gewicht ver-

---

707 Siehe S. 212.

sehen werden, der je nach Erfahrung des Prüfers festzulegen ist. Im Beispiel gilt: $(F_{b)}) \rightarrow \frac{3}{4}$; $(F_{c)}) \rightarrow \frac{2}{4}$; $(F_{d)}) \rightarrow \frac{1}{4}$. Wird z. B. Frage c) abweichend zu b) mit ja/1 beantwortet, ergibt sich im Beispiel bezüglich $\{w\}$ nur noch ein Gewicht von $\frac{1}{4} \cdot \frac{2}{4} = \frac{1}{8}$ (Es können auch andere plausible Annahmen getroffen werden).

4) Die Gewichte der Antworten werden zur Gewinnung der Evidenzwerte addiert.

5) Generell ergeben sich 2^4 mögliche Pfadausgänge.

Die Pfadstruktur lässt sich wie folgt verdeutlichen:

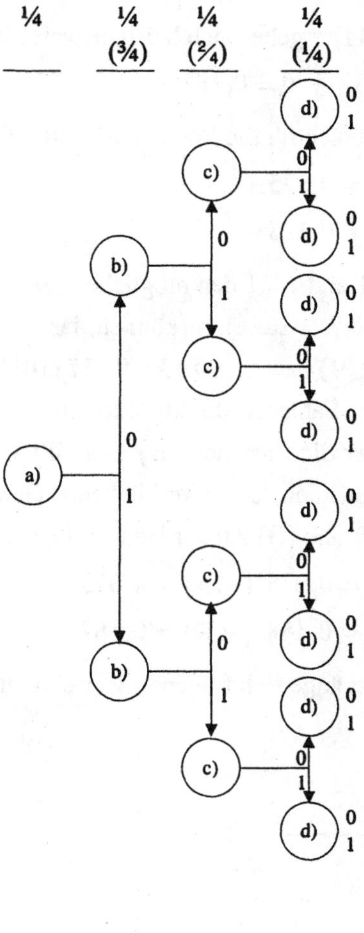

Es können gemäß 1)-4) direkte Evidenzgewichte für $\{w\}$ ermittelt werden. Für Pfadausgang 6 = 0101 ergeben sich beispielsweise folgende Werte:

$\{w\} \to \frac{1}{4} \cdot 0 + \frac{1}{4} \cdot \frac{3}{4} + \frac{1}{4} \cdot 0 + \frac{1}{4} \cdot \frac{1}{4} = 0,25$

Für Pfadausgang 12 = 1011 ergeben sich beispielsweise folgende Werte:

$\{w\} \to \frac{1}{4} \cdot 1 + \frac{1}{4} \cdot 0 + \frac{1}{4} \cdot \frac{2}{4} + \frac{1}{4} \cdot 1 = 0,625$

Es können nun aber ebenso im Umkehrschluss zu 1)-4) direkte Evidenzgewichte für $\{\overline{w}\}$ ermittelt werden. Für Pfadausgang 6 (0101) ergeben sich beispielsweise folgende Werte:

$\{\overline{w}\} \to \frac{1}{4} \cdot 1 + \frac{1}{4} \cdot 0 + \frac{1}{4} \cdot \frac{2}{4} + \frac{1}{4} \cdot 0 = 0,375$

Für Pfadausgang 12 (1011) ergeben sich beispielsweise folgende Werte:

$\{\overline{w}\} \to \frac{1}{4} \cdot 0 + \frac{1}{4} \cdot \frac{3}{4} + \frac{1}{4} \cdot 0 + \frac{1}{4} \cdot 0 = 0,188$

Zusammenfassend ergibt sich für die Pfade 0101 und 1011:

0101 $\{w\} = 0,250, \{\overline{w}\} = 0,375$

1011 $\{w\} = 0,625, \{\overline{w}\} = 0,188$

Während die Pfade 0101 und 1011 den möglichen Zustände direkt Evidenzgewichte von 0,625 bzw. 0,813 zuweisen können, lassen sich Evidenzgewichte von 1 - 0,625 = 0,375 (0101) bzw. 1 - 0,813 = 0,187 (1011) weder auf $\{w\}$ noch auf $\{\overline{w}\}$ direkt zuordnen. Fehlende direkte Zuordnung von Evidenzgewichten spiegelt Nichtwissen über die Zustände $\{w\}$ und $\{\overline{w}\}$ wider. Da nur einer der beiden Zustände vorliegen kann, ist das verbleibende Gewicht von 0,375 (0101) bzw. 0,187 (1011) dem *frame* (Θ) zuzuordnen[708]. Es ergibt sich:

0101 $\{w\} = 0,250, \{\overline{w}\} = 0,375, \{w, \overline{w}\} = 0,375$

1011 $\{w\} = 0,625, \{\overline{w}\} = 0,188, \{w, \overline{w}\} = 0,187$

Für 2^4 mögliche Pfadausgänge sich folgende Werte möglich:

---

[708] Siehe S. 224.

	3/4	2/4	1/4				
	a	b	c	d	$\{w\}$	$\{\overline{w}\}$	$\{w,\overline{w}\}$
1	0	0	0	0	0,000	1,000	0,000
2	0	0	0	1	0,063	0,750	0,188
3	0	0	1	0	0,125	0,563	0,313
4	0	0	1	1	0,375	0,500	0,125
5	0	1	0	0	0,188	0,625	0,188
6	0	1	0	1	0,250	0,375	0,375
7	0	1	1	0	0,438	0,313	0,250
8	0	1	1	1	0,688	0,250	0,063
9	1	0	0	0	0,250	0,688	0,063
10	1	0	0	1	0,313	0,438	0,250
11	1	0	1	0	0,375	0,250	0,375
12	1	0	1	1	0,625	0,188	0,187
13	1	1	0	0	0,500	0,375	0,125
14	1	1	1	0	0,750	0,063	0,188
15	0	1	0	1	0,250	0,375	0,375
16	1	1	1	1	1,000	0,000	0,000

Wird diese Vorgehensweise auf die Prüfung in den Prüfungsblöcken (i) - (iii) übertragen, ist zudem festzulegen, inwieweit eine Gewichtungen innerhalb und zwischen den Prüfungsblöcken erfolgen soll.

Die Festlegungen betreffen einerseits die Gewichtungen der einzelnen Testobjekte des jeweiligen Prüfungsblocks im Rahmen der Bildung des „Blockurteils". Anderseits ist festzulegen, wie die Gewichtung der „Blockurteile" im Rahmen der Entscheidung über die Annahme oder Ablehnung der Hypothese „Das Risikofrüherkennungssystem war wirksam" erfolgen soll.

Es könnte, wie im Folgenden angenommen, von einer jeweiligen Gleichgewichtung ausgegangen werden. Die Aggregation der jeweiligen Teilurteile zum Gesamturteil kann wie folgt veranschaulicht werden:

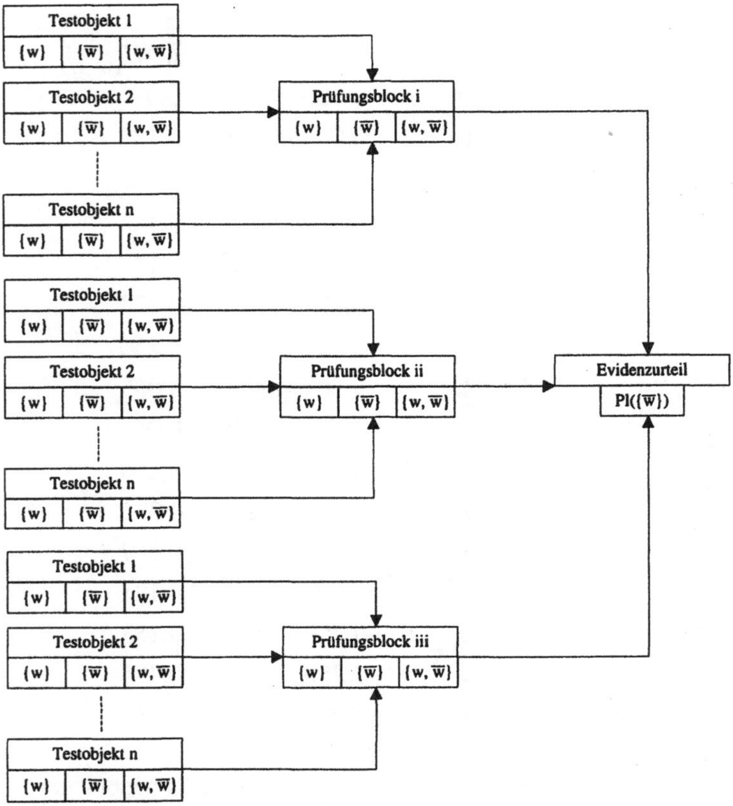

Eine evidenztheoretisch unterstützte Urteilsfindung über die Funktion eines Risikofrüherkennungssystems soll beispielhaft verdeutlicht werden. Dazu wird vorausgesetzt, dass die Ergebnisse aus den „Prüfpfaden" vorliegen und dass die Ordnungsmäßigkeit wichtiger Elemente des Risikofrüherkennungssystems, die das Rechnungswesen betreffen, gewährleistet ist.

Für die Prüfungsblöcke werden folgende Resultate aus zufälligen Stichproben unterstellt, die aus Vereinfachungsgründen gleichzeitig die Mindestanzahl einzuholender Evidenzen imitieren:

- Prüfungsblock i): vier Stichproben mit nachfolgenden Resultaten

	5/6	4/6	3/6	2/6	1/6							
	(a)	(b)	(c)	(d)	(e)	(f)	$\{w\}$		$\{\overline{w}\}$		$\{w,\overline{w}\}$	
1	0	1	0	1	1	0	0,389	a	0,306	b	0,306	c
2	1	1	1	0	1	0	0,556	d	0,111	e	0,333	f
3	1	1	0	1	0	1	0,444	g	0,167	h	0,389	i
4	1	0	0	1	0	0	0,250	k	0,528	l	0,222	m

Das (Teil)Urteil aus Prüfungsblock i) ergibt sich unter Verwendung der nachstehenden Übersicht, wobei k[709] = 2,880:

Muster: {∅} {w} {w̄} {w,w̄}

	ad m = 0,216	bd m = 0,170	cd m = 0,170	ae m = 0,043	be m = 0,034	ce m = 0,034	af m = 0,130	bf m = 0,102	cf m = 0,102
gk m = 0,111	adgk m = 0,069	bdgk m =	cdgk m = 0,054	aegk m =	begk m =	cegk m =	afgk m = 0,041	bfgk m =	efgk m = 0,033
hk m = 0,042	adhk m =	bdhk m =	cdhk m =	aehk m =	behk m =	cehk m =	afhk m =	bfhk m =	cfhk m =
ik m = 0,097	adik m = 0,060	bdik m =	cdik m = 0,048	aeik m =	beik m =	ceik m =	afik m = 0,036	bfik m =	cfik m = 0,029
gl m = 0,235	adgl m =	bdgl m =	cdgl m =	aegl m =	begl m =	cegl m =	afgl m =	bfgl m =	cfgl m =
hl m = 0,088	adhl m =	bdhl m =	cdhl m =	aehl m =	behl m = 0,009	cehl m = 0,009	afhl m =	bfhl m = 0,026	cfhl m = 0,026
il m = 0,205	adil m =	bdil m =	cdil m =	aeil m =	beil m = 0,020	ceil m = 0,020	afil m =	bfil m = 0,060	cfil m = 0,060
gm m = 0,099	adgm m = 0,061	bdgm m =	cdgm m = 0,048	aegm m =	begm m =	cegm m =	afgm m = 0,037	bfgm m =	cfgm m = 0,029
hm m = 0,037	adhm m =	bdhm m =	cdhm m =	aehm m =	behm m = 0,004	cehm m = 0,004	afhm m =	bfhm m = 0,011	cfhm m = 0,011
im m = 0,086	adim m = 0,054	bdim m =	cdim m = 0,042	aeim m =	beim m = 0,008	ceim m = 0,008	afim m = 0,032	bfim m = 0,025	cfim m = 0,025

$\mathrm{Pl}(\{\overline{w}\}) = 0,326$

Die Evidenzgewichte, die dieser Prüfungsblock zur Bestimmung des Gesamturteils beiträgt, ermitteln sich wie folgt:

$\{w\} = 0,674, \{\overline{w}\} = 0,301, \{w,\overline{w}\} = 0,025$

- Prüfungsblock ii): drei Stichproben mit nachstehenden Werten

	7/8	6/8	5/8	4/8	3/8	2/8	1/8							
	(a)	(b)	(c)	(d)	(e)	(f)	(g)	(h)	$\{w\}$		$\{\overline{w}\}$		$\{w,\overline{w}\}$	
1	1	0	1	0	1	0	0	1	0,297	a	0,359	b	0,344	c
2	1	1	0	0	1	0	0	1	0,328	d	0,391	e	0,281	f
3	1	1	1	0	0	1	0	1	0,438	g	0,234	h	0,328	i

Es ergibt sich folgendes (Teil)Urteil aus Prüfungsblock ii), wobei $k = 1,877$:

[709] Siehe S. 225.

	ad	bd	cd	ae	be	ce	af	bf	cf
	m = 0,097	m = 0,118	m = 0,113	m = 0,116	m = 0,140	m = 0,134	m = 0,083	m = 0,101	m = 0,097
g	adg	bdg	cdg	aeg	beg	ceg	afg	bfg	efg
m = 0,438	m = 0,080	m =	m = 0,093	m =	m =	m =	m = 0,069	m =	m = 0,079
h	adh	bdh	cdh	aeh	beh	ceh	afh	bfh	cfh
m = 0,234	m =	m =	m =	m =	m = 0,062	m = 0,059	m =	m = 0,044	m = 0,043
i	adi	bdi	cdi	aei	bei	cei	afi	bfi	cfi
m = 0,328	m = 0,060	m =	m = 0,069	m =	m = 0,086	m = 0,083	m = 0,051	m = 0,062	m = 0,060

$\mathrm{Pl}(\{\overline{w}\}) = 0,499$

Die Evidenzgewichte, die dieser Prüfungsblock zur Bestimmung des Gesamturteils beiträgt, nehmen folgende Werte an:

$\{w\} = 0,501, \{\overline{w}\} = 0,439, \{w,\overline{w}\} = 0,060$

- Prüfungsblock iii): zwei Stichproben mit nachfolgenden Werten

		12/13	11/13	10/13	9/13	8/13	7/13	6/13	5/13	4/13	3/13	2/13	1/13
	(a)	(b)	(c)	(d)	(e)	(f)	(g)	(h)	(i)	(k)	(l)	(m)	(n)
1	1	1	0	1	1	0	1	0	1	0	0	1	1
2	0	1	0	1	1	1	0	1	1	0	1	0	1

$\{w\}$		$\{\overline{w}\}$		$\{w,\overline{w}\}$	
0,450	a	0,260	b	0,290	c
0,420	d	0,254	e	0,325	f

Daraus ergibt sich das (Teil)Urteil aus Prüfungsblock iii), wobei $k = 1,288$:

	a	b	c
	m = 0,450	m = 0,260	m = 0,290
d	ad	bd	cd
m = 0,420	m = 0,243	m =	m = 0,157
e	ae	be	ce
m = 0,254	m =	m = 0,085	m = 0,095
f	af	bf	cf
m = 0,325	m = 0,189	m = 0,109	m = 0,122

$\mathrm{Pl}(\{\overline{w}\}) = 0,411$

Die Evidenzgewichte des Prüfungsblocks zur Bestimmung des Gesamturteils betragen:

$\{w\} = 0,589, \{\overline{w}\} = 0,290, \{w,\overline{w}\} = 0,122$

Als Indizienreihe mit

Prüfungsblock i): $\{w\} = 0,674$ a, $\{\overline{w}\} = 0,301$ b , $\{w,\overline{w}\} = 0,025$ c

Prüfungsblock ii): $\{w\} = 0,501$ d, $\{\overline{w}\} = 0,439$ e, $\{w,\overline{w}\} = 0,060$ f

Prüfungsblock iii): $\{w\} = 0,589$ g, $\{\overline{w}\} = 0,290$ h, $\{w,\overline{w}\} = 0,122$ i

ergibt sich für die Wirksamkeit des betrachteten Risikofrüherkennungssystems aus der Aggregation der Evidenzen der Prüfungsblöcke folgendes Urteil, wobei $k = 2,896$:

	ad	bd	cd	ae	be	ce	af	bf	cf
	m = 0,338	m = 0,151	m = 0,013	m = 0,296	m = 0,132	m = 0,011	m = 0,040	m = 0,018	m = 0,002
g m = 0,589	adg m = 0,576	bdg m =	cdg m = 0,022	aeg m =	beg m =	ceg m =	afg m = 0,068	bfg m =	efg m = 0,003
h m = 0,290	adh m =	bdh m =	cdh m =	aeh m =	beh m = 0,111	ceh m = 0,009	afh m =	bfh m = 0,015	cfh m = 0,001
i m = 0,122	adi m = 0,119	bdi m =	cdi m = 0,004	aei m =	bei m = 0,046	cei m = 0,004	afi m = 0,014	bfi m = 0,006	cfi m = 0,001

$\text{Pl}(\{\overline{w}\}) = 0,193 \rightarrow$ „teilweise wirksam“ bzw. genauer: „ausreichend wirksam“[710]

Wird der Umfang der Stichproben nun doch noch nicht als ausreichend angesehen, führen weitere Stichproben in Prüfungsblock ii) und iii) zur folgenden Änderung des vorliegenden Urteils:

- Prüfungsblock ii): eine zusätzliche Stichprobe

	7/8	6/8	5/8	4/8	3/8	2/8	1/8							
	(a)	(b)	(c)	(d)	(e)	(f)	(g)	(h)	$\{w\}$		$\{\overline{w}\}$		$\{w,\overline{w}\}$	
4	1	1	1	1	0	0	1	1	0,656	k	0,188	l	0,156	m

Die neue Evidenz aus Prüfungsblock ii) führt zur folgenden Änderung für den Prüfungsblock, wobei $k = 3{,}037$:

	ad	bd	cd	ae	be	ce	af	bf	cf
	m = 0,097	m = 0,118	m = 0,113	m = 0,116	m = 0,140	m = 0,134	m = 0,083	m = 0,101	m = 0,097
gk m = 0,287	adgk m = 0,085	bdgk m =	cdgk m = 0,098	aegk m =	begk m =	cegk m =	afgk m = 0,073	bfgk m =	efgk m = 0,084
hk m = 0,154	adhk m =	bdhk m =	cdhk m =	aehk m =	behk m =	cehk m =	afhk m =	bfhk m =	cfhk m =
ik m = 0,215	adik m = 0,064	bdik m =	cdik m = 0,074	aeik m =	beik m =	ceik m =	afik m = 0,055	bfik m =	cfik m = 0,063
gl m = 0,082	adgl m =	bdgl m =	cdgl m =	aegl m =	begl m =	cegl m =	afgl m =	bfgl m =	cfgl m =
hl m = 0,044	adhl m =	bdhl m =	cdhl m =	aehl m =	behl m = 0,019	cehl m = 0,018	afhl m =	bfhl m = 0,013	cfhl m = 0,013
il m = 0,062	adil m =	bdil m =	cdil m =	aeil m =	beil m = 0,026	ceil m = 0,025	afil m =	bfil m = 0,019	cfil m = 0,018
gm m = 0,068	adgm m = 0,020	bdgm m =	cdgm m = 0,023	aegm m =	begm m =	cegm m =	afgm m = 0,017	bfgm m =	cfgm m = 0,020
hm m = 0,037	adhm m =	bdhm m =	cdhm m =	aehm m =	behm m = 0,016	cehm m = 0,015	afhm m =	bfhm m = 0,011	cfhm m = 0,011
im m = 0,051	adim m = 0,015	bdim m =	cdim m = 0,018	aeim m =	beim m = 0,022	ceim m = 0,021	afim m = 0,013	bfim m = 0,016	cfim m = 0,015

$\text{Pl}(\{\overline{w}\}) = 0,277$

$\{w\} = 0,723, \{\overline{w}\} = 0,262, \{w,\overline{w}\} = 0,015$

In diesem Fall bedingt die Änderung im Prüfungsblock ii) eine Änderung der Urteilskategorie ($k = 2{,}477$):

Prüfungsblock i): $\{w\} = 0,674$ a, $\{\overline{w}\} = 0,301$ b , $\{w,\overline{w}\} = 0,025$ c

[710] Siehe S. 228.

Prüfungsblock ii): $\{w\} = 0,723$ d, $\{\overline{w}\} = 0,262$ e, $\{w,\overline{w}\} = 0,015$ f

Prüfungsblock iii): $\{w\} = 0,598$ g, $\{\overline{w}\} = 0,290$ h, $\{w,\overline{w}\} = 0,122$ i

	ad	bd	cd	ae	be	ce	af	bf	cf
	m = 0,487	m = 0,217	m = 0,018	m = 0,177	m = 0,079	m = 0,007	m = 0,010	m = 0,005	m = 0,000
g	adg	bdg	cdg	aeg	beg	ceg	afg	bfg	efg
m = 0,589	m = 0,711	m =	m = 0,027	m =	m =	m =	m = 0,015	m =	m = 0,001
h	adh	bdh	cdh	aeh	beh	ceh	afh	bfh	cfh
m = 0,290	m =	m =	m =	m =	m = 0,057	m = 0,005	m =	m = 0,003	m = 0,000
i	adi	bdi	cdi	aei	bei	cei	afi	bfi	cfi
m = 0,122	m = 0,147	m =	m = 0,006	m =	m = 0,024	m = 0,002	m = 0,003	m = 0,001	m = 0,000

$\mathrm{Pl}(\{\overline{w}\}) = 0,092 \rightarrow$ „voll wirksam"

- Prüfungsblock iii): eine zusätzliche Stichprobe

		12/13	11/13	10/13	9/13	8/13	7/13	6/13	5/13	4/13	3/13	2/13	1/13
	(a)	(b)	(c)	(d)	(e)	(f)	(g)	(h)	(i)	(k)	(l)	(m)	(n)
3	1	1	1	1	0	1	0	1	1	0	1	1	0

$\{w\}$ 0,562 g $\{\overline{w}\}$ 0,166 h $\{w,\overline{w}\}$ 0,272 i

Die neue Evidenz hat zunächst folgende Auswirkung auf die urteilserheblichen Werte des Prüfungsblocks, wobei $k = 1,742$:

	ad	bd	cd	ae	be	ce	af	bf	cf
	m = 0,189	m = 0,109	m = 0,122	m = 0,114	m = 0,066	m = 0,074	m = 0,146	m = 0,085	m = 0,094
g	adg	bdg	cdg	aeg	beg	ceg	afg	bfg	efg
m = 0,562	m = 0,185	m =	m = 0,119	m =	m =	m =	m = 0,143	m =	m = 0,092
h	adh	bdh	cdh	aeh	beh	ceh	afh	bfh	cfh
m = 0,166	m =	m =	m =	m =	m = 0,019	m = 0,021	m =	m = 0,024	m = 0,027
i	adi	bdi	cdi	aei	bei	cei	afi	bfi	cfi
m = 0,272	m = 0,090	m =	m = 0,058	m =	m = 0,031	m = 0,035	m = 0,069	m = 0,040	m = 0,045

$\mathrm{Pl}(\{\overline{w}\}) = 0,243$

$\{w\} = 0,757, \{\overline{w}\} = 0,199, \{w,\overline{w}\} = 0,045$

Die Aggregation zum Gesamturteil führt schließlich zu einer Bestätigung der Urteilskategorie, wobei

Prüfungsblock i): $\{w\} = 0,674$ a, $\{\overline{w}\} = 0,301$ b , $\{w,\overline{w}\} = 0,025$ c

Prüfungsblock ii): $\{w\} = 0,723$ d, $\{\overline{w}\} = 0,188$ e, $\{w,\overline{w}\} = 0,048$ f

Prüfungsblock iii): $\{w\} = 0,757$ g, $\{\overline{w}\} = 0,199$ h, $\{w,\overline{w}\} = 0,045$ i

und $k = 2,297$:

	ad	bd	cd	ae	be	ce	af	bf	cf
	m = 0,487	m = 0,217	m = 0,018	m = 0,177	m = 0,079	m = 0,007	m = 0,010	m = 0,005	m = 0,000
g	adg	bdg	cdg	aeg	beg	ceg	afg	bfg	efg
m = 0,757	m = 0,846	m =	m = 0,032	m =	m =	m =	m = 0,018	m =	m = 0,001
h	adh	bdh	cdh	aeh	beh	ceh	afh	bfh	cfh
m = 0,199	m =	m =	m =	m =	m = 0,036	m = 0,003	m =	m = 0,002	m = 0,000
i	adi	bdi	cdi	aei	bei	cei	afi	bfi	cfi
m = 0,045	m = 0,050	m =	m = 0,002	m =	m = 0,008	m = 0,001	m = 0,001	m = 0,000	m = 0,000

$\mathrm{Pl}(\{\overline{w}\}) = 0,051 \rightarrow$ „voll wirksam".

Wie sich zeigt, ergeben sich gewisse Sensitivitäten, die von neue Evidenzmassen auf das jeweilige Blockurteil und das Gesamturteil ausgeübt werden. Der Einfluss neu hinzutretender Massezahlen aus Evidenzen auf die Urteilsbildung ist zu untersuchen, weil sich daraus gewisse Anforderungen ableiten, die im Rahmen einer Umsetzung evidenztheoretisch orientierter Prüfungen beachtet werden müssen.

Abweichend zum Beispiel wird für Block iii) unterstellt, das vor Einholung der neuen Evidenz nicht zwei, sondern bereits drei Evidenzen vorlagen:

$\{w\}$		$\{\overline{w}\}$		$\{w,\overline{w}\}$	
0,450	a	0,260	b	0,290	c
0,420	d	0,254	e	0,325	f
0,000	g	0,098	h	0,902	i

Daraus ergibt sich abweichend zum ursprünglichen (Teil)Urteil für Prüfungsblock iii) mit $k = 1{,}367$:

$\text{Pl}(\{\overline{w}\}) = 0{,}436$

Die Evidenzgewichte des Prüfungsblocks zur Bestimmung des Gesamturteils betragen: $\{w\} = 0{,}564, \{\overline{w}\} = 0{,}320, \{w,\overline{w}\} = 0{,}116$

Als Indizienreihe mit

Prüfungsblock i): $\{w\} = 0{,}674$ a, $\{\overline{w}\} = 0{,}301$ b , $\{w,\overline{w}\} = 0{,}025$ c

Prüfungsblock ii): $\{w\} = 0{,}501$ d, $\{\overline{w}\} = 0{,}439$ e, $\{w,\overline{w}\} = 0{,}060$ f

Prüfungsblock iii): $\{w\} = 0{,}564$ g, $\{\overline{w}\} = 0{,}320$ h, $\{w,\overline{w}\} = 0{,}116$ i

ergibt sich für die Wirksamkeit des betrachteten Risikofrüherkennungssystems nun folgender Plausibilitätswert ($k = 2{,}963$):

$\text{Pl}(\{\overline{w}\}) = 0{,}210.$

Die neue Evidenz aus Block iii) ergänzt die drei vorliegenden Werte, so dass zu kombinieren sind:

$\{w\}$		$\{\overline{w}\}$		$\{w,\overline{w}\}$	
0,450	a	0,260	b	0,290	c
0,420	d	0,254	e	0,325	f
0,000	g	0,098	h	0,902	i
0,562	k	0,166	l	0,272	m

Es ergeben sich folgende Auswirkungen auf die urteilserheblichen Werte des Prüfungsblocks iii) (k = 1,740):

$\mathrm{Pl}(\{\overline{w}\}) = 0,243$

Die Evidenzgewichte betragen jetzt: $\{w\} = 0,757, \{\overline{w}\} = 0,192, \{w,\overline{w}\} = 0,051$.

Die Aggregation der Werte zum Gesamturteil zeigt mit

Prüfungsblock i): $\{w\} = 0,674$ a, $\{\overline{w}\} = 0,301$ b, $\{w,\overline{w}\} = 0,025$ c

Prüfungsblock ii): $\{w\} = 0,723$ d, $\{\overline{w}\} = 0,188$ e, $\{w,\overline{w}\} = 0,048$ f

Prüfungsblock iii): $\{w\} = 0,757$ g, $\{\overline{w}\} = 0,192$ h, $\{w,\overline{w}\} = 0,051$ i

folgendes Ergebnis (k = 2,278):

$\mathrm{Pl}(\{\overline{w}\})$ = 0,050.

Die Einführung der Evidenz für Block iii) ($\{w\} = 0,00, \{\overline{w}\} = 0,098, \{w,\overline{w}\} = 0,902$) führt zu einem Fall, bei dem zunächst intuitiv einsichtig ist, dass der Wert für $\mathrm{Pl}(\{\overline{w}\})$ in Prüfungsblock iii) im Vergleich ohne diese Evidenz ebenso ansteigt ($\mathrm{Pl}(\{\overline{w}\}) = 0,436 > \mathrm{Pl}(\{\overline{w}\}) = 0,411$) wie für das Gesamturteil ($\mathrm{Pl}(\{\overline{w}\}) = 0,210 > \mathrm{Pl}(\{\overline{w}\}) = 0,193$). Dabei ist der Anstieg für das (Teil)Urteil höher (+ 0,25) als für das Gesamturteil (+ 0,017), so dass sich hier bereits zeigt, dass es zu einer Abschwächung der „Durchschlagskraft" von Evidenzmassen durch Kombination über die Prüfungsblöcke kommt.

Nach Kombination der neuen Evidenz ($\{w\} = 0,562, \{\overline{w}\} = 0,166, \{w,\overline{w}\} = 0,272$) in Prüfungsblock iii) ergibt sich jedoch, dass zwar Änderungen bei den Evidenzgewichten vorliegen ($\{\overline{w}\}$ = - 0,007, $\{w,\overline{w}\}$ = + 0,006), es sich dabei jedoch lediglich um Verschiebungen handelt, die den Wert von $\mathrm{Pl}(\{\overline{w}\}$ unbeeinflusst lassen. Das bedeutet, dass die neu eingeführte Evidenze ($\{\overline{w}\} = 0,098, \{w,\overline{w}\} = 0,902$) letztlich im Vergleich zum Fall ohne diese Evidenz zu keinen Änderungen hinsichtlich des Block- und Gesamturteils führt.

Die Anzahl vorliegender Evidenzen hat Einfluss auf die Sensitivität von Evidenzmassen und daher auf die „Durchschlagskraft" hinsichtlich des interessierenden Plausibilitätsmaßes.

Im vorliegenden Fall wird die „Durchschlagskraft" der Masse für $\{\overline{w}\}$ aus der Evidenz $(\{w\} = 0,00, \{\overline{w}\} = 0,098, \{w,\overline{w}\} = 0,902)$ durch die gleichzeitige Erhöhung der insgesamt zu kombinierenden Evidenzen abgeschwächt.
Würden im Gegensatz dazu aber die Werte $(\{w\} = 0,00, \{\overline{w}\} = 0,130, \{w,\overline{w}\} = 0,870)$ zugrunde gelegt, hätte dies folgende Änderungen zur Folge:
- für das Teilurteil Block iii) (k = 1,395):
$\text{Pl}(\{\overline{w}\}) = 0,445.$
Mit k = 1,789 für die neuen Evidenzgewichte aus Block iii) und k = 2,295 für die Aggregation der Blöcke:
- für das Gesamturteil:
$\text{Pl}(\{\overline{w}\}) = 0,052.$

Das Verlassen der neutralen Balance des Wertes für $\{\overline{w}\}$ von 0,098 durch Erhöhung um ein Gewicht von 0,032 (0,13 - 0,098) erhöht das Risikomaß im Gesamturteil in diesem Fall bereits um annähernd 0,002 Einheiten.

Die Sensitivität des Modells soll abweichend von der obigen Darstellung für den Fall verdeutlicht werden, dass sich Evidenzmassen nachträglich ändern. Dabei ist von jeweils vier vorliegenden Evidenzen innerhalb der Prüfungsblöcke auszugehen:
Es werden folgende Ausgangsdaten zugrunde gelegt:
Prüfungsblock i):

$\{w\}$		$\{\overline{w}\}$		$\{w,\overline{w}\}$	
0,500	a	0,250	b	0,250	c
0,500	d	0,250	e	0,250	f
0,250	g	0,500	h	0,250	i
0,250	k	0,500	l	0,250	m

Prüfungsblock ii):

$\{w\}$		$\{\overline{w}\}$		$\{w,\overline{w}\}$	
0,250	a	0,000	b	0,750	c
0,250	d	0,000	e	0,750	f
0,250	g	0,000	h	0,750	i
0,250	k	0,000	l	0,750	m

Prüfungsblock iii):

$\{w\}$		$\{\overline{w}\}$		$\{w,\overline{w}\}$	
0,000	a	0,250	b	0,750	c
0,000	d	0,250	e	0,750	f
0,000	g	0,250	h	0,750	i
0,000	k	0,250	l	0,750	m

Aus der jeweiligen Aggregation der Stufen ergeben sich folgende Werte:
Prüfungsblock i): $\text{Pl}(\{\overline{w}\}) = 0,507$
Prüfungsblock ii): $\text{Pl}(\{\overline{w}\}) = 0,316$
Prüfungsblock iii): $\text{Pl}(\{\overline{w}\}) = 1,000$
Die Aggregation der Werte zum Gesamturteil ergibt mit
Prüfungsblock i): $\{w\} = 0,493$ a, $\{\overline{w}\} = 0,493$ b , $\{w,\overline{w}\} = 0,014$ c
Prüfungsblock ii): $\{w\} = 0,684$ d, $\{\overline{w}\} = 0,000$ e, $\{w,\overline{w}\} = 0,316$ f
Prüfungsblock iii): $\{w\} = 0,000$ g, $\{\overline{w}\} = 0,684$ h, $\{w,\overline{w}\} = 0,316$ i
folgendes Ergebnis ($k = 3{,}130$):
$\text{Pl}(\{\overline{w}\}) = 0{,}502$.

Innerhalb von Prüfungsblock iii) kommt es nun nachträglich zu einer Umwidmung beim vierten Evidenzwert. Es wird der *frame* entlastet und $\{w\}$ in gleicher Höhe belastet. Die Ausgangsdaten sind anzupassen:

$\{w\}$		$\{\overline{w}\}$		$\{w,\overline{w}\}$	
0,000	a	0,250	b	0,750	c
0,000	d	0,250	e	0,750	f
0,000	g	0,250	h	0,750	i
0,750	k	0,250	l	0,000	m

Es ergeben sich daraus signifikante Änderungen sowohl für das Urteil in Prüfungsblock iii) als auch für das Gesamturteil:
Für den Prüfungsblock iii) folgt:
$\text{Pl}(\{\overline{w}\}) = 0,441$

Die Aggregation der nun zugrunde liegenden Werte zum Gesamturteil ergibt mit

Prüfungsblock i): $\{w\} = 0{,}493$ a, $\{\overline{w}\} = 0{,}493$ b, $\{w,\overline{w}\} = 0{,}014$ c
Prüfungsblock ii): $\{w\} = 0{,}684$ d, $\{\overline{w}\} = 0{,}000$ e, $\{w,\overline{w}\} = 0{,}316$ f
Prüfungsblock iii): $\{w\} = 0{,}559$ g, $\{\overline{w}\} = 0{,}441$ h, $\{w,\overline{w}\} = 0{,}000$ i
folgendes Ergebnis (k = 2,824):
$\text{Pl}(\{\overline{w}\}) = 0{,}200$.

Wie sich zeigt, bedingt die Sensitivität des Modells, dass eine Anwendung zwingende Festlegungen voraussetzt. Diese beziehen sich insbesondere auf:

a) den Mindestumfang der für erforderlich erachteten Evidenzen (betrifft Fragen der Prüfungsqualität).

b) das Problem, wann welchen Prüfungshandlungen Evidenzgewichte bestimmter Höhe zugewiesen werden dürfen (betrifft Fragen der Prüfungssicherheit).

4.2.4.3.4 Implikation für die Jahresabschlussprüfung

Zu Beginn der Jahresabschlussprüfung (§ 316 I HGB) besitzt der Abschlussprüfer kein Wissen darüber, welche Ausprägung der Parameter „Fehleranteil" (f) in der Prüfungsgesamtheit, der durch eine Vielzahl von Fehlerarten beeinflusst wird, tatsächlich angenommen hat. Der Fehleranteil bestimmt jedoch, welcher der beiden möglichen Zustände $\{O,\overline{O}\}$[711] vorliegt.

Der Abschlussprüfung ist die Hypothese „$\{O\}$ liegt vor" zugrunde zu legen. Ziel muss es sein, die Hypothese durch *gezielte Prüfungshandlungen* zu falsifizieren, denn die Abschlussprüfung hat sowohl der Sache als auch der gesetzlichen Regelung nach nicht das Ziel, sämtliche Geschäftsvorfälle zum Gegenstand der Untersuchung zu machen[712]. Die Annahme der Hypothese „$\{O\}$ liegt vor" erfolgt, wenn unter Beachtung bestimmter Prüfungsziele, z. B. Vollständigkeit (V), Bestand (B) und Bewertung (W i. S. v. Wert)[713] wesentliche Bean-

[711] $\{O\}$ steht für den Zustand der Ordnungsmäßigkeit des Jahresabschlusses, $\{\overline{O}\}$ für den Zustand der Nichtordnungsmäßigkeit des Jahresabschlusses.

[712] Vgl. BGH, Urt. vom 15.12.1954, II ZR 322/53, BGHZ 16, 17-31, 23.

[713] Weitere übliche Prüfungsziele sind E = Eigentum, G = Genauigkeit; A = Ausweis.

standungen nicht bestehen. Wesentliche Beanstandungen bestehen nicht, wenn gezielte Prüfungshandlungen nicht zur Aufdeckung von Fehlern ($\neg$V, $\neg$B, $\neg$W) führen, so dass die Ausprägung von $\mathfrak{f}$ unterhalb des zulässigen Parameterwertes liegt. Mittels eines einfachen Modells sollen im Folgenden zunächst Fehlerarten abgeleitet werden:

- Das sich im Zeitablauf vollziehende ökonomische Geschehen ist Bestandteil des Weltverlaufs. Dieser könnte als mehrdimensionaler stochastische Prozess betrachtet werden ($\{X_1(t_1), X_2(t_2), \ldots, X_n(t_n) \mid t_1, t_2, t_n \in T\}$), wobei $X = f(X_1, X_2, \ldots, X_n)$ eine zufällige Größe und $F^{(X_1, X_2, \ldots, X_n)}$ eine n-dimensionale Verteilungsfunktion ist. Φ sei die Menge aller Verteilungsfunktionen X. Aufgrund bestimmter Branchenbesonderheiten und Geschäftsgrundsätzen beinhaltet Φ nur gewisse X (X^u), die zu unternehmensspezifischen Realisationen führen.
- U ist die (Universal)Menge der unternehmensbezogener Realisationen x ($x \subset V \subset \mathbb{R}$, $X^u \rightarrow V$): $U = \{x_1(t_1), x_2(t_2), \ldots, x_n(t_n) \mid t_1, t_2, t_n \in T\}$. Aus der Menge U sind für den Zeitraum Δt_d ($\Delta t_d : [t_m, t_j]; t_j > t_m$) diejenigen x ($x_{\Delta t_d}$) von Bedeutung, die den Tatbestand verwirklichen, an die geltende Rechnungslegungsgrundsätze eine Abbildungspflicht knüpfen. Die Anzahl der $x_{\Delta t_d}$ (N) bestimmt den Umfang sowohl für die rechnungslegungspflichtige Grundgesamtheit ($U_{\Delta t_d} \subseteq U$) als auch die Prüfungsgesamtheit ($Y_{\Delta t_d}$) zu einem Zeitpunkt t_j für eine Zeitperiode Δt_d. Dabei stellt $Y_{\Delta t_d}$ den Soll-Zustand von $U_{\Delta t_d}$ dar ($|Y_{\Delta t_d}| = |U_{\Delta t_d}|$).
- Die durch zwingende Abbildungsgrundsätze definierte Ansatzfunktion zur Abgrenzung von $U_{\Delta t_d}$ aus U sei a_Y. Da die Abbildungspflicht Realisationen aller früheren Zeitpunkte betreffen kann, müssen alle $x \in U$ die Funktion a_Y durchlaufen. b_Y sei die durch die Abbildungsgrundsätze definierte Bewertungsfunktion, die jedem $x_{\Delta t_d}$ ein vom Zeitpunkt t_j abhängiges Merkmal (Wert) zuweist. Es gilt:[714]

[714] Vgl. Göbel, Risikoorientierte Datenprüfung bei unscharfen Informationen, 1998, S. 25.

- $a_Y : U \rightarrow \{0;1\} \equiv a_Y(x) = \begin{cases} 1, \forall x \in Y_{\Delta t_d} \rightarrow b_Y : Y_{\Delta t_d} \rightarrow V_{\Delta t_d} \subset \mathbb{R} \\ 0, \forall x \notin Y_{\Delta t_d}. \end{cases}$

Daraus ableitbar sind Fehlerfunktionen, die Ansatz und Bewertung betreffen und auf den Ist-Zustand von $U_{\Delta t_d}$ wirken:

· Ansatzfehlerfunktion:

$$\mathfrak{f}_{a_Y}(x) = \begin{cases} 0, \forall x \mid x \in Y_{\Delta t_d} \; (A_1) \\ 1, \forall x \mid x \in Y_{\Delta t_d} \wedge x \in U \; (A_2) \\ 1, \forall x \mid x \notin U \; (A_3). \end{cases}$$

Erläuterung:

- Fehlerart A_1: unvollständige Erfassung der $x_{\Delta t_d}$ (Vollständigkeitsproblem),
- Fehlerart A_2: Erfassung bestimmter x, die zwar zur Menge U, nicht aber zur Menge $Y_{\Delta t_d}$ gehören (z.B. Abgrenzungsfehler),
- Fehlerart A_3: Erfassung von x, die nicht zur Menge U gehören (z.B. fraud).

· Bewertungsfehlerfunktion:

$$\mathfrak{f}_{b_Y}(x) = \begin{cases} 0, \forall x \mid x \in Y_{\Delta t_d} \wedge \mathfrak{f}_{a_Y}(x) = 0 \; (B_1) \\ v, \forall x \mid x \notin Y_{\Delta t_d} \wedge x \in U \wedge \mathfrak{f}_{a_Y}(x) = 1 \; (B_2) \\ v, \forall x \mid x \notin U \wedge \mathfrak{f}_{a_Y}(x) = 1 \; (B_3) \\ v, \forall x \mid x \in Y_{\Delta t_d} \; (B_4) \end{cases}$$

wobei $v \in \mathbb{R} \notin V_{\Delta t_d}$.

Erläuterung:

- Fehlerart B_1: fehlende Wertzuweisung aufgrund Fehlerart A_1,
- Fehlerart B_2: unzulässige Wertzuweisung aufgrund Fehlerart A_2,
- Fehlerart B_3: unzulässige Wertzuweisung aufgrund Fehlerart A_3,
- Fehlerart B_4: fehlerhafte Wertzuweisung für $x_{\Delta t_d}$ (Bewertungsproblem).

Die Fehlerarten A_2/B_2, A_3/B_3 und B_4 stellen im Rahmen der Abschlussprüfung „greifbare" Fehler dar, da vorhandene fehlerhafte Elemente in $U_{\Delta t_d}$ enthalten sind. Die Fehlerart A_3/B_3 steht originär aber nicht im Fokus der Prüfungshandlungen. Die Fehlerart A_1/B_1 ist nur schwer aufdeckbar, da der Prüfer Zugriff zur Menge U haben müsste, was regelmäßig nicht der Fall ist. Folgende Figur soll die Problematik verdeutlichen:

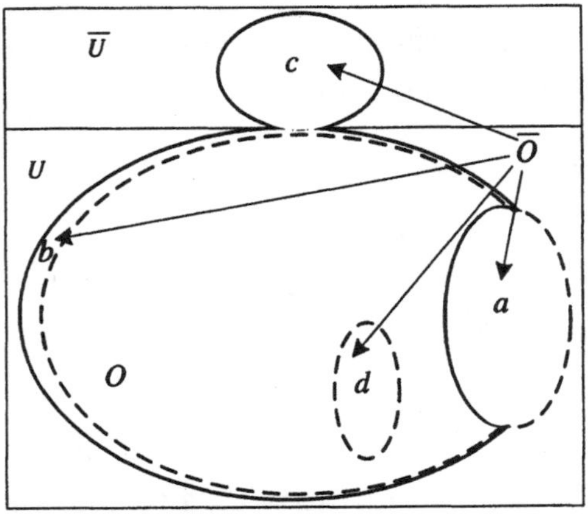

In der Figur stellt die Fläche O (gestrichelte Linie) die Prüfungsgesamtheit $Y_{\Delta t_d}$ dar. Im Gegensatz dazu wird $U_{\Delta t_d}$ mittels der durchgehenden Linie verdeutlicht. Die Flächen O kann im Rahmen der Abschlussprüfung als Ereignis „ein ordnungsmäßiger Abschluss liegt vor" $(\{O\})$ interpretiert werden. Die Flächen a, b, c, d verdeutlichen die Fehlerereignisse A_1/B_1 (a), A_2/B_2 (b), A_3/B_3 (c) und B_4 (d), die das Urteil „$\{O\}$ liegt nicht vor" $(\{\overline{O}\})$ erfordern könnten. Im Unterschied zu a, b und d liegt c nicht in U. Die Fläche a verdeutlicht das Problem der Bestimmung des Grenzfehlers (δ), bei dessen Erreichen zwingend das Urteil $\{\overline{O}\}$ zu treffen ist. Weil die Fläche a unbestimmt bleibt, ist auch O unbestimmt. Die Festlegung des Merkmals „wesentlicher Fehler" setzt aber Kenntnis über die ganze Fläche O voraus.

Weil der Prüfer keinen Zugriff auf die Menge U hat, kann er sich lediglich ein Bild darüber verschaffen, ob die organisatorischen Vorkehrungen im Unternehmen geeignet sind, die Vollständigkeit von U als Voraussetzung für eine Vollständigkeit von $U_{\Delta t_d}$ zu gewährleisten. Das Urteil des Prüfers darüber, ob die Vollständigkeit von U gewährleistet sein könnte, ist ein Glaubwürdigkeitsurteil. Dem Risikofrüherkennungssystem kommt prinzipiell eine Bedeutung dahingehend zu, mögliche Ausprägungen der Fehlerarten A_1/B_1 und A_3/B_3 zu verhindern. Hier ergeben sich zwischen der Beurteilung des Risikofrüherkennungssystems und der Jahresabschlussprüfung Schnittpunkte, weil sich beide Urteile gegenseitig beeinflussen. Daher sollten vor allem die Ergebnisse aufgrund der Beurteilung der organisatorischen Vorkehrungen im Unternehmen hinsichtlich des Risikofrüherkennungssystems bei der Jahresabschlussprüfung ebenso Berücksichtigung finden wie die Ergebnisse aus Systemprüfungen hinsichtlich des internen Kontrollsystems (IKS)[715]. Für die Prüfungsplanung bedeutet dies, die Beurteilung des Risikofrüherkennungssystems zumindest teilweise bereits bei Vorprüfungen vorzusehen.

Erfolgt die Jahresabschlussprüfung unter Berücksichtigung eines evidenztheoretischen Risikomaßes $\mathrm{Pl}(\{\overline{O}\})$ und werden die Ergebnisse der Beurteilung des Risikofrüherkennungssystems und des IKS evidenztheoretisch zu einem Urteil aus „Systemprüfungen" aggregiert, so ergibt sich, ähnlich dem Gedanken eines risikoorientierten Prüfungsansatzes auf der Grundlage klassischer Wahrscheinlichkeiten, unter bestimmten Restriktionen sowie unter Einbezug von analytischen Prüfungen die denkbare Möglichkeit, Grenzprüfungshandlungen für Einzelfallprüfungen ermitteln zu können. Dazu ist im Folgenden abzuleiten, was für evidenztheoretisch orientierte Jahresabschlussprüfungen gelten sollte:

a) Es ist die Falsifizierungsthese zugrunde zu legen. Daraus folgt, dass prüffeldbezoge Evidenzen zielgerichtet insbesondere bezüglich $\{\overline{o}\}$ zu ermitteln sind.
b) Es sind die Zustände $\{o\},\{\overline{o}\},\{o,\overline{o}\}$ zu betrachten.
c) Einfluss auf die Festlegung der Evidenzmassen $m_{1,\ldots,n}$ sollten auch Wesentlichkeitsfragen haben. Dies hat den Vorteil, sämtliche Informationen einer Prüfungshandlung oder eines „Bündels" von Prüfungshandlungen widerspruchsfrei in einer Evidenzmasse für $\{\overline{o}\}$ berücksichtigen zu können.
d) $m(\{\overline{o}\}) = \rho; m(\{o\}) = \nu; m(\{o,\overline{o}\}) = 1 - \rho - \nu.$

[715] Vgl. IDW PS 260 Rn. 38, WPg 52. Jg. 1999, Heft 16, S. 658-662.

e) Da $\mathrm{Bel}(\{o\}) = 1 - \mathrm{Pl}(\{\bar{o}\})$, soll für jedes prüffeldbezogene (Teil)Urteil (De) gelten:[716]

$$De(\{o,\bar{o}\})\begin{cases}\{\bar{o}\}, \text{ wenn } \mathrm{Pl}(\{\bar{o}\}) \geq \iota \\ \{o\}, \text{ sonst.}\end{cases}$$

Soweit z.B. $\iota = 0{,}05$ gelten soll, folgt:

$$De(\{o,\bar{o}\})\begin{cases}\{\bar{o}\}, \text{ wenn } \mathrm{Pl}(\{\bar{o}\}) \geq 0{,}05 \\ \{o\}, \text{ sonst.}\end{cases}$$

- Seien folgende prüffeldbezogene Evidenzen (E) des Prüffeldes D gegeben:
  - Systemprüfung (SP) $m(E_{SP}) : m_{SP}(\{o\}) = 0{,}75; m_{SP}(\{o,\bar{o}\}) = 0{,}25$,
  - Analytische Prüfung (AP) $m(E_{AP}) : m_{AP}(\{\bar{o}\}) = 0{,}4; m_{AP}(\{o,\bar{o}\}) = 0{,}6$,
  - Einzelfallprüfung (EP) $m(E_{EP}) : m_{EP}(\{o\}) = 0{,}85; m_{EP}(\{o,\bar{o}\}) = 0{,}15$,[717]

  so folgt bei gestufter Ermittlung von k[718]:

  $\mathrm{Pl}_D(\{\bar{o}\}) =$

  $k_{m_{SP}(\{\bar{o}\}),m_{AP}(\{o\})} \cdot k_{m_{SP}(\{\bar{o}\}),m_{AP}(\{o\}),m_{EP}(\{o\})} \cdot \mathrm{Pl}_{SP}(\{\bar{o}\}) \cdot \mathrm{Pl}_{AP}(\{\bar{o}\}) \cdot \mathrm{Pl}_{EP}(\{\bar{o}\})$

  $= \frac{1}{1-0{,}4 \cdot 0{,}75} \cdot \frac{1}{1-1{,}429 \cdot 0{,}4 \cdot 0{,}25 \cdot 0{,}85} \cdot 0{,}0375 = 0{,}061.$

  Soweit $\iota = 0{,}05$ festgelegt wurde, müssen weitere Einzelfallprüfungen durchgeführt werden.

- Wird nun unterschieden zwischen Nicht-Einzelfallprüfungen (NEP) und Einzelfallprüfungen und hängt die Anzahl der den Nicht-Einzelfallprüfungen nachgelagerten Einzelfallprüfungen (für wesentliche Prüffelder) von der Höhe $\mathrm{Pl}_{NEP}(\{\bar{o}\})$ ab, so können bei festgelegten Werten ρ bzw. ν für bestimmte Prüfungshandlungen oder eines „Bündels“ bestimmter Prüfungshandlungen und der Prüfungssicherheit (ι) Grenzprüfungshandlungen für den Fall angegeben werden, dass bei nachgelagerten Einzelfallprüfungen keine wesentlichen Fehler ($m_{EP}(\{\bar{o}\}) = 0$) aufgedeckt werden können:

716 Hinsichtlich des Maßes Pl(.) als Prüfungsrisiko vgl. Srivastava/Shafer, Belief-Function Formulas for Audit Risk, 1992, S. 263, 265.

717 Komplexere Darstellung mit Beispiel vgl. Srivastava/Dutta/Johns, An Expert System Approach to Audit Planning an Evaluation in the Belief-Function Framework, 1996, S. 169-173.

718 Siehe S. 225.

- bei stufenweiser Vorgehensweise - $k_{1,\ldots,n}$ = Normierungskoeffizient der ersten bis n-ten Stufe der Kombination unabhängiger Evidenzen, wobei hier zwei Stufen in Anlehnung an das Beispiel zugrunde gelegt werden,
- es gilt: $\iota = k_1 \cdot k_2 \cdot \mathrm{Pl}_{SP}(\{\overline{o}\}) \cdot \mathrm{Pl}_{AP}(\{\overline{o}\}) \cdot \mathrm{Pl}_{EP}(\{\overline{o}\})$ und damit
  - $\mathrm{Pl}_{EP}(\{\overline{o}\}) = \frac{\iota}{k_1 \cdot k_2 \cdot \mathrm{Pl}_{SP}(\{\overline{o}\}) \cdot \mathrm{Pl}_{AP}(\{\overline{o}\})}$
  - $m_{(SP_1,AP_1)_{m_{EP_2=\emptyset}}} = m_{1,2=\emptyset}$ = Evidenzmasse der ersten Kombinationsstufe, die in der zweiten Kombinationsstufe die leere Menge erzeugt,
  - $\mathrm{Pl}_{EP}(\{\overline{o}\}) = \frac{\iota \cdot (1 - K_1 \cdot m_{1,2=\emptyset} \cdot m_{EP}(\{o\}))}{k_1 \cdot \mathrm{Pl}_{SP}(\{\overline{o}\}) \cdot \mathrm{Pl}_{AP}(\{\overline{o}\})}$
    und da $\mathrm{Pl}_{EP}(\{\overline{o}\}) = 1 - m_{EP}(\{o\})$ folgt
  - $m_{EP}(\{o\}) = \frac{1 - \frac{\iota}{k_1 \cdot \mathrm{Pl}_{SP}(\{\overline{o}\}) \cdot \mathrm{Pl}_{AP}(\{\overline{o}\})}}{1 - \frac{\iota \cdot m_{1,2=\emptyset}}{\mathrm{Pl}_{SP}(\{\overline{o}\}) \cdot \mathrm{Pl}_{AP}(\{\overline{o}\})}}$
- aus dem Beispiel ergibt sich eine fehlende Evidenzmasse für $m_{EP}(\{o\})$ von $m_{EP}(\{o\}) = \frac{1 - \frac{0{,}05}{1{,}429 \cdot 1 \cdot 0{,}25}}{1 - \frac{0{,}05 \cdot (0{,}25 \cdot 0{,}4)}{1 \cdot 0{,}25}} = 0{,}878$, die zu $\mathrm{Pl}_D(\{\overline{o}\}) = 0{,}05$ führt
- nach Feststellung der fehlenden Evidenzmasse $m_{EP}(\{o\})$ ist unter der Annahme, dass die Prüfung zu keinen Beanstandungen führt, zu bestimmen, welche Einzelprüfungen (Art und Anzahl) zur Erreichung $m_{EP}(\{o\}) = 0{,}878$ notwendig sind. Soweit jedoch Beanstandungen auftreten, gilt: $(\mathrm{Pl}(\{\overline{o}\})^{\uparrow}) \rightarrow m_{EP}(\{o\}) \neq 0{,}878$.

Ein schwerwiegendes Problem stellt auch hier insbesondere die Bestimmung der Werte für $m_{1,\ldots,n}\{\overline{o}\}$ bzw. $m_{1,\ldots,n}\{o\}$ dar. Zu klären ist,

1) welche Prüfungshandlungen bzw. welche „Bündel“ von Prüfungshandlungen Evidenzen hervorbringen können,
2) welche Anzahl von Prüfungshandlungen jeweils notwendig ist,
3) welche Evidenzmassen (m) einzelnen Evidenzen zugrunde gelegt werden dürfen,
4) inwieweit für Nichtstandardprobleme, insbesondere aufgrund des Grundsatzes der Eigenverantwortung des Wirtschaftsprüfers, mittels „*wenn, dann*“ Beziehungen zumindest in einem bestimmten Rahmen eine standardisierte Bestimmung von Evidenzmassen gelingen könnte.

Die Beantwortung der Fragen steht im Zusammenhang mit den „Grundsätzen ordnungsmäßiger Abschlussprüfung (GoA)", denn einerseits dürfen nur diejenigen Befunde Evidenzen darstellen, die grundsätzlich auf Prüfungshandlungen basieren, die entsprechend dem Einzelfall als angemessen und in Einklang mit den Übungen des Berufsstandes gelten. Anderseits werden unterschiedliche Arten von Prüfungshandlungen auch jeweils nur unterschiedliches Beweisgewicht entfalten dürfen. So werden analytische Prüfungshandlungen nicht dazu befähigen, einem Prüffeld das (Teil-)Urteil $\mathrm{Pl}(\{\overline{o}\}) = 0$ bzw. $\mathrm{Bel}(\{o\}) = 1$ zuweisen zu können. Letztlich bietet sich aber hier die Möglichkeit empirisch zu prüfen, inwieweit der Berufsstand ausgewählten Prüfungshandlungen tatsächlich Evidenzgewicht zuerkennen will.

4.2.5 Berichterstattung

Eine Berichterstattung über das Ergebnis der Beurteilung des Risikofrüherkennungssystems durch den Abschlussprüfers ist immer dann geboten, wenn die Beurteilung im Rahmen des gesetzlichen Auftrags gemäß § 317 IV HGB erfolgt. Der Abschlussprüfer ist verpflichtet, das Ergebnis der Beurteilung im Prüfungsbericht zu erläutern (§ 321 IV S. 1 HGB). Die Erläuterungen müssen in einem besonderen Teil des Prüfungsberichts erfolgen. Dabei muss der Abschlussprüfer im Rahmen der Berichterstattung darauf eingehen, ob das gemäß § 91 II AktG einzurichtende Überwachungssystem zu verbessern ist. Bei der Berichterstattung ist daher explizit auf die Mängel der Maßnahmen des Vorstands einer Aktiengesellschaft einzugehen, die eine Wirksamkeit des Risikofrüherkennungssystems beeinträchtigen. Insoweit zeigt sich hier die Notwendigkeit einer genauen und systematischen Beurteilung des Risikofrüherkennungssystems, denn eine Benennung von Verbesserungen des Systems setzt nicht nur voraus, dass Mängel bestimmt werden konnten, sondern auch, dass diese Mängel nur Sachverhalte betreffen, die tatsächlich von § 91 II AktG erfasst sind.

Das Urteil des Prüfers über die Wirksamkeit des Risikofrüherkennungssystems hat keine direkte Auswirkung auf den Bestätigungsvermerk. Eine indirekte Auswirkung auf den Bestätigungsvermerk könnte hingegen gegeben sein. Ausgangspunkt ist die Notwendigkeit einer Differenzierung bei der Berichterstattung:

Einerseits führen mangelhafte oder fehlende Maßnahmen nach § 91 II AktG, die grundsätzlich Verbesserungen erforderlich machen, zu einer Berichtpflicht nach § 321 IV S. 2 HGB. Hier ergeben sich in der Regel keine Auswirkungen auf den Bestätigungsvermerk.

Andererseits ergibt sich, da das Risikofrüherkennungssystem das Rechnungswesen umfasst, zwingend dann eine Redepflicht nach § 321 I S. 3 HGB, soweit die Mängel einen Verstoß gegen gesetzliche Vorschriften darstellen oder auslösen[719]. Insoweit können Mängel des Risikofrüherkennungssystems indirekt eine Einschränkung oder Versagung des Bestätigungsvermerks in den Fällen erforderlich machen, in denen die Einwände auf solchen Mängeln beruhen, die gleichzeitig zu einer Verletzung der Ordnungsmäßigkeit der Buchführung führen oder mit einer unzureichenden Berichterstattung nach § 289 I HGB verbunden sind[720].

---

[719] Vgl. Eggemann/Konradt, Risikomanagement nach KonTraG aus dem Blickwinkel des Wirtschaftsprüfers, 2000, S. 508.

[720] Vgl. Böcking/Orth, Risikomanagement und das Testat des Abschlußprüfers, 2000, S. 255; vgl. Eggemann/Konradt, Risikomanagement nach KonTraG aus dem Blickwinkel des Wirtschaftsprüfers, 2000, S. 509.

5 Ergebnisse

Die besondere Organisationspflicht des Vorstands einer Aktiengesellschaft aufgrund § 91 II AktG wird im Schrifttum dahingehend diskutiert, inwieweit die Verpflichtung besteht, die Organisation auf das Erkennen und Bewältigen von Risiken auszurichten. Divergierende Ansichten bestehen vor allem zwischen der betriebswirtschaftlichen und juristischen Literatur.
Der Vorstand einer Aktiengesellschaft muss seiner Organisationspflicht nach eigenem Ermessen unter Beachtung der Sorgfalt eines ordentlichen und gewissenhaften Geschäftsleiters nachkommen (§§ 76 I, 93 I S. 1 AktG). Gemäß § 91 II AktG besteht eine Ermessensreduktion für Risikofrüherkennungsmaßnahmen lediglich hinsichtlich des ob, nicht jedoch des wie. Soweit es aber um bestimmte Maßnahmen geht, die eine Ermessensreduktion des Vorstands zur Folge haben könnten, besteht das Problem einer entsprechenden Rechtfertigung. Anforderungen an das Erkennen und Handhaben von Risiken können jedoch nur insoweit gestellt werden, als die dafür nötigen Bedingungen und Möglichkeiten tatsächlich gegeben sind.
Teil 3 (S. 33 - S. 171) der vorliegenden Arbeit untersucht die Möglichkeiten und Grenzen einer Konkretisierung von Maßnahmen nach § 91 II AktG. Teil 4 (S. 173 - S. 251) beschäftigt sich unter Rückgriff auf die Ergebnisse insbesondere des 3. Teils mit der Problematik der Beurteilung der Wirksamkeit eines vom Vorstand einer Aktiengesellschaft eingerichteten Risikofrüherkennungssystems nach § 317 IV HGB.

Zu Beginn von Teil 3 der Arbeit kann zunächst bei der Besprechung des rechtlichen Verpflichtungsrahmens für Vorstände festgestellt werden, dass die h. M. im Schrifttum dem Leitungsorgan aufgrund § 91 II AktG keine neuen Verpflichtungen auferlegen will. Strittig ist jedoch die Konkretisierung der Norm, was insbesondere für die Tätigkeit des Abschlussprüfers unerlässlich ist. Daher muss untersucht werden (S. 35 - S. 62), inwieweit vor allem das betriebswirtschaftliche Schrifttum, angelehnt an das jeweilige Risikoverständnis, ein Risikomanagement konkretisiert, wobei § 91 II AktG überwiegend mit „Risikomanagement“

in Verbindung gebracht wird. Hier zeigt sich, dass hauptsächlich ein generelles Risikomanagement vertreten wird, das Unsicherheit in allen unternehmerischen Entscheidungen, in der gesamten Unternehmenspolitik berücksichtigen will.
Obwohl die Auffassungen des Schrifttums rechtlich unmittelbar nicht verpflichtend sind, ist die Frage zu beantworten, ob betriebswirtschaftliche Erkenntnisse oder Auffassungen Eingang in die Rechtsfindung bei der Feststellung etwaiger Pflichtverletzungen von Leitungsorganen finden können, so dass den Auffassungen des Schrifttums ein gewisser Verbindlichkeitscharakter zukommen könnte. Es stellt sich heraus, dass den Auffassungen eine derartige Bedeutung nicht zukommen kann.
Unter Zugrundelegung der Auswertung juristischer Literatur, der Einführung eines neuen Risikoverständnisses (S. 97) und der Eingrenzung der tatsächlichen Möglichkeiten zur Risikofrüherkennung und Handhabung (S. 100 - S. 155) ergibt sich einerseits, dass „Informationsrisiken" den eigentlichen Grund für das Erfordernis eines Risikomanagements bilden sowie anderseits, dass ein „Risikomanagement" als Leitungspflicht durch §§ 76 I, 93 I, II AktG begründet wird, welches an den grundlegenden Managementfunktionen anzulehnen ist.
Unter Nutzung der Ergebnisse aus der vorangehenden Diskussion in Teil 3, wird ein Risikofrüherkennungssystems nach § 91 II AktG vom Risikomanagement als Pflichteinrichtung nach §§ 76 I, 93 I, II AktG abgrenzt. Ausgangspunkt ist die Bestimmung eines der Norm adäquat zugrunde zu legenden Risikoverständnisses. Die Ableitung wird insbesondere angelehnt an teleologische und historische Gesichtpunkte. Daran anschließend lassen sich gewisse organisatorische Kernelemente ableiten, die letztlich eine Ermessensreduktion für Leitungsorgane darstellen (S. 166 - S. 171).
Gegenstand des 4. Teils der Arbeit ist die Beurteilung des Risikofrüherkennungssystems gemäß § 317 IV HGB. Dabei kann zur Klärung des Problems der fehlenden Konkretisierung der Norm § 91 II AktG auf die Ergebnisse des 3. Teils zurückgegriffen werden.
Die Beurteilung, ob das Risikofrüherkennungssystem im Betrachtungszeitraum wirksam war, bedingt den Prüfungsansatz der Systemprüfung, wobei nach h. M.

eine durchzuführende Systemprüfung keine Geschäftsführungsprüfung sein soll. Es zeigt sich jedoch, dass eine Geschäftsführungsprüfung üblicherweise eine Wirtschaftlichkeitsprüfung sowie Zweckmäßigkeitsprüfung beinhaltet, die Systemprüfung nach § 317 IV HGB aber eine Zweckmäßigkeitsprüfung einschließt. Letztlich erstreckt sich die Prüfung auf die formelle und materielle Ordnungsmäßigkeit, wobei die materielle Ordnungsmäßigkeitsprüfung in eine Zweckmäßigkeits- und Funktionsprüfung zerfällt. Die geltenden Grundsätze für Systemprüfungen sind angelehnt an die Besonderheiten der Beurteilung gemäß § 317 IV HGB anzupassen. Ein notwendiger Systemtest kann dabei teilweise in Anlehnung an die Grundsätze des Whitebox-Testverfahrens erfolgen.
Bei der Urteilsfindung des Abschlussprüfers im Anschluss an den Beurteilungsprozess ergibt sich die Besonderheit, dass das abzugebende Urteil lediglich unscharf sein kann, gleichzeitig aber eine Mangel auslösende Pflichtverletzung vorliegt, soweit sich herausstellt, dass die Beurteilung tatsächlich fehlerhaft war (S. 200 - S. 204). Zur objektivierten Bestimmung unscharfer Urteilskategorien wird zunächst zurückgegriffen auf das juristische Schrifttum und geprüft, welche Anforderungen an Beweise bzw. Beweismaße als Grundlage der Überzeugungsbildung für den Urteilenden gestellt werden (S. 204 - S. 213). Die danach bestehende Möglichkeit der Glaubhaftmachung auf der Grundlage von Indizienreihen und Indizienketten wird bei der folgenden Beurteilung des Risikofrüherkennungssystems berücksichtigt (S. 213 - S. 243).
Kern des Vorschlags einer objektivierten Zuweisung von unscharfen, linguistischen Urteilskategorien ist die Schaffung spezieller „Antwortpfade" (Siehe S. 228), die der Prüfung zugrunde gelegt werden. Diese sind für jeden der drei definierten Prüfungsblöcke zu konstruieren. Ziel ist die Ableitung von Evidenzgewichten für die Wirksamkeit und/oder Unwirksamkeit eines Prüfungsgegenstandes. Auf dieser Grundlage kann mittels der Evidenztheorie nach Dempster/Shafer eine Aggregation der Teilurteile zu Blockurteilen und schließlich zum Gesamturteil erfolgen.

Das der Beurteilung des Risikofrüherkennungssystems zugrunde gelegte Evidenzmodell im Rahmen der Urteilsfindung über den tatsächlichen Vollzug der

Maßnahmen des Vorstands nach § 91 II AktG und deren kontinuierliche Anwendung im Betrachtungszeitraum erweist sich als signifikant sensitiv in den Fällen, in denen lediglich eine geringe Anzahl von Evidenzmassen kombiniert werden. Gleichzeitig zeigt sich hier ein Anknüpfungspunkt für Wirtschaftprüfungsgesellschaften, bei Akzeptanz des Risikomaßes der Plausibilität (Pl(.)) durch dieses Risikomaß die Einhaltung einer definierten Prüfungsqualität sicherzustellen, weil sowohl die Mindestanzahl der für erforderlich erachteten Evidenzen als auch die den Prüfungshandlungen zuzuweisenden Evidenzgewichte einheitlich festgelegt werden müssen.

Letztlich ergibt sich durch die Wechselwirkungen der Ergebnisse der Beurteilung des Risikofrüherkennungssystems und der Jahresabschlussprüfung, dass die Beurteilung des Risikofrüherkennungssystems bereits in der Vorprüfung als Bestandteil der Systemprüfung erfolgen sollte. Soweit eine evidenztheoretisch orientierte Jahresabschlussprüfung erfolgt, können die Evidenzgewichte aus Systemprüfungen und analytischen Prüfungshandlungen zur Abschätzung des Umfangs von erforderlichen Einzelprüfungen verwendet werden (S. 243 - S. 250).

Literaturverzeichnis

Adler/Düring/Schmaltz, Rechnungslegung und Prüfung der Unternehmen, Bd. 7, 6. Auflage, Stuttgart, 2000.

Ahlbehrendt, Norbert/Kempe, Volker, Analyse stochastischer Systeme, Berlin, 1984.

Aktiengesetz Großkommentar, Band 1, 11. Lieferung (§§ 92-94), 4. Auflage, Berlin, 1999.

Albach, Horst, Kampf ums Überleben: Der Ernstfall als Normalfall für Unternehmen in einer freiheitlichen Wirtschaftsordnung, in: ZfB-Erg.-Heft, 49. Jg. 1979, Heft 2, S. 9-22.

Albert, Hans, Zur Kritik der reinen Ökonomie, in: Laski, Kazimierz/Matzner, E. et al., Beiträge zur Diskussion und Kritik der neoklassischen Ökonomie : Festschrift für Kurt W. Rothschild und Josef Steindl, Berlin et al., 1979, S. 11-28.

Altmeppen, Holger, Die Auswirkungen des KonTraG auf die GmbH, in: ZGR, 28. Jg. 1999, S. 291-313.

Altmeppen, Holger, Probleme der Konkursverschleppungshaftung, in: ZIP, 18. Jg. 1997, Heft 27, S. 1173-1185.

Ansoff, Igor H., Managing and Discontinuity - Strategic Response to Weak Signals, in: zfbf, 28. Jg. 1976, S. 129-152.

Arbeitskreis "Externe und Interne Überwachung der Unternehmung" der Schmalenbach-Gesellschaft für Betriebswirtschaft e.V., Auswirkungen des KonTraG auf die Unternehmensüberwachung - KonTraG und Vorstand - KonTraG und Interne Revision - KonTraG und Aufsichtsrat - KonTraG und Wirtschaftsprüfer, in: DB Beilage Nr. 11, 53. Jg. 2000, Heft 37, S. 1-11.

Arbeitskreis "Finanzierungsrechnung" der Schmalenbach-Gesellschaft für Betriebswirtschaft e.V., Empfehlungen, in: Gebhardt, Günther/Mansch, Helmut (Hrsg.), Risikomanagement und Risikocontrolling in Industrie- und Handelsunternehmen, zfbf Sonderheft 46, 2001.

Arrow, Kenneth Joseph, Information and the Organization of Industry, in: Rivista internazionale di scienze soziali, 102. Jg. 1994, Heft 2, S. 111-116.

Arrow, Kenneth Joseph, The Value of and Demand for Information, in: MacGuire, Charles B./Radner, Roy, Decision and Organization, 2. Auflage, Minneapolis, 1986, S. 131-139.

Arrow, Kenneth Joseph, Exposition of the Theory of Choice under Uncertainty, in: MacGuire, Charles B./Radner, Roy, Decision and Organization, 2. Auflage, Minneapolis, 1986, S. 19-55.

Arrow, Kenneth Joseph, Wo Organisation endet - Management an den Grenzen des Machbaren, Wiesbaden, 1980.

Arrow, Kenneth Joseph, Essays in the Theory of Risk-Bearing, 3. Auflage, Amsterdam, 1976.

Bacon, Francis, Das neue Organon, Berlin, 1982.

Baetge, Jörg/Jerschensky, Andreas, Frühwarnsysteme als Instrumente eines effizienten Risikomanagement und -Controlling, in: Controlling, 11. Jg. 1999, Heft 4/5, S. 171-176.

Bamberg, Günter/Trost, Ralf, Entscheidungen unter Risiko: Empirische Evidenz und Praktikabilität, in: BFuP, 48. Jg. 1996, Heft 6, S. 641-662.

Bea, Franz Xaver/Kötzle, Alfred, Ursachen von Unternehmenskrisen und Maßnahmen zur Krisenvermeidung, in: DB, 36. Jg. 1983, Heft 11, S. 565-571.

Beck´scher Bilanz-Kommentar, Handels- und Steuerrecht - §§ 238 - 339 HGB -, München, 2003.

Behnen, Konrad/Neuhaus, Georg, Grundkurs Stochastik, 3. Stuttgart, 1995.

Bender, Hans-Udo, Merkmalskombinationen in Aussagen, Tübingen, 1987.

Bender, Rolf, Das Beweismaß, in: Grunsky, Wolfgang/Stürner, Rolf et al., Festschrift für Fritz Baur, Tübingen, 1981, S. 247-271.

Berliner Initiativkreis German Code of Corporate Governance, German Code of Corporate Governance (GCCG), in: DB, 53. Jg. 2000, Heft 32, S. 1573-1581.

Bernhardt, Wolfgang, Vorstand und Aufsichtsrat (unter Einschluß des Verhältnisses zum Abschlußprüfer), in: Hommelhoff, Peter, Corporate Governance: Gemeinschaftssymposion der Zeitschriften ZHR/ZGR, Heidelberg, 2002, S. 119-130.

Biener, Herbert, Die Erwartungslücke - eine endlose Geschichte, in: Lanfermann, Josef, Internationale Wirtschaftsprüfung, Düsseldorf, 1995, S. 38-64.

Bieta, Volker/Kirchhoff, Johannes/Milde, Hellmuth/Siebe, Wilfried, Risikomanagement und Spieltheorie : wie Global Player mit Risiken umgehen müssen, Bonn, 2002.

Bihr, Dietrich/Deyhle, Albrecht, Risiko-Früherkennungs-System, in: Controller Magazin, 2000, Heft 3, S. 262-269.

Bitz, Horst, Risikomanagement nach KonTraG : Einrichtung von Frühwarnsystemen zur Effizienzsteigerung und zur Vermeidung persönlicher Haftung, Stuttgart, 2000.

Bitz, Horst, Abgrenzung des Risiko-Frühwarnsystems i. e. S. nach KonTraG zu einem umfassenden Risiko-Managementsystem im betriebswirtschaftlichen Sinn, in: BFuP, 52. Jg. 2000, Heft 3, S. 231-241.

Blankenberg, Jürgen, Risikomanagement als betriebswirtschaftliche Aufgabe, in: ZfB, 48. Jg. 1978, S. 329-332.

Bleicher, Knut, Unternehmungsentwicklung und organisatorische Gestaltung, Stuttgart et al., 1980.

Bleicher, Knut/Meyer, Erik, Führung in der Unternehmung. Formen und Modelle, Hamburg, 1976.

Böcking, Hans-Joachim/Orth, Christian, Risikomanagement und das Testat des Abschlußprüfers, in: BFuP, 52. Jg. 2000, Heft 3, S. 242-260.

Böcking, Hans-Joachim/Orth, Christian, Kann das "Gesetz zur Kontrolle und Transparenz im Unternehmensbereich (KonTraG)" einen Beitrag zur Verringerung der Erwartungslücke leisten? - Eine Würdigung auf Basis von Rechnungslegung und Kapitalmarkt, in: WPg, 51. Jg. 1998, Heft 8, S. 351-364.

Bode, Jürgen, Der Informationsbegriff in der Betriebswirtschaftslehre, in: zfbf, 49. Jg. 1997, Heft 5, S. 449-468.

Bolsenkötter, Heinz, Die Prüfung der Ordnungsmäßigkeit der Geschäftsführung, Köln, 1990.

Bosch, Karl, Großes Lehrbuch der Statistik, München et al., 1996.

Boujong, Karlheinz, Rechtliche Mindestanforderungen an eine ordnungsgemäße Vorstandskontrolle und -beratung, in: AG, 40. Jg. 1995, Heft 5, S. 203-207.

Braithwaite, Richard Bevan, Scientific Explanation : A Study of the Function of Theory, Probability and Law in Science, Cambridge, 1968.

Bungartz, Oliver, Risk Reporting : Anspruch, Wirklichkeit und Systematik einer umfassenden Risikoberichterstattung deutscher Unternehmen, Wissenschaft & Praxis, Sternenfels, 2003.

Busse von Colbe, Walther/Laßmann, Gert, Betriebswirtschaftstheorie 1, 5. Auflage, Berlin et al., 1991.

Bussmann, Karl F., Das betriebswirtschaftliche Risiko, Meisenheim am Glan, 1955.

Carnap, Rudolf, Einführung in die Philosophie der Naturwissenschaft, 2. Auflage, München, 1974.

Carnap, Rudolf/Stegmüller, Wolfgang, Induktive Logik und Wahrscheinlichkeit, Wien, 1959.

Carnap, Rudolf, Logical Foundations of Probability, 2. Auflage, London, 1951.

Choquet, Gustave, Theory of capacities, in: Annales de l'Institut Fourier, 5. Jg. 1953, S. 131-295.

Claussen, Carsten Peter/Korth, Hans-Michael, Anforderungen an ein Risikomanagementsystem aus der Sicht des Aufsichtsrates, in: Drygala, Tim/Grunewald, Barbara et al., Deutsches und europäisches Gesellschafts-, Konzern- und Kapitalmarktrecht: Festschrift für Marcus Lutter, Köln, 2000, S. 327-341.

COSO, Internal Control - Integrated Framework, Two-volume edition, New York, 1994

De Finetti, Bruno, Theory of Probability: Volume 1, A critical introductory treatment, 2. Auflage, West Sussex, 1990.

Deilmann, Barbara, Die Stellung des Aufsichtsrates der Aktiengesellschaft nach Inkrafttreten des KonTraG, in: Berger, Klaus Peter/Ebke, Werner F. et al., Festschrift für Otto Sandrock, Heidelberg, 2000, S. 165-178.

Dempster, Arthur P., Upper and Lower Probabilities induced by a Multivalued Mapping, in: Annals of Mathematical Statistics, 38. Jg. 1967, S. 325-339.

Dequech, David, A Brief Note on Keynes, Unknown Probabilities and Uncertainty in a Strong Sense, in: History of Economic Ideas, 5. Jg. 1997, Heft 2, S. 101-110.

Diehl, Carl-Ulrich, Strukturiertes Prüfungsvorgehen durch risikoorientierte Abschlußprüfung, in: Young-Gruppe, Schitag Ernst&Young, Aktuelle Fachbeiträge aus Wirtschaftsprüfung und Beratung : Festschrift zum 65. Geburtstag von Professor Dr. Hans Luik, Stuttgart, 1991, S. 187-215.

Döhring, Jens, Gesamtrisiko-Management von Banken, München et al., 1996.

Dreher, Meinrad, Der Abschluss von D&O-Versicherungen und die aktienrechtliche Zuständigkeitsordnung, in: ZHR, 2001, Heft 165, S. 293-323.

Dreher, Meinrad, Das Ermessen des Aufsichtsrats - Der Aufsichtsrat in der Aktiengesellschaft zwischen Verbandsautonomie und Richterkontrolle, in: ZHR, 1994, Heft 158, S. 614-645.

Dreher, Meinrad, Unternehmen und Politik, in: ZHR, 155. Jg. 1991, S. 349-377.

Drygala, Tim/Drygala, Anja, Wer braucht ein Frühwarnsystem? Zur Ausstrahlungswirkung des § 91 Abs. 2 AktG, in: ZIP, 21. Jg. 2000, Heft 7, S. 297-305.

Eggemann, Gerd/Konradt, Thomas, Risikomanagement nach KonTraG aus dem Blickwinkel des Wirtschaftsprüfers, in: BB, 55. Jg. 2000, Heft 10, S. 503-509.

Elelöf, Per Olof, Beweiswert, in: Grunsky, Wolfgang/Stürner, Rolf et al., Festschrift für Fritz Baur, Tübingen, 1981, S. 343-363.

Elkjaer, Bente, The Learning Organization : An Undelivered Promise, in: Grey, Christopher/Antonacopoulou, Elena, Essential Readings in Management Learning, London et al., 2004, S. 71-87.

Ellsberg, Daniel, Risk, ambiguity, and the savage axioms, in: Quarterly Journal of Economics, 75. Jg. 1961, S. 643-669.

Emmerich, Gerhard, Risikomanagement im Industriebetrieb - gesetzliche Anforderungen und Umsetzung nach dem KonTraG, in: zfbf, 51. Jg. 1999, Heft 11, S. 1075-1089.

Endres, Michael, Organisation der Unternehmensleitung aus Sicht der Praxis, in: ZHR, 1999, Heft 163, S. 441-460.

Essler, Wilhelm Karl, Wissenschaftstheorie II: Theorie und Erfahrung, Freiburg et al., 1971.

Fellner, William, Distortion of subjective probabilities as a reaction to uncertainty, in: Quarterly Journal of Economics, 75. Jg. 1961, S. 670-689.

Fine, Terrence L., Theories of Probability, New York et al., 1973.

Fishburn, Peter C., The Axioms and Algebra of Ambiguity, in: Theory and Decision, 34. Jg. 1993, S. 119-137.

Fishburn, Peter C., On the Theory of Ambiguity, in: International journal of information and management sciences, 2. Jg. 1991, S. 1-16.

Fisz, Marek, Wahrscheinlichkeitsrechnung und mathematische Statistik, 11. Auflage, Berlin, 1989.

Fleischer, Holger, Vorstandsverantwortlichkeit und Fehlverhalten von Unternehmensangehörigen - Von der Einzelüberwachung zur Errichtung einer Compliance-Organisation, in: AG, 48. Jg. 2003, Heft 6, S. 291-300.

Franke, Günter/Hax, Herbert, Finanzwirtschaft des Unternehmens und Kapitalmarkt, 3. Auflage Berlin, 1994.

Freidank, Carl-Christian, Das deutsche Prüfungswesen unter risikoorientierten und internationalen Reformeinflüssen, in: Freidank, Carl-Christian, Die deutsche Rechnungslegung und Wirtschaftsprüfung im Umbruch : Festschrift für Wilhelm Theodor Strobel zum 70. Geburtstag, München, 2001, S. 246-268.

Frese, Erich, Organisationstheorie : Historische Entwicklung - Ansätze - Perspektiven, 2. Auflage, Wiesbaden, 1992.

Füser, Karsten/Gleißner, Werner/Meier, Günter, Risikomanagement (KonTraG) - Erfahrungen aus der Praxis, in: DB, 52. Jg. 1999, Heft 15, S. 753-758.

Gäfgen, Gérard, Theorie der wirtschaftlichen Entscheidung, Tübingen, 1974.

Gärdenfors, Peter, Belief Revision: An Introduction, in: Gärdenfors, Peter, Belief Revision, Cambridge, 1992, S. 1-28.

Gärdenfors, Peter, Die Epistemologie von Erklärungen: Zur Dynamik und Pragmatik epistemischer Zustände, in: Schurz, Gerhard, Erklären und Verstehen in der Wissenschaft, München, 1990, S. 91-123.

Gärdenfors, Peter, Knowledge in Flux: Modeling the Dynamics of Epistemic States, MIT Press: Cambridge, Mass. et al., 1988.

Gerich, Ottokar, Zur Methodologie einer empirischen Betriebswirtschaftslehre, Marburg, 1961.

Gernoth, Jan P., Die Überwachungspflichten des Aufsichtsrats im Hinblick auf das Risiko-Management und die daraus resultierenden Haftungsfolgen für den Aufsichtsrat, in: DStR, 39. Jg. 2001, Heft 8, S. 299-309.

Gillies, Donald A./Ietto-Gillies, Grazia, Probability and economics in the works of Bruno De Finetti, in: Economia internazionale , 40. Jg. 1987, Heft 2, S. 192-211.

Gillies, Donald A., An Objective Theory of Probability, London, 1973.

Gleißner, Werner, Risikopolitik und Strategische Unternehmensführung, in: DB, 53. Jg. 2000, Heft 33, S. 1625-1629.

Gleißner, Werner/Füser, Karsten, Moderne Frühwarn- und Prognosesysteme für Unternehmensplanung und Risikomanagement, in: DB, 53. Jg. 2000, Heft 19, S. 933-941.

Göbel, Stefan, Neuere Prüfungsmethoden und die Aggregation von Prüfungsrisiken, in: Göbel, Stefan/Heni, Bernhard, Unternehmensrechnung, Konzeptionen und praktische Umsetzung - Festschrift zum 68. Geburtstag von Gerhard Scherrer, München, 2004, S. 400-439.

Göbel, Stefan, Risikoorientierte Datenprüfung bei unscharfen Informationen, Berlin, 1998.

Göbel, Stefan, Risikoorientierte Abschlußprüfung, in: Richter, Martin, Theorie und Praxis der Wirtschaftsprüfung - Abschlußprüfung - Interne Revision - kommunale Rechnungsprüfung, Berlin, 1997, S. 41-59.

Göbel, Stefan, Prüfung von EDV-Programmsystemen im Rahmen der Jahresabschlußprüfung, Düsseldorf, 1990.

Goette, Wulf, Leitung, Aufsicht, Haftung - zur Rolle der Rechtsprechung bei der Sicherung einer modernen Unternehmensführung, in: Geiß, Karlmann/Nehm, Kay et al., Festschrift aus Anlaß des fünfzigjährigen Bestehens von Bundesgerichtshof, Bundesanwaltschaft und Rechtsanwaltschaft beim Bundesgerichtshof, Köln et al., 2000, S. 123-142.

Golling, Hans-Joachim, Sorgfaltspflicht und Verantwortlichkeit der Vorstandsmitglieder für ihre Geschäftsführung innerhalb der nicht konzerngebundenen Aktiengesellschaft, Bad Schwartau, 1969.

Gottwald, Peter, Schadenszurechnung und Schadensschätzung, Berlin, 1979.

Götz, Heinrich, Die Pflicht des Aufsichtsrats zur Haftbarmachung von Vorstandsmitgliedern, in: NJW, 50. Jg. 1997, Heft 49, S. 3275-3278.

Götz, Heinrich, Die Überwachung der Aktiengesellschaft im Lichte jüngerer Unternehmenskrisen, in: AG, 40. Jg. 1995, Heft 8, S. 337-353.

Götz, Heinrich, Zustimmungsvorbehalte des Aufsichtsrates der Aktiengesellschaft, in: ZGR, 19. Jg. 1990, Heft 3, S. 633-656.

Granger, Clive William James, Some aspects of causal relationships, in: Journal of Econometrics, 112. Jg. 2003, Heft 1, S. 69-71.

Granger, Clive William James, Some comments on risk, in: Journal of Applied Econometrics, 17. Jg. 2002, Heft 5, S. 447-456.

Grochla, Erwin/Welge, Martin, Zur Problematik der Effizienzbestimmung von Organisationsstrukturen, in: Pfohl, Hans -Christian/Rürup, Bert, Wirtschaftliche Meßprobleme, Köln, 1977, S. 73-91.

Grull, Werner, Die Kontrolle in gewerblichen Unternehmungen : Grundzüge der Kontrolltechnik, Berlin, 1921.

Guserl, Richard, Controllingsystem und Risiko-Management bei projektorientierten Unternehmen, in: Controlling, 11. Jg. 1999, Heft 8/9, S. 425-430.

Gutenberg, Erich, Die Unternehmung als Gegenstand betriebswirtschaftlicher Theorie, Wiesbaden, 1998.

Gutenberg, Erich, Grundlagen der Betriebswirtschaftslehre: Band I, Die Produktion, 24. Auflage Berlin, 1983.

Gutenberg, Erich, Unternehmensführung : Organisation und Entscheidungen, Wiesbaden, 1962.

Gutenberg, Erich, Planung im Betrieb, in: ZfB, 22. Jg. 1952, Heft 12, S. 669-684.

Hahn, Dietger, Frühwarnsystem, in: DBW, 41. Jg. 1981, Heft 2, S. 314-315.

Hahn, Dietger, Frühwarnsysteme, Krisenmanagement und Unternehmungsplanung, in: ZfB-Erg.-Heft, 49. Jg. 1979, Heft 2, S. 25-69.

Hahn, Oswald, Allgemeine Betriebswirtschaftslehre, 3. Auflage München et al., 1997.

Härtter, Erich, Wahrscheinlichkeitsrechnung, Statistik und mathematische Grundlagen, Göttingen, 1987.

Hartwig, Heinrich, Naturwissenschaftliche und Sozialwissenschaftliche Statistik, in: Zeitschrift für die gesamte Staatswissenschaft, 112. Jg. 1956, Heft 12, S. 252-266.

Hax, Herbert/Laux, Helmut, Flexible Planung - Verfahrensregeln und Entscheidungsmodelle für die Planung bei Ungewißheit, in: ZfbF, 24. Jg. 1972, S. 318-340.

Hax, Karl, Mitbestimmung als organisatorisches Problem in der Unternehmungswirtschaft, in: Brandt, Leo, Wissenschaft und Praxis: Festschrift zum zwanzigjährigen Bestehen des Westdeutschen Verlages, Köln, 1967, S. 283-300.

Heermann, Peter W., Unternehmerisches Ermessen, Organhaftung und Beweislastverteilung, in: ZIP, 19. Jg. 1998, Heft 18, S. 761-769.

Heermann, Peter W., Wie weit reicht die Pflicht des Aufsichtsrats zur Geltendmachung von Schadensersatzansprüchen gegen Mitglieder des Vorstandes?, in: AG, 43. Jg. 1998, Heft 5, S. 201-211.

Heinemann, Frank, Rationalisierbare Erwartungen: Eine entscheidungstheoretische Fundierung ökonomischer und spieltheoretischer Gleichgewichtskonzepte, Heidelberg, 1995.

Heinen, Edmund, Einführung in die Betriebswirtschaftslehre, 9. Wiesbaden, 1985.

Hempel, Carl Gustav, Aspekte wissenschaftlicher Erklärungen, Berlin et al., 1977.

Hempel, Carl Gustav, Wissenschaftliche und historische Erklärungen, in: Albert, Hans, Theorie und Realität : Ausgewählte Aufsätze zur Wissenschaftslehre der Sozialwissenschaften, 2. Auflage, Tübingen, 1972, S. 237-261.

Henn, Günter, Handbuch des Aktienrechts, Heidelberg, 2002.

Henselmann, Klaus, Das KonTraG und seine Anforderungen an das Risikomanagement, in: Götze, Uwe/Henselmann, Klaus et al., Risikomanagement, Heidelberg, 2001, S. 29-46.

Henssler, Martin, D&O-Versicherung in Deutschland, in: Henze, Hartwig/Hoffmann-Becking, Michael, RWS-Forum Gesellschaftsrecht 2001, Köln, 2001, S. 131-158.

Henze, Hartwig, Entscheidungen und Kompetenzen der Organe in der AG: Vorgaben der höchstrichterlichen Rechtsprechung, in: BB, 56. Jg. 2001, Heft 2, S. 53-61.

Henze, Hartwig, Leitungsverantwortung des Vorstands - Überwachungspflicht des Aufsichtsrats, in: BB, 55. Jg. 2000, Heft 5, S. 209-216.

Heukamp, Wessel, Abschlußprüfer und Haftung, Köln et al., 1999.

Hirshleifer, Jack/Riley, John G., The Analytics of Uncertainty and Information, Cambridge, 1994.

Holz, Hartmut, Entscheidungen bei Unsicherheit - Axiome für das ∏-Maximin-Prinzip und verwandte Ansätze, Hamburg, 1995.

Hommelhoff, Peter, Risikomanagement im GmbH-Recht, in: Berger, Klaus Peter/Ebke, Werner F. et al., Festschrift für Otto Sandrock, Heidelberg, 2000, S. 165-178.

Hommelhoff, Peter, Die neue Position des Abschlußprüfers im Kraftfeld der aktienrechtlichen Organisationsverfassung, in: Baetge, Jörg, Auswirkungen des KonTraG auf Rechnungslegung und Prüfung, Düsseldorf, 1999, S. 115-174.

Hommelhoff, Peter/Schwab, Martin, Zum Stellenwert betriebswirtschaftlicher Grundsätze ordnungsmäßiger Unternehmensleitung und -überwachung im Vorgang der Rechtserkenntnis, in: von Werder, Axel (Hrsg.), zfbf Sonderheft 36: Grundsätze ordungsmäßiger Unternehmensführung (GoF), für die Unternehmensleitung (GoU), Überwachung (GoÜ) und Abschlußprüfung (GoA), 1996, S. 149-178.

Hommelhoff, Peter, Die Autarkie des Aufsichtsrats, in: ZGR, 12. Jg. 1983, Heft 4, S. 551-580.

Hopfenbeck, Waldemar, Allgemeine Betriebswirtschaft- und Managementlehre, Landsberg am Lech, 1989.

Hopt, Klaus J., Unternehmensführung, Unternehmenskontrolle, Modernisierung des Aktienrechts - Zum Bericht der Regierungskommission Corporate Governance, in: ZHR Sonderheft 71, 2002, S. 27-67.

Hopt, Klaus J., Die Haftung von Vorstand und Aufsichtsrat, in: Immenga, Ulrich/Möschel, Wernhard et al., Festschrift für Ernst Joachim Mestmäcker, Baden-Baden, 1996, S. 909-931.

Horn, Norbert, Die Haftung des Vorstands der AG nach § 93 AktG und die Pflichten des Aufsichtsrats, in: ZIP, 18. Jg. 1997, Heft 26, S. 1129-1139.

Horváth, Péter, Strategieumsetzung als Führungsaufgabe, in: Wildemann, Horst, Organisation und Personal : Festschrift für Rolf Bühner, München, 2004, S. 357-367.

Horváth, Péter, Controlling, 9. Auflage, München, 2003.

Horváth, Péter, Controlling, 8. Auflage, München, 2002.

Horváth, Péter, Effektives und schlankes Controlling - Herausforderungen an den Controller, in: Horváth, Péter, Effektives und schlankes Controlling, Stuttgart, 1992, S. 1-9.

Huber, Michael, Das Beweismaß im Zivilprozeß, Köln, 1983.

Hüffer, Uwe, Aktiengesetz, München, 2002.

Hume, David, Ein Traktat über die menschliche Natur, Band I. Über den Verstand, 2. Auflage, Hamburg, 1989.

Hume, David, Eine Untersuchung über den menschlichen Verstand, Berlin, 1965.

Institut der Wirtschaftsprüfer/F.A.Z.-Institut, Wirtschaftsprüfung und Corporate Governance - Der Beitrag von Rechnungslegung und Abschlussprüfung zu einer wachsamen Unternehmensüberwachung, Frankfurt a. M., 2002.

Jacob, Herbert, Unsicherheit und Flexibilität. Zur Theorie der Planung unter Unsicherheit, in: ZfB, 44. Jg. 1974, Heft 5, S. 299-326.

Janke, Günter, Interne Revision und Unternehmensinsolvenz, in: BuW, 54. Jg. 2000, Heft 6, S. 213-221.

Jeffreys, Harold, Theory of Probability, 3. Auflage, Oxford, 1961.

Jung, Astrid, Erweiterung der Abschlußprüfung von Kapitalgesellschaften, Berlin, 1996.

Juristentag, 61. Deutscher, Die Beschlüsse, in: NJW, 41. Jg. 1996, Heft 45, S. 2994-2999.

Kant, Immanuel, Kritik der Urteilskraft, Hamburg, 2001.

Karni, Edi, On the Representation of Beliefs by Probabilities, in: The Journal of Risk and Uncertainty, 26. Jg. 2003, Heft 1, S. 17-38.

Karten, Walter, Risk Management, in: Kern, Werner/Köhler, Richard et al., Handwörterbuch der Betriebswirtschaft - Teilband 3, Stuttgart, 1993, Sp. 3825-3836.

Kästner, Karin, Aktienrechtliche Probleme bei der D&O-Versicherung, in: AG, 45. Jg. 2000, Heft 3, S. 113-122.

Katterle, Siegfried, Normative und explikative Betriebswirtschaftslehre, Göttingen, 1964.

Katzner, Donald W., Time, Ignorance and Uncertainty in Economic Models, Michigan, 2001.

Kessler, Manfred H., Die Leitungsmacht des Vorstands einer Aktiengesellschaft (I), in: AG, 40. Jg. 1995, Heft 2, S. 61-76.

Keynes, John Maynard, The collected writings of John Maynard Keynes : A treatise on probability, Macmillan Cambridge University Press for the Royal Economic Society, Cambridge, 1988.

Kindler, Peter, Unternehmerisches Ermessen und Pflichtenbindung, in: ZHR, 162. Jg. 1998, S. 101-119.

Kindler, Peter, Bezugsrechtsausschluß und unternehmerisches Ermessen nach deutschem und europäischem Recht, in: ZGR, 27. Jg. 1998, Heft 1, S. 35-68.

Klein, Robert/Scholl, Armin, Planung und Entscheidung, München, 2004.

Klir, George J., Measures of uncertainty in the Dempster-Shafer theory of evidence, in: Yager, Ronald R./Fedrizzi, Mario et al., Advances in the Dempster-Shafer theory of evidence , New York, 1994, S. 35-49.

Klir, George J./Wierman, Mark J., Uncertainty-Based Information : Elements of Generalized Information Theory, Heidelberg, 1998.

Knight, Frank Hyneman, Risk, Uncertainty and Profit, Chicago et al., 1971.

Koboldt, Christian/Leder, Matthias/Schmidtchen, Dieter, Ökonomische Analyse des Rechts, in: WiSt, 21. Jg. 1992, Heft 7, S. 334-342.

Kofler, Eduard/Menges, Günter, Entscheidungen bei unvollständigen Informationen, Berlin et al., 1976.

Kohlas, Jürg/Monney, Paul André, Theory of Evidence - A Survey of its Mathematical Foundations, Applications and Computational Aspects, in: ZOR - Mathematical Methods of Operations Research, 39. Jg. 1994, S. 35-68.

Kolmogoroff, Andrej Nicolajewitsch, Grundbegriffe der Wahrscheinlichkeitsrechnung, Berlin, 1933.

Kolmogoroff, Andrej Nicolajewitsch, Über die analytischen Methoden in der Wahrscheinlichkeitsrechnung, in: Mathematische Annalen, 104. Jg. 1931, S. 415-458.

Kosiol, Erich, Grundprobleme der Ablauforganisation, in: Grochla, Erwin, Handbuch der Organisation, 2. Auflage, Stuttgart, 1980, Sp. 1-8.

Kosiol, Erich, Aufbauorganisation, in: Grochla, Erwin, Handbuch der Organisation, 2. Auflage, Stuttgart, 1980, Sp. 179-187.

Kosiol, Erich, Organisation der Unternehmung, 2. Auflage, Wiesbaden, 1976.

Kosiol, Erich, Grundlagen und Methoden der Organisationsforschung, 2. Auflage, Berlin, 1968.

KPMG, Prüfung von Risikomanagement-Systemen gemäß § 317 Abs. 4 HGB, Berlin, 1999.

KPMG, Integriertes Risikomanagement, Berlin, 1998.

Kreikebaum, Hartmut, Der Einfluß von Gutenbergs Organisationskonzeption auf moderne Ansätze der Organisation, in: Albach, Horst/Eymann, Egbert et al., Die Theorie der Unternehmung in Forschung und Praxis, Berlin et al., 1999, S. 570-584.

Krickeberg, Klaus/Ziezold, Herbert, Stochastische Methoden, 3. Auflage, Berlin et al., 1988.

Kromschröder, Bernhard/Lück, Wolfgang, Grundsätze risikoorientierter Unternehmensüberwachung, in: ZIP, 33. Jg. 1998, Heft 5, S. 237-248.

Kruse, Rudolf/Gebhardt, Jörg/Klawonn, Frank, Fuzzy Systeme, Stuttgart, 1995.

Krystek, Ulrich/Müller, Michael, Frühaufklärungssysteme - Spezielle Informationssysteme zur Erfüllung der Risikokontrollpflicht nach KonTraG, in: Controlling, 11. Jg. 1999, Heft 4/5, S. 177-183.

Kübler, Friedrich, Erwerbschancen und Organpflichten, in: Hadding, Walther/Immenga, Ulrich et al., Handelsrecht und Wirtschaftsrecht in der Bankpraxis: Festschrift für Winfried Werner, Berlin et al., 1984, S. 437-448.

Kuhl, Karin/Nickel, Johann-Peter, Risikomanagement im Unternehmen - Stellt das KonTraG neue Anforderungen an die Unternehmen?, in: DB, 52. Jg. 1999, Heft 3, S. 133-139.

Künnemann, Martin/Brunke, Ulrike, Geschäftsführungsprüfung, in: Ballwieser, Wolfgang/Coenenberg, Adolf G. et al., Handwörterbuch der Rechnungslegung und Prüfung, Stuttgart, 2002, S. 921-933.

Küpper, Hans-Ulrich, Controlling - Konzeption, Aufgabe und Instrumente, Stuttgart, 2001.

Kupsch, Peter, Risikomanagement, in: Corsten, Hans/Reiß, Michael, Handbuch Unternehmungsführung : Konzepte - Instrumente - Schnittstellen, Wiesbaden, 1995, S. 529-543.

Kupsch, Peter, Unternehmensziele, Stuttgart et al., 1979.

Kupsch, Peter, Risiken als Gegenstand der Unternehmungspolitik, in: WiSt, 4. Jg. 1975, Heft 4, S. 153-159.

Lachnit, Laurenz/Müller, Stefan, Risikomanagement nach KonTraG und Prüfung des Systems durch den Wirtschaftsprüfer, in: Freidank, Carl-Christian, Die deutsche Rechnungslegung und Wirtschaftsprüfung im Umbruch : Festschrift für Wilhelm Theodor Strobel zum 70. Geburtstag, München, 2001, S. 363-393.

Laux, Helmut, Entscheidungstheorie, 6. Auflage, Berlin, 2005.

Laux, Helmut, Grenzen einer Informations- und Entscheidungstheorie, in: zfbf, 48. Jg. 1996, Heft 5, S. 492-512.

Laux, Helmut, Zur Entscheidung bei Fehlen objektiver Wahrscheinlichkeiten, in: ZfB, 46. Jg. 1976, S. 59-68.

Laux, Helmut, Der Wert von Informationen für Kontrollentscheidungen, in: zfbf, 26. Jg. 1974, S. 433-450.

Lawrence, David B., The Economic Value of Information, New York, 1999.

Leffson, Ulrich, Wirtschaftsprüfung, 4. Auflage, Wiesbaden, 1991.

Leffson, Ulrich, Die Grundsätze ordnungsmäßiger Buchführung, 7. Auflage, Düsseldorf, 1987.

Lehner, Ulrich, Risikomanagement - ein Gegenstand der Abschlußprüfung, in: Baetge, Jörg, Auswirkungen des KonTraG auf Rechnungslegung und Prüfung, Düsseldorf, 1999, S. 23-41.

Leipold, Dieter, Beweismaß und Beweislast im Zivilprozeß, Berlin, 1985.

Lindstädt, Hagen, Das modifizierte Hurwitz-Kriterium für untere und obere Wahrscheinlichkeiten, Leipzig, 2002.

Liu, Weiru, Propositional, Probabilistic and Evidential Reasoning: Integrating Numerical and Symbolic Approaches, Heidelberg, 2001.

Löhr, Dirk, Implementation eines prüfungsfähigen Risikomanagementsystems - Anforderungen nach KonTraG, in: StB, 51. Jg. 2000, Heft 8, S. 312-318.

Loitlsberger, Erich, Zum Informationsbegriff und zur Frage der Auswahlkriterien von Informationsprozessen, Wiesbaden, 1963.

Lorenz, Hans-Walter, Wirtschaftliche Entwicklung, Determinismus und komplexes Systemverhalten, in: Weise, Peter, Individuelles Verhalten und kollektive Phänomene, Frankfurt a. M. et al., 1990, S. 180-213.

Lück, Wolfgang, Managementrisiken im Risikomanagementsystem, in: DB, 53. Jg. 2000, Heft 30, S. 1473-1477.

Lück, Wolfgang, Betriebswirtschaftliche Aspekte der Einrichtung eines Überwachungssystems und eines Risikomanagementsystems, in: Dörner, Dietrich/ Mendol, Günter et al., Reform des Aktienrechts, der Rechnungslegung und Prüfung, Stuttgart, 1999, S. 139-176.

Lück, Wolfgang, Elemente eines Risiko-Managementsystems - Die Notwendigkeit eines Risko-Managementsystems durch den Entwurf eines Gesetzes zur Kontrolle und Transparenz im Unternehmensbereich (KonTraG) -, in: DB, 1998, Heft 1/2, S. 8-14.

Lück, Wolfgang/Hunecke, Jörg, Die Bedeutung des Risikomanagementsystems und des Überwachungssystems zur Sicherung der Überlebensfähigkeit von Unternehmen, in: Stbg, 1998, Heft 11, S. 513-519.

Lück, Wolfgang/Makowski, Andreas, Internal Control - COSO-Report, Guidance on Criteria of Control, Internal Financial Control, in: WPK-Mitt., 35. Jg. 1996, Heft 3, S. 157-160.

Lutter, Marcus, Haftung und Haftungsfreiräume des GmbH - Geschäftsführers, in: GmbH Rundschau, 91. Jg. 2000, Heft 7, S. 301-312.

Lutter, Marcus, Defizite für eine effiziente Aufsichtsratstätigkeit und gesetzliche Möglichkeiten der Verbesserung, in: ZHR, 159. Jg. 1995, S. 287-309.

Lutter, Marcus, Zum unternehmerischen Ermessen des Aufsichtsrats, in: ZIP, 16. Jg. 1995, Heft 6, S. 441-442.

Lutter, Marcus, Unternehmensplanung im Aufsichtsrat, in: AG, 36. Jg. 1991, Heft 8, S. 249-255.

MacCrimmon, Kenneth R./Wehrung, Donald A., Taking Risk - The Management of Uncertainty, New York et al., 1986.

Mackie, John Leslie, The Cement of the Universe : A Study of Causation, Clarendon Press: Oxford et al., 1980.

Mag, Wolfgang, Unternehmensführung in instrumenteller, personeller und institutioneller Sicht, in: Laßmann, Gert (Hrsg.), zfbf Sonderheft 47 : Neuere Ansätze der Betriebswirtschaftslehre - in memoriam Karl Hax, 2001, S. 89-113.

Mag, Wolfgang, Planungsstufen und Informationsteilprozesse, in: ZfbF, 23. Jg. 1971, S. 803-830.

March, James Gardner, Beschränkte Rationalität, Ungewißheit und die Technik der Auswahl, in: March, James Gardner, Entscheidung und Organisation, Wiebaden, 1990, S. 297-328.

March, James Gardner/Shapira, Zur, Mangerial perspectives on risk and risk taking, in: Management Science, 33. Jg. 1987, Heft 11, S. 1404-1418.

March, James Gardner/Simon, Herbert Alexander, Organisation und Individuum - Menschliches Verhalten in Organisationen, Wiesbaden, 1976.

Martens, Klaus-Peter, Die Entscheidungsautonomie des Vorstands und die "Basisdemokratie" in der Aktiengesellschaft, in: ZHR, 147. Jg. 1983, S. 377-428.

Medicus, Dieter, Deliktische Außenhaftung der Vorstandsmitglieder und Geschäftsführer, in: ZGR, 27. Jg. 1998, Heft 3, S. 570-585.

Menges, Günter, Grundriß der Statistik Teil 1: Theorie, 2. Auflage, Köln, 1972.

Menges, Günter, Grundmodelle wirtschaftlicher Entscheidungen : Einführung in moderne Entscheidungstheorien unter besonderer Berücksichtigung volks- und betriebswirtschaftlicher Anwendungen, Köln et al., 1969.

Menges, Günter, Die Überwindung der Ungewißheit, in: Brandt, Leo, Wissenschaft und Praxis: Festschrift zum zwanzigjährigen Bestehen des Westdeutschen Verlages, Köln, 1967, S. 357-387.

Mensch, Gerhard, Risiko und Unternehmensführung : Eine systemorientierte Konzeption zum Risikomanagement, Frankfurt a. M. et al., 1991.

Merkt, Hanno, Unternehmensleitung und Interessenkollision, in: ZHR, 159. Jg. 1995, S. 423-453.

Mertens, Hans-Joachim, Aufsichtsrat und Organhaftung, in: AG - Sonderheft Aktienrechtsreform 1997, 1997, S. 70-72.

Mertens, Hans-Joachim, § 76 - 117 AktG und Mitbestimmung im Aufsichtsrat, in: Kölner Kommentar zum Aktiengesetz, 2. Jg. 1996,

Mertens, Hans-Joachim, Korreferat, in: ZGR, 2. Jg. 1977, S. 270-289.

Mikus, Barbara, Risiko und Risikomanagement - ein Überblick, in: Götz, Uwe/ Henselmann, Klaus et al., Risikomanagement, Heidelberg, 2001, S. 3-28.

Mikus, Barbara, Zur Integration des Risikomanagements in den Führungsprozess, in: ZP, 16. Jg. 1999, Heft 1, S. 85-110.

Mill, John Stuart, A system of logic, ratiocinative and inductive : being a connected view of the principles of evidence and the methods of scientific investigation, Toronto et al., 1973.

Morgenstern, Dietrich, Einführung in die Wahrscheinlichkeitsrechnung und mathematische Statistik, 2. Auflage, Berlin et al., 1968.

Morgenstern, Oskar, Über die Genauigkeit wirtschaftlicher Beobachtungen, Wien et al., 1965.

Moxter, Adolf, Methodologische Grundfragen der Betriebswirtschaftlehre, Köln et al., 1957.

Müller, Günter, Strategische Frühaufklärung, München, 1981.

Müller-Merbach, Heiner, Ansätze zur Optimierung der Aufbauorganisation, in: Grochla, Erwin, Handbuch der Organisation, 2. Auflage, Stuttgart, 1980, Sp. 187-200.

Münchner Kommentar zum Handelsgesetzbuch, Band 4, Drittes Buch, Handelsbücher, §§ 238 - 342a, München, 2001.

Mutter, Stefan, Unternehmerische Entscheidungen und Haftung des Aufsichtsrates der Aktiengesellschaft, Köln, 1994.

Nägele, Stefan/Nestel, Fred, Entlastung des GmbH-Geschäftsführers und des AG-Vorstands - Chancen und Risiken in der Praxis, in: BB, 55. Jg. 2000, Heft 25, S. 1253-1258.

Nann, Werner, Wirtschaftsprüferhaftung - Geltendes Recht und Reformüberlegungen-, Frankfurt a. M., 1985.

Neubeck, Guido, Prüfung von Risikomanagementsystemen, Düsseldorf, 2003.

Neumann, Horst, Aufbau eines Risikomanagement - insbesondere eines Frühwarnsystems - als Anforderungen der neuen gesetzlichen Regelungen zur Kontrolle und Transparenz im Unternehmensbereich (KonTraG), in: BuW, 19. Jg. 1998, S. 721-730.

Nguyen, Hung T., On Random Sets and Belief Functions, in: Journal of Mathematical Analysis and Applications, 65. Jg. 1978, S. 531-542.

Nicklisch, Heinrich, Der Weg aufwärts!: Organisation, 2. Auflage, Stuttgart, 1922.

Nicklisch, Heinrich, Wirtschaftliche Betriebslehre, 6. Auflage, Stuttgart, 1922.

Orth, Christian, Abschlußprüfung und Corporate Governance : vom Financial Audit zum Business Audit vor dem Hintergund der Erwartungslücke , Wiesbaden, 2000.

Oser, Peter/Orth, Christian/Wader, Dominic, Die Umsetzung des Deutschen Corporate Governance Kodes in der Praxis, in: DB, 56. Jg. 2003, Heft 25, S. 1337-1341.

Ossadnik, Wolfgang, Controlling, München et al., 2003.

Pfohl, Hans-Christian, Planung und Kontrolle, Stuttgart, 1981.

Pfohl, Hans-Christian, Messung subjektiver Wahrscheinlichkeiten, in: Pfohl, Hans- Christian/Rürup, Bert, Wirtschaftliche Meßprobleme, Köln, 1977, S. 23-35.

Picot, Arnold/Dietl, Helmut/Franck, Egon, Organisation. Eine ökonomische Perspektive, 3. Auflage, Stuttgart, 2002.

Picot, Arnold, Organisation, in: Bitz, Michael/Dellmann, Klaus et al., Vahlens Kompendium der Betriebswirtschaftslehre Band 2, 3. Auflage, München, 1993, S. 101-174.

Pollanz, Manfred, Offene Fragen der Prüfung von Risikomanagementsystemen nach KonTraG - Paradigmenwechsel im wirtschaftlichen Prüfungswesen oder vom risikoorientierten zum systematisch-evolutionären Prüfungsansatz? -, in: DB, 54. Jg. 2000, Heft 25, S. 1317-1325.

Pollanz, Manfred, Konzeptionelle Überlegungen zur Einrichtung und Prüfung eines Risikomanagementsystems - Droht eine Mega-Erwartungslücke?, in: DB, 52. Jg. 1999, Heft 8, S. 393-399.

Popper, Karl Raimund, Eine Welt der Propensitäten, Tübingen, 1995.

Popper, Karl Raimund, Logik der Forschung, 10. Auflage, Tübingen, 1994.

Popper, Karl Raimund, The Propensity Interpretation of Probability, in: British Journal for the Philosophy of Science, 10. Jg. 1959, S. 25-42.

Potthoff, Erich, Prüfung der Ordnungsmäßigkeit der Geschäftsführung: ein betriebswirtschaftlicher Kommentar, Stuttgart et al., 1982.

Potthoff, Erich, Zur Durchführung der Geschäftsführungsprüfung, in: DB, 34. Jg. 1981, Heft 44, S. 2185-2188.

Raiffa, Howard, Risk, Ambiguity, and the savage axioms: comment, in: Quarterly Journal of Economics, 75. Jg. 1961, S. 690-694.

Raiser, Thomas, Das Unternehmensinteresse, in: Reichert-Facilides, Fritz/Rittner, Fritz et al., Festschrift für Reimer Schmidt, Karlruhe, 1976, S. 101-119.

Reichenbach, Hans, The Theory of Probability : an inquiry into the logical and mathematical foundations of the calculus of probability, 2. Auflage, Berkeley et al., 1971.

Reichenbach, Hans, Philosophie der Raum-Zeit-Lehre, Berlin et al., 1928.

Reichmann, Thomas/Richter, Hermann J., Integriertes Chancen- und Risikomanagement mit der Balanced Chance and Risk-Card auf Basis eines mehrdimensionalen Informationsversorgungskonzeptes, in: Laßmann, Gert, Neuere Ansätze der Betriebswirtschaftslehre - in memoriam Karl Hax, 2001, S. 177-205.

Rieger, Wilhelm, Einführung in die Privatwirtschaftslehre, Nürnberg, 1928.

Rittner, Fritz, Zur Verantwortung der Unternehmensleitung, in: JZ, 35. Jg. 1980, Heft 4, S. 113-118.

Rittner, Fritz, Zur Verantwortung des Vorstandes nach § 76 Abs. 1 AktG 1965, in: Ballerstedt, Kurt/Hefermehl, Wolfgang, Festschrift für Ernst Gessler, München, 1971, S. 139-158.

Röckrath, Luidger, Kausalität, Wahrscheinlichkeit und Haftung : Rechtliche und ökonomische Analyse, München, 2004.

Röhricht, Volker, Von Rechtswissenschaft und Rechtsprechung, in: ZGR, 28. Jg. 1999, S. 445-478.

Rommé, Oliver, Der Anscheinsbeweis im Gefüge von Beweiswürdigung, Beweismaß und Beweislast, Berlin, 1989.

Rutherford, Malcom, Rational Expectations in the Light of Modern Psychology, in: Research in the History of Economic Thought and Methodology, 7. Jg. 1990, S. 127-140.

Saage, Gustav, Die Durchführung der Geschäftsführungsprüfung, in: WPg, 20. Jg. 1967, Heft 9, S. 225-233.

Salmon, Wesley Charles, Causality and Explanation, Oxford et al., 1998.

Salmon, Wesley C., The Justification of Inductive Rules of Inference, in: Lakatos, Imre, The Problem of Inductive Logic : Proceedings of the International Colloquium in the Philosophy of Science, London, 1965, Amsterdam, 1968, S. 24-43.

Savage, Leonard J., The Foundations of Statistics, 2. Auflage, New York, 1972.

Schäfer, Joachim G., Das Überwachungssystem nach § 91 Abs. 2 AktG unter Berücksichtigung der besonderen Pflichten des Vorstands, Köln, 2001.

Scheffler, Eberhard, Die Überwachungsaufgabe des Aufsichtsrates im Konzern, in: DB, 47. Jg. 1994, Heft 16, S. 793-799.

Scherer, Inge, Das Beweismaß bei der Glaubhaftmachung, Berlin, 1996.

Schlömer, Robert, Das aktienrechtliche Überwachungssystem unter Berücksichtigung der Besonderheiten von Unternehmenskrisen, Köln, 1985.

Schmidt, Ulrich, Ist das Unabhängigkeitsaxiom eine notwendige Voraussetzung der präskriptiven Entscheidungstheorie?, in: ZfB, 72. Jg. 2002, Heft 3, S. 317-329.

Schneeweiß, Hans, Kritische Bemerkungen zur Kritik am Wahrscheinlichkeitssubjektivismus, in: Statistische Hefte, 18. Jg. 1977, Heft 1, S. 218-232.

Schneider, Dieter, Betriebswirtschaftslehre: Band IV, Geschichte und Methoden der Wirtschaftswissenschaften, München, 2001.

Schneider, Dieter, Vorläufer der Lehre von den Kernkompetenzen: von Xenophons Kyrupaedie über Babbage's Prinzip zu Lists "Gesetz der Kraftvereinigung" in: Glaser, Horst/Schröder, Ernst F. et al., Organisation im Wandel der Märkte : Erich Frese zum 60. Geburtstag, Wiesbaden, 1998, S. 343-358.

Schneider, Dieter, Betriebswirtschaftslehre: Band III, Theorie der Unternehmen, München, 1997.

Schneider, Dieter, Betriebswirtschaftslehre: Band II, Rechnungswesen, 2. Auflage, München, 1997.

Schneider, Dieter, Informations- und Entscheidungstheorie, München, 1995.

Schneider, Dieter, Investition, Finanzierung und Besteuerung, 7. Auflage, Wiesbaden, 1992.

Schneider, Dieter, Controlling im Zwiespalt zwischen Koordination und interner Mißerfolgs-Verschleierung, in: Horváth, Péter, Effektives und schlankes Controlling, Stuttgart, 1992, S. 11-35.

Schneider, Dieter, Allgemeine Betriebswirtschaftslehre, 3. Auflage München et al., 1987.

Schneider, Dieter, Meßbarkeitsstufen subjektiver Wahrscheinlichkeiten als Erscheinungsformen der Ungewißheit, in: zfbf, 31. Jg. 1979, Heft 1, S. 89-122.

Schneider, Dieter, »Flexible Planung als Lösung der Entscheidungsprobleme unter Ungewißheit?« in der Diskussion, in: ZfbF, 24. Jg. 1972, S. 456-476.

Schneider, Dieter, Flexible Planung als Lösung der Entscheidungsprobleme unter Ungewißheit?, in: ZfbF, 23. Jg. 1971, S. 831-851.

Schneider, Egon, Beweis und Beweiswürdigung, 5. Auflage, München, 1994.

Schneider, Erich, Grundsätzliches zur Planung und Standardkostenrechnung, in: ZfhF, 34. Jg. 1940, S. 235-269.

Schreyögg, Georg, Organisation: Grundlagen moderner Organisationsgestaltung, 4. Auflage, Wiesbaden, 2003.

Schreyögg, Georg/Noss, Christian, Hat sich das Organisieren überlebt? : Grundfragen der Unternehmenssteuerung in neuem Licht, in: Die Unternehmung : Schweizerische Zeitschrift für betriebswirtschaftliche Forschung und Praxis , 48. Jg. 1994, Heft 1, S. 17-33.

Schwark, Eberhard, Corporate Governance: Vorstand und Aufsichtsrat, in: Hommelhoff, Peter, Corporate Governance: Gemeinschaftssymposium der Zeitschriften ZHR/ZGR, Heidelberg, 2002, S. 75-117.

Seibert, Ulrich, Die Entstehung des § 91 Abs. 2 AktG im KonTraG -"Risikomanagement" oder "Frühwarnsystem"?, in: Westermann, Harm/Mock, Klaus, Festschrift für Gerold Bezzenberger zum 70. Geburtstag, Berlin et al., 2000, S. 427-438.

Seibert, Ulrich, Kontrolle und Transparenz im Unternehmensbereich (KonTraG) - Der Referenten-Entwurf zur Aktienrechtsnovelle-, in: WM, 51. Jg. 1997, Heft 1, S. 1-9.

Seidel, Uwe M., Risikomanagement : Erkennen, Bewerten und Steuern von Risiken, in: WEKA Praxislösungen, 2002.

Semler, Johannes, Leitung und Überwachung der Aktiengesellschaft : die Leitungsaufgabe des Vorstands und die Überwachungsaufgabe des Aufsichtsrats, 2. Auflage, Köln, 1996.

Semler, Johannes, Die Unternehmensplanung in der Aktiengesellschaft - eine Betrachtung unter rechtlichen Aspekten, in: ZGR, 12. Jg. 1983, Heft 1, S. 1-33.

Shafer, Glenn, Perspectives on the theory and practice of belief functions, in: International Journal of Approximate Reasoning, 4. Jg. 1990, S. 323-362.

Shafer, Glenn, A Mathematical Theory of Evidence, Princeton University Press: Princeton and London, 1976.

Simon, Herbert Alexander, Entscheidungsverhalten in Organisationen - Eine Untersuchung von Entscheidungsprozessen in Management und Verwaltung, 3. Auflage, Landsberg am Lech, 1981.

Sinn, Hans-Werner, Ökonomische Entscheidungen unter Ungewißheit, Tübingen, 1980.

Sirjaev, Albert Nikolajewitsch, Wahrscheinlichkeit, Berlin, 1988.

Smets, Philippe, The transferable belief model for quantified belief representation, in: Gabbay, Dov M./Smets, Philippe, Handbook of Defeasible Reasoning and Uncertainty Management Systems, Doordrecht, 1998, S. 267-301.

Smets, Philippe, What is Dempster-Shafer's model?, in: Yager, Ronald R./ Fedrizzi, Mario et al., Advances in the Dempster-Shafer theory of evidence, New York, 1994, S. 5-34.

Smets, Philippe, Resolving Misunderstandings About Belief Functions, in: International Journal of Approximate Reasoning, 6. Jg. 1992, S. 321-344.

Sperl, Andreas, Prüfungsplanung, Düsseldorf, 1978.

Spies, Marcus, Unsicheres Wissen - Wahrscheinlichkeit, Fuzzy-Logik, neuronale Netze und menschliches Denken, Heidelberg et al., 1993.

Srivastava, Rajendra P./Dutta, Saurav K./Johns, Robert W., An Expert System Approach to Audit Planning and Evaluation in the Belief-Function Framework, in: International journal of intelligent systems in accounting, finance & management, 5. Jg. 1996, Heft 3, S. 165-183.

Srivastava, Rajendra P./Shafer, Glenn R., Belief-Function Formulas for Audit Risk, in: The Accounting Review, 67. Jg. 1992, Heft 2, S. 249-283.

Stegmüller, Wolfgang, Das Problem der Induktion : Humes Herausforderung und moderne Antworten - Der sogenannte Zirkel des Verstehens, Darmstadt, 1996.

Stegmüller, Wolfgang, Probleme und Resultate der Wissenschaftstheorie und Analytischen Philosophie, Erklärung - Begründung - Kausalität, Band I, 2. Auflage, Berlin et al., 1983.

Stegmüller, Wolfgang, Probleme und Resultate der Wissenschaftstheorie und Analytischen Philosophie Band IV, Teil A Personelle und Statistische Wahrscheinlichkeit; Erster Halbband, Berlin et al., 1973.

Stegmüller, Wolfgang, Das Problem der Kausalität, in: Topitsch, Ernst, Probleme der Wissenschaftstheorie, Wien, 1960, S. 171-190.

Steinle, Claus, Führung - Grundlagen, Prozesse und Modelle der Führung in der Unternehmung, Stuttgart, 1978.

Storm, Regina, Wahrscheinlichkeitsrechnung, mathematische Statistik und statistische Qualität, 10. Auflage, Leipzig, 1995.

Stove, David C., Probability and Hume's Inductive Scepticism, Oxford University Press: Oxford, 1973.

Sünner, Eckart, Aktionärsklage zur Kontrolle des Vorstands- und Aufsichtsratshandelns - Auch vor dem Hintergrund der US-Erfahrungen mit dem Shareholder Derivative Suit, in: ZHR, 163. Jg. 1999, S. 364-376.

Suppes, Patrick, The Measurement of Belief, in: Journal of the Royal Statistical Society, Series B, 36. Jg. 1974, S. 160-191.

Suppes, Patrick, A Probabilistic Theory of Causality, Amsterdam, 1970. newline

Takahara, Yasuhiko/Mesarovic, Mihajlo, Organization Structure - Cybernetics Systems Foundation, New York at. al, 2003.

Theisen, Manuel René, Risikomanagement als Herausforderung für die Corporate Governance, in: BB, 58. Jg. 2003, Heft 27, S. 1426-1429.

Thompson, James D., Organization in Action - Social Science Bases of Administrative Theory, New York, 1967.

Ulrich, Peter/Hill, Wilhelm, Wissenschaftstheoretische Aspekte ausgewählter betriebswirtschaftlicher Konzeptionen, in: Raffée, Hans/Abel, Bodo, Wissenschaftstheoretische Grundfragen der Wirtschaftswissenschaften, München, 1979, S. 161-190.

Uphus, Peter, Möglichkeiten zur Koordination von Teilplanungen des Unternehmens unter besonderer Berücksichtigung kybernetischer Aspekte, Meppen, 1972.

Vahs, Dietmar, Organisation. Einführung in die Organisationstheorie und -praxis, Stuttgart, 1997.

Vogler, Matthias/Engelhard, Sven/Gundert, Martin, Risikomanagementsysteme - Stand der Umsetzung -Ergebnisse einer empirischen Untersuchung-, in: DB, 53. Jg. 2000, Heft 29, S. 1425-1431.

Vogler, Matthias/Gundert, Martin, Einführung von Risikomanagementsystemen –Hinweis zur praktischen Ausgestaltung–, in: DB, 51. Jg. 1998, Heft 48, S. 2377-2383.

von Kempski, Jürgen, Handlung, Maxime und Situation : Zur logischen Analyse der mathematischen Wirtschaftstheorie, in: Albert, Hans, Theorie und Realität : Ausgewählte Aufsätze zur Wissenschaftslehre der Sozialwissenschaften, 2. Auflage, Tübingen, 1972, S. 139-152.

von Kutschera, Franz, Wissenschaftstheorie I : Grundzüge der allgemeinen Methodologie der empirischen Wissenschaften, München, 1972.

von Mises, Richard, Wahrscheinlichkeit, Statistik und Wahrheit, 4. Auflage, Wien et al., 1972.

von Werder, Axel, Zur Begründung organisatorischer Gestaltungen, in: Glaser, Horst/ Schröder, Ernst F. et al., Organisation im Wandel der Märkte : Erich Frese zum 60. Geburtstag, Wiesbaden, 1998, S. 479-509.

von Werder, Axel, Shareholder Value-Ansatz als (einzige) Richtschnur des Vorstandshandelns?, in: ZGR, 27. Jg. 1998, Heft 1, S. 69-91.

von Werder, Axel, Vorstandsentscheidungen nur auf der Grundlage "sämtlicher relevanter Informationen"?, in: ZfB, 67. Jg. 1997, Heft 9, S. 901-922.

von Wright, Georg Henrik, Causality and Determinism, New York et al., 1972.

von Wright, Georg Henrik, A Treatise on Induction and Probability, London, 1951.

von Wysocki, Klaus, Wirtschaftliches Prüfungswesen, Band III : Prüfungsgrundsätze und Prüfungsverfahren nach den nationalen und internationalen Prüfungsstandards, München et al., 2003.

Waismann, Friedrich, Was ist logische Analyse?, in: Reitzig, Gerd H./Waismann, Friedrich, Was ist logische Analyse?, Frankfurt a. M., 1973.

Wall, Friederike, Kompatibilität des betriebswirtschaftlichen Risikomanagement mit den gesetzlichen Anforderungen? - Eine Analyse mit Blick auf die Abschlussprüfung, in: WPg, 56. Jg. 2003, Heft 9, S. 457-471.

Wall, Friederike, Betriebswirtschaftliches Risikomanagement und gesetzliche Anforderungen an das Risikomanagement - Eine konzeptionelle Analyse mit Blick auf den Implementierungsaufwand des Risikomanagements nach KonTraG und TransPuG sowie weitere Forschungsbedarfe, in: ZP, 13. Jg. 2002, Heft 14, S. 373-400.

Walley, Peter/Fine, Terrence L., Towards a Frequentist Theory of Upper and Lower Probability, in: The Annals of Statistics, 10. Jg. 1982, Heft 3, S. 741-761.

Wartensleben, Herbert, Risikomanagement, in: ZfB, 48. Jg. 1978, Heft 4, S. 323-328.

Weber, Jürgen/Weißenberger, Barbara E./Liekweg, Armin, Ausgestaltung eines unternehmerischen Chancen- und Risikomanagementsystems nach dem KonTraG, in: DStR, 37. Jg. 1999, Heft 41, S. 1710-1716.

Weichselberger, Kurt, Elementare Grundbegriffe einer allgemeineren Wahrscheinlichkeitsrechnung I, Heidelberg, 2001.

Werner, Winfried, Zuständigkeitsverlagerungen in der Aktiengesellschaft durch Richterrecht?, in: ZHR, 147. Jg. 1983, S. 429-453.

Wiechers, Klaus, Die Prüfung des Internen Überwachungssystems im Sinne des § 91 Abs. 2 AktG, in: StuB, 1999, Heft 7, S. 349-354.

Wiedmann, Harald, Der risikoorientierte Prüfungsansatz, in: WPg, 1993, Heft 1, S. 13-25.

Wild, Jürgen, Grundlagen und Probleme der betriebswirtschaftlichen Organisationslehre, Berlin, 1966.

Winter, Sidney G., Economic Natural Selection, and the Theory of Firm, in: Yale Economic Essay, 4. Jg. 1964, S. 225-272.

Wirth, Gerhard, Neuere Entwicklungen bei der Organhaftung - Sorgfaltspflichten und Haftung der Organmitglieder bei der AG, in: Henze, Hartwig/Hoffmann-Becking, Michael, Gesellschaftsrecht 2001, Köln, 2001, S. 99-122.

Wittgenstein, Ludwig, Tractatus logico-philosophicus, Baden-Baden et al., 1999.

Wittgenstein, Ludwig, Über Gewißheit, Frankfurt a. M., 1989.

Wittmann, Alois, Systemprüfung und ergebnisorientierte Prüfung, Regensburg, 1980.

Wittmann, Edgar, Organisatorische Einbindung des Risikomanagements, in: Saitz, Bernd/Braun, Frank, Das Kontroll- und Transparenzgesetz : Herausforderungen und Chancen für das Risikomanagement, Wiesbaden, 2000, S. 129-143.

Wittmann, Waldemar, Unternehmung und unvollkommene Information - Unternehmerische Voraussicht - Ungewißheit und Planung, Köln et al., 1959.

Wöhe, Günter, Methodologische Grundprobleme der Betriebswirtschaftslehre, Meisenheim am Glan, 1959.

Wolf, Klaus/Runzheimer, Bodo, Risikomanagement und KonTraG : Konzeption und Implementierung, 4. Auflage, Wiesbaden, 2003.

Wolz, Matthias, Zum Stand der Umsetzung von Risikomanagementsystemen aus der Sicht börsennotierter Aktiengesellschaften und ihrer Prüfer - Eine empirische Studie, in: WPg, 54. Jg. 2001, Heft 16, S. 789-801.

Zaeh, Philipp E., Prüfungsrisikomodelle - Eine systematische Analyse unter besonderer Würdigung des Bayesschen Theorems, in: WiSt, 29. Jg. 2000, Heft 4, S. 207-213.

Zhang, Lianwen, Representation, independence, and combination of evidence in the Dempster-Shafer theory, in: Yager, Ronald R./Fedrizzi, Mario et al., Advances in the Dempster-Shafer theory of evidence , New York, 1994, S. 51-69.

Zimmer, Daniel/Sonneborn, Andrea Maria, § 91 Abs 2 AktG - Anforderungen und gesetzgeberische Absichten, in: Lange, Hans-Friedrich/Wall, Friederike, Risikomanagement nach dem KonTraG, München, 2001, S. 38-59.

Zimmermann, Hans-Jürgen, Fuzzy set theory - and its applications, Boston et al., 2001.

FSC
www.fsc.org
MIX
Papier | Fördert gute Waldnutzung
FSC® C083411

Kolibri 360 GmbH
Ferdinand-Jühlke-Straße 7
99095 Erfurt, Deutschland
produktsicherheit@kolibri360.de

Druck:
CPI Druckdienstleistungen GmbH
im Auftrag der
Kolibri 360 GmbH
Ferdinand-Jühlke-Str. 7
99095 Erfurt